고딩의 73일
미국 · 캐나다 여행일기장

고딩의 73일 미국·캐나다 여행일기장

발행일   2020년 1월 17일

지은이   신 명
펴낸이   손형국
펴낸곳   (주)북랩
편집인   선일영   편집   오경진, 강대건, 최예은, 최승헌, 김경무
디자인   이현수, 한수희, 김민하, 김윤주, 허지혜   제작   박기성, 황동현, 구성우, 장홍석
마케팅   김회란, 박진관, 조하라, 장은별
출판등록 2004. 12. 1(제2012-000051호)
주소   서울특별시 금천구 가산디지털 1로 168, 우림라이온스밸리 B동 B113~114호, C동 B101호
홈페이지 www.book.co.kr
전화번호 (02)2026-5777   팩스   (02)2026-5747

ISBN   979-11-6539-042-6 43940 (종이책)   979-11-6539-043-3 45940 (전자책)

이 도서의 국립중앙도서관 출판예정도서목록(CIP)은 서지정보유통지원시스템 홈페이지(http://seoji.nl.go.kr)와
국가자료공동목록시스템(http://www.nl.go.kr/kolisnet)에서 이용하실 수 있습니다.
(CIP제어번호: 2020002247)

(주)북랩 성공출판의 파트너

북랩 홈페이지와 패밀리 사이트에서 다양한 출판 솔루션을 만나 보세요!

홈페이지 book.co.kr   •   **블로그** blog.naver.com/essaybook   •   **출판문의** book@book.co.kr

고딩의 73일

미국·캐나다
여행일기장

신 명 지음

북랩 book Lab

미국&캐나다 여행경로

I. 미국 남서부 ————

애틀랜타, 뉴올리언스, 휴스턴, 댈러스, 칼스배드 동굴 국립 공원, 화이트 샌즈 국가기념물, UFO 박물관, 산타페, 피닉스, 세도나, 그랜드 캐니언 국립공원, 앤털로프 캐니언, 호스슈 벤드, 브라이스 캐니언, 라스베가스, 로스앤젤레스, 샌디에고, 세쿼이아 국립공원, 킹스 캐니언 국립공원, 요세미티 국립공원, 산호세, 샌프란시스코, 크레이터 호수 국립공원, 포틀랜드, 시애틀

II. 캐나다 서부 ————

벤쿠버, 재스퍼 국립공원, 아이스필드 파크웨이, 밴프 국립공원, 캘거리

III. 미국 중북부 ————

글레이셔 국립공원, 옐로스톤 국립공원, 데빌스 타워 국가기념물, 크레이지 호스, 마운트 러쉬모어 국가기념물, 배드랜드스 국립공원, 미닛맨 미사일 국립사적지, 미니애폴리스, 밀워키, 시카고, 디트로이트

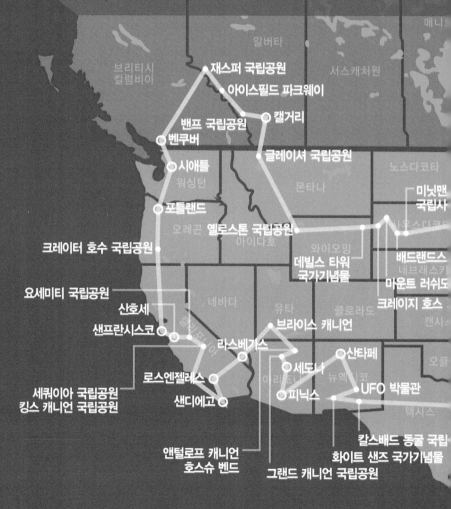

IV. 캐나다 동부 ————

나이아가라 폭포, 토론토, 오타와, 몬트리올, 퀘벡시, 코우치부곽 국립공원, 마그네틱 힐, 핼리팩스, 케이프 브레톤 고원 국립공원, 쉐디악, 호프웰 바위 공원, 뉴브런즈위크 박물관, 캄포벨로섬

V. 미국 동부 ————

아카디아 국립공원, 보스턴, 마크 트웨인 박물관, 헤리엇 비처 스토우 방문자센터, 예일대학교, 뉴욕, 필라델피아, 부시 가든 윌리엄스버그, 워터 컨트리USA, 요크타운 국립역사공원, 콜로니얼 윌리엄스버그

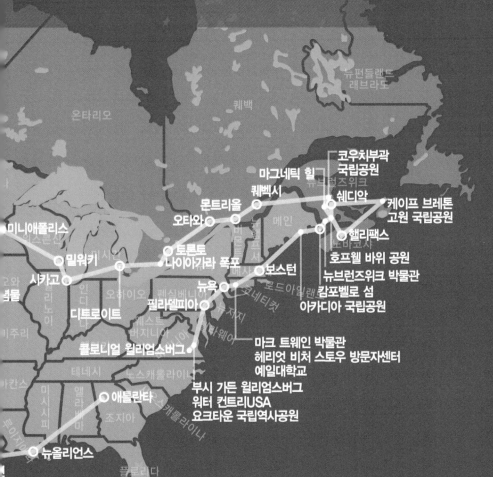

머리말

아버지가 1년 6개월 미국의 대학교에 연수를 올 때 나는 중학교 3학년을 마치고 초등학교 5학년 동생과 함께 왔다. 우리가 사는 노스캐롤라이나주는 공기가 맑고 주변에 공원이 많은 곳이어서 한국의 도시에서는 느끼지 못했던 자연을 좀 더 느낄 수 있었다.

미국의 고등학교에 다닌 지 몇 달 후 여름방학이 찾아왔다. 미국은 겨울방학이 없는 대신 여름방학기간이 2개월이 조금 넘었다. 그래서 우리는 이 긴 시간동안 무엇을 할까 의논하다가 미국과 캐나다를 포함한 북미대륙을 자동차로 횡단하는 대장정을 떠나기로 결정했다. 여행을 막 시작했을 때는 어떤 곳을 둘러보게 될까라는 기대감과 과연 사고 없이 여행을 잘 마무리할 수 있을까하는 불안감이 공존했다.

우리는 노스캐롤라이나에서 출발하여 먼저 미국남부를 지나 중서부에서 캐나다 서부로, 다시 미국중북부에서 캐나다 동부로, 마지막으로 미국동부를 따라 내려오는 긴 여정을 자동차로 무사히 마무리 했다. 여행을 하면서 주로 간 곳은 자연경관이 중심이 된 국립공원 또는 국가기념물, 유명인물의 기념관, 도심 내의 박물관, 과학관, 미술관 등이었다. 그 중에서는 책에서 볼 수 있었던 유명한 장소들이 많았다.

이번 여행은 나에게 수많은 경험을 주었다. 뉴욕, 시카고, 로스앤젤레스 등 책에서나 보던 대도시들을 직접 보게 됐고, 마이크로소프트, 인텔, 보잉 등 세계적인 기업들의 본사를 직접 방문하기도 했다. 여행을 하기 전까지는 상상도 못했던 일들이었다. 자동차를 타고 미국에서 캐나다, 캐나다에서 미국으로 이동하기도 했는데 지금까지는 다른 나라로의 이동은 비행기를 타고 이동하는 것이 원칙이라 생각했는데 이번 여행은 그것을 깨서 충격적이었다. 문득 우리나라가 통일이 되어 차를 타고 북한을 지나 중국으로 여행할 수 있는 날이 빨리 왔으면 좋겠다는 생각이 들었다.

일기는 여행하는 도중 숙소에서 또는 차안에서 매일 썼다. 일기장에 일기를 쓰기 전에 경험했던 일을 확실하게 적기 위해서 다 같이 사진과 안내 팜플렛을 보고 우리가 느낀 점을 서로 이야기하고 메모하는 브레인스토밍을 했다. 그렇게 쓴 일기는 나중에 책을 쓰기 위한 귀중한 자료가 됐다. 한국에 돌아오고 나서도 일기를 매일 쓰는 습관을 유지하고 싶다.

이번 대장정에서 여러 가지를 느끼고 배웠다. 국립공원에서는 북미 대륙의 광활하고 다양한 자연환경을 느꼈고, 유명 인물의 기념관에서는 위인들의 삶과 업적들 중 내가 몰랐던 부분을 더욱 자세하게 알게 됐다. 그리고 미술관에서는 다양한 미술 사조들을 관람하고 책에서만 보던 거장들의 그림들을 직접 보게 되었다. 앞으로 이런 대장정은 할 수 없을 것 같다. 이 여행을 절대 잊지 못할 것이다.

여행을 마치고 집으로 돌아온 후 약 1달간 타이핑을 연습하고, 약 두 달 동안 일기를 타이핑했다. 그 뒤 출력해서 2~3차례 이상 수정을 반복했다. 1차 수정을 할 때는 다 완료한 줄 알았건만 다시 수정해보니 오류가 가득했었다. 또다시 수정할 때는 감상을 추가하고 오타를 수정했다.

이 과정에서 나는 글쓰기에 대해서 많은 것을 배웠다. 첫째는 책 하나를 완성하려면 수많은 수정을 거쳐야 한다는 것이다. 둘째는 책을 출판하기 위해 글을 쓴다면 문장의 연결이나 문맥에도 신경을 써야 한다는 것을 깨달았다. 이를 보여주는 격언이 바로 '책은 작가가 독자를 이해시키는 것이지, 독자가 억지로 책을 이해하는 것이 아니다'이다. 셋째는 어떤 내용을 다루는 글을 쓸 때는 그것에 대해 정확히 알아야 한다는 것이다. 나는 수정 도중 내가 쓴 내용이 맞는지 확인하기 위해 책과 인터넷을 뒤지면서 확인해야 했다.

그런데 섬뜩한 것은 최근 라이트 노벨이라는 장르에서 졸작 취급받는 것들의 문제가 대부분 내가 이번에 수정하면서 느낀 것이다. 수정을 하긴

했는지 의심스러운 내용을 그냥 두는 것, 특히 자신이 다루고자 하는 내용에 대해서 진지하게 고찰하고 알아보려 하지 않고 그냥 막 쓰는 것 등은 최근 대부분의 졸작 라이트 노벨에서 찾아볼 수 있는 문제이니 경계해야겠다.

글쓰기를 할 때는 최소한 자신이 쓰자고 하는 내용에 대해 깊이 있게 고찰하고 알아보고, 독자들이 이걸 어떻게 이해할 지를 생각하며 문맥과 문장 연결에 신경 써야겠다. 그리고 글을 썼다는 것에 만족하지 말고 반복해서 읽어보며 오류를 수정해야겠다. 이번 경험에서 습득한 귀중한 교훈이었다. 앞으로도 이 교훈은 내가 글을 쓰는데 두고두고 도움이 될 것이다.

아버지는 우리가 북미 대륙을 '한 번' 횡단한 것이 아니라 '다섯 번' 횡단했다고 말씀하셨다. 첫 번째는 자동차와 발로 다니면서 직접 보고 듣고 느끼면서, 두 번째는 숙소에 돌아와 그 날 방문했던 곳의 안내 팜플렛과 찍었던 사진을 함께 보며 서로의 생각을 이야기하고 메모하면서, 세 번째는 메모한 내용을 일기장에 꼬박꼬박 적으면서, 네 번째는 일기장에 적힌 글을 노트북으로 타이핑하면서, 다섯 번째는 타이핑된 글을 출력해 출판을 위한 원고 교정 작업을 하면서…

마지막으로 이 책이 나오기까지 긴 여정의 여행을 함께 해준 아버지께 감사드린다. 2만 6천 킬로미터를 자동차로 달린 운전사로서, 매일 매일의 일정을 짜고 안내한 관광 가이드로서, 멋진 장면이 나올 때마다 휴대폰으로 화면에 담는 사진사로서, 숙소에 도착해서 저녁 식사를 준비한 조리사로서, 브레인스토밍에 함께 참여한 진행자로서 대장정기간 동안 수고해 주셨다. 여행 중 피곤하고 힘들 때마다 멀리 한국에서 전화로 위로 및 격려를 해주신 어머니께도 감사드린다. 이번 여행에 함께하지 못해서 너무 아쉬웠다. 또한 우리가 소셜미디어에 올린 여행 소감을 보고 많은 댓글로 격려해 주신 많은 가족들께도 감사드린다.

2019. 3
신 명

추천사

소년의 눈으로 본 미국의 다양성

강 정 운

창원대 명예교수

이 책은 신명의 미국 캐나다 로드트립 경험기이다. 저자는 미국 캐나다의 자연 및 이곳에서 살아 온 사람들의 삶의 흔적을 잘 적어 나가고 있다.

이 책은 여행자의 느낌보다는 직접 보고 관찰한 사실 중심의 글들이라서 같은 장소와 같은 길을 갈 사람들에게 많은 정보를 제공해 주고 있다. 특히 10대 학생의 눈으로 본 미국의 다양한 모습을 잘 기술하고 있다. 나이를 고려할 때 디테일한 서술이 놀랍기도 하다.

미국의 땅은 위대하다. 그리고 이 땅의 이곳저곳을 방문해 보는 것은 그 위대함을 눈으로 보고 가슴으로 느낄 수 있는 일생일대의 기회가 된다. 미국의 다양한 모습에 대한 현장 학습이 저자의 미래 삶에 건강하고 가치 있는 영향을 주었을 것임은 분명하다. 그리고 이것은 독자에게도 자연스럽게 전해질 것으로 보인다.

여행지에서의 하루는 삶의 하루이다. 그러므로 신명은 미국 캐나다 전역에서 73일 간의 다양한 인생을 산 것이다.

이 로드트립을 통해 저자는 부모형제의 소중함과 사랑을 일깨웠음도 말하고 있다. 그렇다. 가족여행은 가족애를 다시 확인하고 다지는 소중한 기회이자 추억 앨범이다. 이 책에 담긴 이러한 마음도 이 책 전반에 담긴 정성과 함께 독자들에게 잘 전해지길 바란다.

이 책을 읽으면 마치 저자와 같이 여행한다는 느낌을 준다. 이점에서도 이 책은 성공적이다. 이 책이 북미여행에 관심이 있는 사람들에게 좋은 친구가 될 것으로 기대된다.

이 소년의 앞날이 궁금해진다

김 성 찬

2012-2015 세계 한상대회 운영위원
제14·15·18대 워싱턴DC 한인상공회의소 회장

　여행 그것만큼 설레고 풍성한 체험이 있을까? 싶다. 지난 여름 유난히
도 무더웠던 그리하여 한여름의 더위가 더욱 풍성한 녹음과 아름다운
산천을 만들어 내었을 광활한 미국을 빠짐없이 여행하며 그에 더하여
캐나다까지를 두루 섭렵했던 아버지와 두아들의 여행기를 읽어보며 감
탄과 찬사를 넘어 부럽기까지 한 나자신을 돌아볼 수 있었다.

　오랜세월 미국생활을 하면서도 이렇게 장장 73일간 미국과 캐나다를
구석구석 여행 해 본적은 없었기에 이들의 계획과 노력에 진심으로 뜨
거운 박수를 보내고 싶다.　그 긴 여정을 여행만 하기에도 온갖 어려움
이 있었을텐데 그날 그날 일기 형식으로 기록하고 다듬어서 책을 낼 생
각을 했다는 것에 감동과 큰 박수를 보낸다.

　때론 대자연의 풍경 앞에서 사색하고 공원에서 야영의 경험, 그리고
박물관에서 훌륭한 역사의 삶과 유명한 대학과 기업을 방문하며 느꼈을
경험은 훗날 외적성장은 물론 내적성장을 가늠하기 어려울 것이다. 앞으
로 인생은 살아가는데 어려움을 극복하고 성장할 이 소년의 앞날이 벌
써부터 궁금해진다.

　오래전 그랜드캐니언에 갔을때의 순간이 새삼 감동으로 다가온다. 하
느님께서 지어 놓으신 자연의 신비함에 그리고 그 웅장함에 오랜시간 동
안 쉽게 가시지 않는 여운이 있었다. 모든 사람들이 긴시간을 할애하여
똑같은 여행을 할수는 없을 것이다. 그러나 이들이 지난여름 느꼈을 경
험과 감동을 이책을 통해 모든이들이 함께 공유했으면 하는 솔직한 바

램이다. 우리의 수 많은 청소년들이 이 소년과 같은 여행을 통하여 많은 힐링과 삶의 소중한 가치를 깨닫고 도전하여 이 사회에 훌륭한 인재로 성장할지 누가 알겠는가! 그리하여 우리가 살아가는 인생동안 많은 경험과 공감을 함께 나누는 필독서가 되기를 희망해 본다.

다시한번 아버지와 두 아들의 따뜻하고 용감한 여행기에 뜨거운 축하의 박수를 보내면서…

미국이란 나라를 알고 싶다면

최 은 수

MBN 부국장/산업부장

세상은 수많은 경험들의 연속이다. 직접 경험할 수도 있지만, 다른 사람들의 이야기나 책을 통해 간접경험을 할 수도 있다.

일기처럼 쓰여진 이 책은 중3 학생의 눈에 비친 세상과 경험을 이야기하고 있다.

미국에 연수를 온 아버지와 두 아들이 함께 했던 캐나다와 미국 여행에 대한 기록이다. 자동차로 여름방학 내내 두 달 넘게 보고 느꼈던 것들에 대한 일기라고 할 수 있다. 그렇기 때문에 초등학교 5학년과 중학교 3학년 학생이 여행을 하며 어떤 생각을 했는지, 무엇을 느꼈는지, 어디를 가서 무엇을 봤는지, 매일 일기를 쓰기 위해 얼마나 부지런하게 행동했을지 신통함마저 느껴진다.

특히 자동차 여행을 하며 주요 대도시와 굴지의 기업들을 직접 방문하고 사진을 찍고 팜플렛을 챙기고 타이핑까지 배워가며 책까지 쓸 생각을 했다는 것은 많은 청소년기의 학생들에게 귀감이 되기에 손색이 없다.

비슷한 연령대의 자녀를 둔 학부모라면 자녀 교육 방법의 하나로 이 책의 저자와 아버지가 했던 '여행'을 활용하는 것도 좋은 방법일 것이다.

두 아들은 여행을 통해 아버지에 대한 애틋한 사랑을 느끼고 있고 도시와 기업, 학교, 관광지, 유적지, 박물관, 산과 강 등 수많은 곳을 방문하며 자연스럽게 세상을 이해하고 공부하는 시간을 갖고 있다. 아버지와의 여행을 통해 살아있는 학습을 하고 있다.

한마디로 여행이 두 아들을 더 성장시키고 안목을 키워주고 세상공부를 시켜주는 최고의 선생 역할을 했다는 사실을 실감할 수 있다.

여기에 여행일지를 만들고 이를 글로 정리하는 것만큼 놀라운 글쓰기 공부는 없을 것이다. 아버지와 아들이 여행에서 돌아와 여행지에 대해 토론하고 사진과 팜플렛을 보며 서로의 생각을 정리하는 것만큼 유익하고 즐거운 추억을 만들기는 힘들 것이다.

이 책은 단순한 기록이 아니다. 세계에서 4번째로 긴 강 '미시시피', 북미대륙 최고 높이 '요세미티 폭포', 미국 자동차도시 '디트로이트', 캐나다 최대도시 '토론토' 등 풍부한 자료조사를 통해 다양한 상식을 전하고 있다.

저자가 방문했던 하버드대, MIT, 토론토 대학, 예일대학, 컬럼비아 대학 등 주요 명문대학에 대한 자세한 설명과 애플, 마이크로소프트, 할리데이비슨, 인텔, 보잉 등 세계적인 기업을 직접 방문하며 그 기업에 대해 느꼈던 것들, 보았던 것들, 회사 소개는 이 책의 재미를 더하고 있다.

자동차로 장기간 북미지역을 여행할 계획이라면 이 책 한권을 들고 똑같은 일정으로 여행을 하는 것도 색다른 재미를 줄 것이다. 이 책 속 주인공들의 경험을 토대로 한다면 시간을 줄이고 이들의 경험 위에 좀 더 색다른 추억을 쌓을 수 있을 것이다.

이런 점에서 이 책은 자녀를 위한 교육용으로 손색이 없다. 자녀교육을 고민하는 부모라면, 미국여행을 계획하는 청소년이라면, 미국이란 나라를 알고 싶다면 일독을 권한다.

저서 『4차 산업혁명 그 이후 미래의 지배자들』
『제4의 실업』『대한민국 넥스트 패러다임』
『넥스트 패러다임』『다보스 리포트 힘의 이동』
『명품 도시의 탄생』 등 다수

명의 여정, '나'와 진이 그리고 아버지의 73일

- 흥미로운 소년의 대장정 -

노 현 주

문학박사
전(前) 경희대학교 후마니타스칼리지 강사
현(現) 듀크대학교 비지팅스칼라

이 책은 신명 군이 동생 진군과 아버지와 함께한 73일간의 북미대륙 횡단여행의 여정을 담은 기행일기이다. 명군은 미국 남동부 노스캐롤라이나에서 출발하여 미국을 횡단하고 캐나다를 거쳐 미국으로 돌아오는 대장정의 여행 기간 동안 이동 시간과 수면 시간을 아껴가며 여정을 기록하고 매일을 돌아보았다. 그의 일기를 읽으며 성인도 웬만한 의지로서 할 수 있는 일이 아니었기에 놀랐고 한편으로 부러웠다. 낯설고 이색적인 도시의 랜드 마크와 박물관에서 단순한 감상을 넘어 배움으로 이어지도록 스스로 찾아 기록하고 있는 모습이 대견했다. 대자연의 경이로운 풍경 앞에서의 사색, 국립공원에서의 야영의 경험, 그와 동반된 역동적인 활동들이 놀라운 한편으로 그의 형제애와 부성애 또한 인상 깊었다. 그의 여행일기에는 단순히 본 것, 한 것의 기록에 그치지 않고 사색과 공부가 동반된 여정이었다는 것이 자연스럽게 드러난다. 그만큼 이 일기에 다 표현되지 않은 명군의 내면에서도 의미 있는 내적 성장을 이루었을 것이라 짐작할 수 있다.

명군의 견문과 일정을 따라 읽어가다 보면 자연스럽게 몰입이 되어 그의 여정에 동참하게 된다. 미국과 캐나다의 곳곳을 함께 여행하고 있는 기분이 들게 한다. 그만큼 여행의 기록이 생생하다는 것이다. 생생할 뿐만 아니라 가보지 못한 곳에 대한 안내와 정보제공의 역할도 충실히

하고 있다. 생생함과 꼼꼼하고 생기 있는 서술들이 이곳을 꼭 한 번 가보리라 하는 마음을 불러일으키기도 한다. 이러한 하루하루의 충실한 기록과 감상들은 명군이 이 대장정의 시간들을 얼마나 소중하게 생각하며 동생과 아버지와 함께 했는지를 알 수 있게 해준다. 애정이 없이는 함께 한 그 시간들의 순간과 경험, 견문을 이토록 생생하게 기록할 수는 없기 때문이다. 더불어 동생과 아버지에 대한 애정 어린 시선과 존경의 마음이 곳곳에 보인다. 명군은 경험한 만큼, 아니 그 이상으로 배웠을 것은 당연하거니와 그의 가족애 또한 여행을 시작했을 때보다 더욱 깊어졌을 것이라 짐작할 수 있다. 대장정의 동료로서 길잡이로서 스승으로서의 가족에 대한 시선이 따사롭게 배어 있어 읽는 이조차 마음이 따뜻해지는 일기였다.

　명군이 일기의 마지막에 기록했듯이 이러한 대장정의 경험은 여러 번 할 수 있는 것이 아닐 것임을 알기에 성공적인 여행을 하는 것에 목표를 두고 만족할 수도 있었을 것이다. 그러나 거기에 만족하지 않고 더한 도전을 했다는 것, 쉬는 시간을 기록의 시간으로 만들어 자신만의 문장을 모아 한권의 기록으로 남겼다는 것은 자신에 대한 끊임없는 다독임과 채찍질, 의지를 다지기 위한 쉼 없는 노력을 했다는 것을 말해주는 것이기도 하다. 이러한 끈기와 성취를 향한 노력이 앞으로의 어떠한 인생 여정에서도 명군 자신을 앞으로 이끌어나가는 힘이 될 것이다. 이 어린 소년의 이후의 도전이 기대된다. 그 도전이 어떠한 것이든 아마도 그는 당연하다는 듯 이루고 있을 것이기 때문이다.

인생을 살아가는데 가장 큰 자산

김 미 노

명과 진, 두 아들의 아버지가 어느 날 내게 이야기를 건네셨다. '70여 일이라는 긴 여름 방학을 맞은 두 아이들과 자동차로 미국 전역을 여행하겠다'고. 와! 듣자마자 감탄사가 나왔다. 자동차로, 그것도 두 아이들과의 미국 일주라니. 대단하다는 생각이 들었다. 하지만 한편으로는 '그게 가능할까? 두 달이 넘는 시간을 아빠 혼자 운전해야 하고, 아이들까지 돌봐야 하는데?' 걱정이 머릿속을 스쳤다. 그런데 결과는 상상이상이었다. 73일 간의 북미 여행을 끝내고 돌아온 아빠와 두 아들의 모습에는 긴 여행의 여운과 감동이 가득 담겨 있었다.

북미 로드 트립 계획을 곧바로 실천으로 옮기신 추진력 대단한 명과 진의 아버지는 여행 기간 동안 아이들에게 일기 쓰기를 권했고 그 일기는 책이 되어 세상에 나왔다. 대학교에서 연수를 하게 된 아빠를 따라 중학교 3학년을 마치고 초등학교 5학년 동생과 함께 미국으로 간 명이는 미국과 캐나다를 여행하며 자신이 보고 체험하고 이해하고 느낀 여러 가지를 이 책 속에 고스란히 기록하고 있다.

아이와 어른의 중간 지점에 서 있는 고등학생 명이의 일기는 때로는 어린아이 같은 순수함으로, 때로는 어른의 날카로운 통찰력으로 다가오며 73일 간의 북미 여행에 동행하는 듯한 공감을 자아낸다. 그리고 명과 진의 아버지가 촬영한 다양한 사진들이 73일간의 북미 여행의 기록을 더욱 풍부하게 해 준다. 그래서 이 책은 아직 가보지 못한 곳에 대한 기대를 불러일으키고 가본 곳에 대한 추억을 선물해 주는 특별한 일기라,

감히 말해본다.

아빠와 두 아들은 73일간, 2만 6천 킬로미터의 로드 트립을 통해 서로의 생각을 나누고, 일기를 쓰고, 출판을 위한 글쓰기와 교정 작업을 하면서 다섯 번의 북미 대륙 횡단을 했다고 한다. 함께 보고, 느끼고, 생각하고, 이야기를 나눈 이 여행은 아빠와 두 아들에게 단순한 여행이 아닌 가장 빛나는 추억으로, 앞으로의 인생을 살아가는데 있어 가장 큰 자산으로 기록될 것이다.

나에게도 아빠와 두 아들의 북미 로드 트립 이야기는 내가 향했던 수많은 여행지에 대한 추억을 소환하며, '내가 아이와 이런 기회를 갖는다면 나는 어떤 여행을 할까?' 떠남의 설렘을 불어넣고 있다. 그러기에 나는 소망한다. 이 책을 읽는 분들에게 명이의 일기를 바탕으로 마음을 숨 쉬게 하는 여행의 깊고, 넓은 세계가 펼쳐지기를…

신명 나는 여행을 떠나는 가족이 많아지길

곽 수 근

조선일보 국제부 기자

『고딩의 73일 미국·캐나다 여행일기장』를 읽으면서 미국의 한 언론인이 떠올랐습니다. 영화 '슈퍼맨'에 나오는 여주인공 기자의 실제 모델인 '넬리 블라이(Nellie Bly)'입니다. 미국 정부가 지난 126년간 공식 발행한 우표 가운데 여성 언론인을 주인공으로 담은 경우는 다섯 번에 불과했는데, 그중 하나가 넬리 블라이였을 정도로 탐사보도 기자로 유명한 인물입니다. 지금도 그의 모험 정신을 기려 '넬리 블라이'로 이름 붙인 어린이 테마파크가 뉴욕에 있고, 그 생애를 담은 TV 드라마가 올해(2019년) 제작 방영될 정도로 100년 넘게 미국 국민들의 폭넓은 사랑을 받고 있습니다.

넬리가 세계적으로 유명해진 계기는 1890년 지구를 한 바퀴 도는 세계 일주를 73일(정확히는 72일 6시간 11분) 만에 끝내면서였습니다. 쥘 베른의 소설 '80일간의 세계 일주'가 널리 읽히던 당시에 소설 속 주인공을 따라 하는 여행을 실제 행동으로 옮긴 것입니다. 당시 26살 청년 넬리가 홀로 해낸 4만 킬로미터 여정은 미국 국민들에게 도전 정신의 소중함을 널리 알린 것으로 평가받고 있습니다.

대한민국의 17세 청소년이 73일간 미국 전역을 누비며 보고 듣고 느낀 모든 것을 담은 책입니다. 흑인 인권 운동의 아버지 마틴 루터 킹 주니어의 흔적을 살펴보는 것으로 첫발을 내디딘 2만 6000킬로미터 여정엔 모하비 사막, 미시시피강, 그랜드 캐니언 등 웅장한 자연과 미 항공우주국(NASA)의 휴스턴 우주센터 등 첨단 과학관, 각 주의 유명 박물관과 미술관 등이 두루 담겨 있습니다.

유명 관광 명소뿐 아니라 뉴멕시코주 로즈웰의 UFO 박물관처럼 작은 시골 마을의 이색 볼거리도 영화 이야기와 함께 소개됩니다. 미국 곳곳을 직접 밟으며 다양한 문화를 이해하려고 노력한 저자의 생생한 체험도 스며들어 있습니다.

또 이 책의 숨은 매력 가운데 하나는 여행 일정 곳곳에 은은히 담긴 부자(父子)의 사랑을 살필 수 있다는 점입니다. 예를 들면 샌디에고 사파리 공원 방문 전후의 일화를 통해 아버지와 아들이 서로를 더욱 이해해 가는 모습도 보게 됩니다. "이동하는 도중 태블릿 PC를 숙소에 두고 온 것을 확인했다. 헐레벌떡 차를 돌려 왔던 길을 다시 돌아가 되찾았다. 일정을 지연시킨 벌로 기름값은 내 돈으로 냈는데…"(6월30일 샌디에고 사파리 공원) "오늘 아침 확인해보니 어제 내가 태블릿 PC를 분실한 것처럼 아버지도 커피포트의 받침대 부분을 분실했었다. 그래서 점심식사에 필요한 물을 못 끓이기 때문에…"(7월1일 제너럴 셔먼 트리).

부자(父子)간 여행을 비롯해 미국 가족 여행을 계획 중인 분들에게는 이 책이 지도와 나침반처럼 도움이 될 것입니다. 이 책의 73일간 여정과 체험을 참고해 1~2주 또는 1~2개월 일정을 꾸려 '신명 나는(!)' 여행을 떠나는 가족이 많아지길 기대합니다.

저서 『우리 역사와 함께하는 과학 이야기』
『수근수근 싸이뉴스』

차 례

Ⅱ. 캐나다 서부

Ⅲ. 미국 중북부

V. 미국 동부

I. 미국 남서부

애틀랜타, 뉴올리언스, 휴스턴, 댈러스,
칼스배드 동굴 국립공원, 화이트 샌즈 국가기념물, UFO 박물관,
산타페, 피닉스, 세도나, 그랜드 캐니언 국립공원,
앤털로프 캐니언, 호스슈 벤드, 브라이스 캐니언, 라스베가스,
로스앤젤레스, 샌디에고, 세쿼이아 국립공원, 킹스 캐니언
국립공원, 요세미티 국립공원, 산호세, 샌프란시스코, 크레이터
호수 국립공원, 포틀랜드, 시애틀

1. 북미대륙횡단 대장정,
마틴 루터 킹 기념관에서 시작하다

애틀란타 1 : 마틴 루터 킹 기념관, 지미 카터 대통령 기념관,
스톤마운틴 공원

2018년 6월 11일 월요일 날씨 맑음.

6시에 기상하는데 성공했다. 그동안은 내가 늦게 일어날 때가 많았는데 이상하게도 오늘 제일 먼저 일어난 것은 바로 나였다. 오늘은 긴 여름방학 여행이 시작되는 첫날이다. 장기여행 동안 필요한 물건들을 차 뒤 짐칸에 모두 옮겨 실었는데 짐이 너무 많아 어떻게 정리해 넣어야 할지 힘들었다. 우리는 차 앞에 돗자리를 깔고 이번 여름여행의 무사고와 행복한 여행을 기원하며 절을 하고 차의 양 옆에서 진이와 나는 파이팅을 외친 후 6시 45분에 출발했다. 아침식사로 달리는 차 안에서 빵과 요구르트를 먹고 점심식사로는 고속도로 옆 어떤 숙소 주차장에 차를 세워 놓고 차 안에서 컵라면을 먹었다.

이렇게 아침과 점심을 간단히 해결하며 7시간이 걸려 애틀란타에 도착했다. 가는 도중에서 마틴 루터 킹 주니어의 'I have a dream'이라는 연설 동영상을 폰으로 들었다. 내용을 요약하자면 '100년 전 링컨이 노예해방선언을 했지만 아직도 흑인들은 차별을 받고 있다. 나의 꿈은 흑인과 백인사이의 인종차별이 없어지는 것이고 우리는 계속해서 평화적인 투쟁을 해야 한다'라는 것이다.

애틀란타에 도착한 뒤 처음으로 방문한 곳은 마틴 루터 킹 기념관이었다. 그런데 때마침 올해가 마틴 루터 킹 주니어 목사가 사망한지 50주년이 되는 날이어서 뜻깊다. 기념관은 크게 3개의 관으로 구성돼 있었는데 먼저 마틴 루터 킹 주니어관에 갔다. 거기서는 마틴 루터 킹 주

▲ 무사고 여행을 기원하며

니어 목사가 평소에 입던 정장과 그의 일생을 다룬 연표 등이 있었다.
그 표에서 마틴 루터 킹 주니어 목사는 그 유명한 'I have a dream' 연
설을 1963년에 했고 그 이후 지속적으로 흑인 인권 운동을 한 결과
1965년에 모든 흑인들이 투표에 참여할 수 있는 권리를 보장한 흑인투
표권법을 이끌어냈고 서명식에 참석하기도 했다. 그러나 안타깝게도 법
이 통과되고 3년 후인 1968년에 암살을 당했다.

　그리고 마하트라 간디관에 갔다. 이곳에 '마하트라 간디관'이 있는 이
유는 마틴 루터 킹 주니어의 비폭력운동은 소로와 마하트라 간디의 비
폭력운동에 영향을 받았기 때문이다. 그곳에는 평소에 그가 소중히 가
지고 있던 나무로 만든 3마리의 원숭이 조각상이 있었는데 각각 눈,
귀, 입을 가리고 있다. 이것의 의미는 나쁜 것은 보지도, 듣지도, 말하
지도 마라는 뜻이다. 또한 그곳에는 마틴 루터 킹과 간디의 얼굴이 그
려진 그림과 간디 그림들이 있었다. 사실 두 사람은 같은 시대의 인물
이 아니지만 비폭력운동의 대표적 인물이기 때문에 같이 있는 모습이
어울려 보였다.

　다음으로 로자 파크스 관에 갔다. 이곳에 로자 파크스 관이 있는 이
유는 로자 파크스의 버스 안타기 운동에 마틴 루터 킹도 참여하고 지

▲ 킹목사 부부의 관이 놓여 있는 연못

인권을 위해 노력했다는 것을 알게 됐다.

그 뒤 인공연못에 내려갔는데 중앙에는 마틴 루터 킹 주니어와 그의 부인이 묻혀 있었다. 계단식 벽에는 각각 마틴 루터 킹 주니어의 'I have a dream' 연설문의 일부인 'We will not be satisfied until Justice rolls down like water and righteousness like a mighty stream(정의가 강물처럼 흘러내리고 정당함이 거대한 흐름이 될 때까지 우리는 만족하지 않을 것입니다)'이 새겨져 있었다.

마틴 루터 킹 기념관에서 본 위인들의 행적으로 지금 우리가 당연하게 누리는 민주주의와 인권의 보장은 그냥 얻어진 게 아니라 수없이 많은 사람들의 정의로운 행동으로 이루어 진 것이라는 것을 알게 되었다.

이어서 에벤에셀 교회에 갔는데 우리가 간 곳은 마틴 루터 킹 주니어 목사가 연설할 때 사용했던 구 교회를 보존 및 복원한 곳이다. 현재 교회로 사용하는 신 교회는 길 건너편에 있었다. 이 교회 창립에 마틴 루터 킹 주니어의 할아버지는 목사 및 지역활동으로 참여했고 아버지인 마틴 루터 킹 시니어가 목사일을 이어서 했다.

다음 일정으로 '지미 카터 대통령 기념관'에 갔다. 지미 카터 대통령의 어린 시절과 해군 복무시절의 모습과 오벌 오피스(타원형 집무실)라

▲ 지미카터의 파나마운하 개통장면

고 불리는 그의 대통령 시절 백악관 집무실 복원모형이 있었다. 또한 그가 대통령 기간 동안(1977~1981) 한 일인 파마나 운하를 개통한 장면과 배트남 전쟁으로 갈라진 민심을 통합한 장면, 대통령에서 물러난 뒤에도 갖가지 평화활동으로 인해 2002년 노벨 평화상을 수여받는 장면 등이 있었다. 그리고 이 분은 대통령임기가 끝난 뒤 북한의 김일성과 만나서 핵문제를 논의하는 등 한반도 평화 정착을 위해 노력하셨다.

스톤마운틴 공원에 갔는데 가는 도중에 비가 왔고 막 도착해보니 일기예보에 폭풍이 지나갈 예정이라고 해서 케이블카가 운행 정지되어 스톤마운틴 정상에는 올라가지 못했다. 그나마 거대한 바위벽면에 남북전쟁 때 남부의 지도자인 제퍼슨 데이비스, 로버트 E. 리, '스톤월' 잭슨이 새겨져 있는 걸 봤는데 이것에는 논란이 많다. 왜냐하면 마틴 루터 킹의 고향에 노예지지론자들을 새겨놓은 꼴이기 때문이다.

2. 세계적 뉴스채널 CNN
애틀랜타 2 : 조지아 수족관, CNN 센터, 센티니얼 올림픽 공원

어제 제시간에 잤는데도 불구하고 우리 모두 7시가 넘어 일어나게 되었다. 조식을 먹으러 갔는데 완전 소박했다. 그나마 맛있는 건 블루베리 머핀과 바나나 머핀 뿐이었고, 토스트용 식빵이 없었고(그래서 베이글로 토스트를 만들어야 했다) 콘플레이크도 봉지 방식이었다. 식사중 아버지는 내일 갈 뉴올리언스에 가서 점심뷔페를 포함한 미시시피강 유람선을 예약했는데 무려 130달러나 들었다.

식사후 조지아 수족관에 갔는데 입장료로 131불을 지불해야 했다. 제일 먼저 '강 정찰 관'에 갔는데 그곳은 민물에 사는 생물을 주로 다루었다. 우리는 구피 비슷한 것을 포함한 민물고기 떼, 붉은 꼬리 매기를 포함한(또 다른 매기 종류가 하나 더 있었다) 민물고기 떼 등를 보았다. 붉은 귀 거북(유명한 캐릭터인 닌자거북이가 바로 붉은 귀 거북을 모티브로 해서 만들어졌는데, 이 때문에 닌자거북이가 유명해지자 붉은 귀 거북은 개체수 감소의 위기를 맞기도 했다)을 포함한 민물거북들도 봤다.

그 뒤에 수달들을 구경했는데 수달은 물에 들어갈 때 완전히 방수를 하기 때문에 바다에도 갈 수 있다. 이 때문에 해달로 오해받기도 하지만 한국에는 해달이 살지 않는다. 유명한 애니메이션 주인공인 '보노보노'도 해달이다. 이어서 피라냐를 구경했는데 피라냐는 피 냄새를 기가 막히게 잘 맡기 때문에 아마존 강에 상처가 있는 상태로 들어가는 것은 위험하다. 영상을 보니 피라냐 떼가 순식간에 물고기 사체를 뼈만 남게 했다. 실제로 피라냐가 사람을 죽인 적은 없지만 다치게 한 적은 있다. 그러나 어디까지나 일부를 제외하면 공복인 상태에서 무리를 지을 때만 위험하기 때문에 애완용으로도 기를 수 있다.

▲ 조지아수족관

　예쁜 물고기들을 구경한 뒤에 '차가운 물 탐색'이라는 관에 갔다. 우리는 거기에서 먼저 불가사리와 말미잘을 만졌는데 불가사리는 단단하고 말미잘은 부드러웠다. 그리고 일본거미게라는 것을 봤는데 진짜 킹크랩이나 대게는 저리가라 할 정도로 매우 컸다. 태평양 대왕 문어라는 것도 봤는데 입 보기가 힘들었다. 그 뒤 우리는 퍼핀과 가마우지 같은 추운 지방에 사는 바닷새들을 구경한 뒤 해양 여행자라는 관에서 고래상어(고래상어는 작은 물고기만 먹고 상어 중에서 가장 큰 상어이고 몸에 점이 많고 빨판상어를 데리고 있다), 상어, 제브라상어, 가오리, 톱가오리(흔히 톱상어라고 불린다), 매가오리 등을 구경했다. 가오리의 꼬리에는 독이 있는데 어떤 한 사람이 가오리의 독 때문에 죽기도 한다. 이런 유명한 해양 생물을 한 눈에 보다니 좋은 경험이다.

　바다사자 쇼를 보러갔다. 바다사자들이 물구나무 서는 것과 지느러미 흔들며 인사하는 것, 먹이 받아먹는 것이 재미있었다. 그 뒤 돌고래 쇼를 보러 갔는데 돌고래가 높이 뛰어올라서 장애물을 뛰어넘고, 조련사를 태우고 다니는 것, 서서 후진하는 것이 몹시 재미있었다. 물이 많이 튀었고 수조가 엄청 많이 깊었다.

　열대지방 잠수부 관에 갔다. 거기서 뿔복이 포함되어 있는 열대 물

▲ CNN 간판 앵커들과 함께

　하나 더 있어서 한번 문 먹이는 놓치지 않는다. 그 뒤 해파리 떼와 말미잘을 구경한 뒤 힌동가리도 구경했다. 힌동가리를 보니 영화 '니모를 찾아서'가 떠올랐다.

　수족관을 뒤로 하고 CNN본사에 가서 유료 뉴스투어를 했다. 주위를 둘러보니 그 유명한 만화채널인 카툰네트워크도 위치해 있었다. 뉴스룸으로 올라가는 과정에서 세계에서 가장 긴 에스컬레이터를 탔다. CNN뉴스는 미국, 캐나다에서 방송하는 버전과 세계방송버전이 있고 24시간 방영한다. 과연 세계적인 뉴스채널답다. 그리고 투어 중에서 배경과 같은 색의 천을 덮는 것으로 덮은 부분이 투명해진 것을 봤다. 생방송 촬영하는 것을 봤는데 촬영금지라서 아쉽게도 따로 기념사진을 찍을 수는 없었다.

　1996년 애틀란타 올림픽을 기념해 조성한 올림픽 공원을 산책하고 우리나라에서도 아주 친숙한 세계적 음료회사인 코카콜라 기념관 앞을 잠시 들린 뒤 숙소로 돌아와 저녁식사로 자장밥과 라면을 먹었다.

　이곳 애틀란타는 세계적 뉴스인 CNN의 본사, 세계적 음료수 회사인 코카콜라의 본사가 있고, 올림픽까지 개최했다니 정말 엄청난 도시이다.

▲ 미시시피강

3. 세계에서 4번째로 긴 강, 미시시피
뉴올리언스 1 : 미시시피강 유람선 투어, 잭슨 광장

오늘은 새벽 5시 30분에 기상했다. 2시에 출발하는 미시시피강 유람선을 타려면 1시 30분까지 뉴올리언스에 도착해야 하기 때문에 서둘렀다. 가는 도중 미시시피 주 방문자센터에 갔는데 때마침 미시시피주부터 시간이 1시간 느려지는 시차가 발생해서 시계를 1시간 늦춰야 했다. 차로 여행하는 도중 시간 변경이 발생한 것은 처음 겪는 경험이다.

1시 정각에 뉴올리언스에 도착했는데 실제 시차로 인해서 1시간을 벌었다는 것을 감안하면 무려 7시간 40분 동안 달려온 셈이다. 이 긴 대장정동안 통과한 주는 조지아 주, 앨라배마 주, 미시시피 주, 루이지애나(원래 이 주는 프랑스 소유였을 때 프랑스 루이 왕의 이름을 따서 루이지애나 주가 되었다) 주이다.

이곳 뉴올리언스는 재즈의 고향으로 매년 재즈 축제가 열린다. 유명한 초기 재즈는 지금의 재즈와는 많이 달랐다. 현재의 재즈는 흑인 음악이 가미되면서 생긴 것이다. 흑인들은 처음 미국에 끌려와 노예생활을 할 때 너무 고달파서 노래를 부르게 됐는데 그것이 바로 블루스다.

그래서 블루스는 일상의 일을 소재로 하고 사용하는 악기도 일상에서 얻을 수 있는 재료로 쉽게 만들 수 있다는 것이고(아예 빈 병을 쓰기도 한다) 노래도 감성적인 편이다. 흑인 노예들은 종교를 믿으면서 자신의 괴로운 처지를 신에게 호소하는 곡인 가스펠을 부르게 되었다. 나중에는 비종교적인 가스펠인 '소울'이 탄생했다. 사실 따지고 보면 대부분의 팝 음악의 기원은 흑인들의 음악에서 기원되었다. 어떤 재즈 연주자는 재즈는 말로는 설명할 수 없다고 표현했다.

우리는 유람선을 타기 위해 미시시피강변에 도착했다. 북아메리카를 지나가는 미시시피강은 전 세계 강 중 길이가 4위인데 1위는 아프리카 대륙을 지나는 나일 강(이집트 문명이 이 나일 강에서 시작되었고 기하학도 나일 강 범람 이후의 토지경계를 측량하던 것이 기원이다), 2위는 남아메리카 대륙을 지나는 아마존 강(발원지는 페루고 브라질을 지난다. 사실 아마존과 나일 중 어떤 것이 길이가 더 긴지는 의견이 분분하다), 3위는 중국을 지나는 양쯔 강이다.

유람선은 물레바퀴같은 걸 돌리면서 움직였다. 유람선에 오른 뒤 뷔페에서 볶음밥과 검보 수프, 해물 파스타가 맛있어서 나는 무려 3그릇을 먹었다. 가던 도중에 샬맷 배틀필드 국립묘지에 갔는데 거기에는 1812년에 미군의 앤드류 잭슨 장군이 영토 확장 및 수호를 위해서 영국군과 미시시피강에서 전투를 벌인 곳이다. 기념탑 안은 나선형 계단이 있었는데 계단 올라가는 게 힘들었다. 참고로 자유의 여신상도 그 안에 나선형 계단이 있다.

방문자센터 겸 소형 박물관에서 뉴올리언스에 있었던 전투에 대해 관람했는데 1812년 당시 미국의 영토는 지금의 약 1/2 정도였는데 영국과 멕시코와 영토전쟁을 벌여서 지금의 영토가 된 것을 알게 되었다. 그 소형 박물관에는 미국군과 영국군의 복장과 그 때 당시에 쓰인 검

▲ 잭슨광장과 성 루이스대성당

과 총검, 대포알 등이 전시되어 있었다.

유람선 탐방을 마친 후 잭슨 광장에 갔다. 이곳은 장군이자 미국 대통령을 역임한 앤드류 잭슨의 이름을 딴 곳이다. 거기에는 잭슨 동상이 있고 거기에는 'The Union must and shall be preserved(연방은 반드시 유지돼야 하고 유지될 것이다)'라는 문구가 적혀있었다. 잭슨 광장에서 바라본 성 루이스 대성당은 마치 동화에 나오는 환상의 성 같았다.

재즈의 고장인 뉴올리언즈에서 세계에서 4번째로 긴 강인 미시시피 강에 가고 미국의 초기 전쟁터 같은 미국 역사의 현장에 함께 하는 것 같아 뜻 깊다.

▲ 2차대전 당시 실물비행기

4. 박물관에서 본 세계 2차 대전의 이모저모
뉴올리언스 2 : 국립 세계 2차 대전 박물관

오늘 아침 식당 분위기는 이번 여행 동안 다닌 숙소 식당과 달리 고풍스러웠고 그릇들도 일회용 플라스틱이 아닌 사기그릇이었다.

식사는 과일 샐러드, 바나나, 2종류의 콘플레이크, 오렌지 주스, 2종류의 식빵을 이용한 토스트, 레몬치즈케이크를 먹었다.

국립 세계 2차 대전 박물관에 도착했다. 열차 모형 안에서 2차 세계대전의 대략적인 개요 전달 영상을 보았다. 웃음을 향한 준비라는 전시관에 갔는데 그곳은 밥 호프라는 코미디언이 자기 동료들과 함께 전쟁 위문 공연을 간 것을 다루고 있었다. 거기에는 '우리가 가장 두려워해야할 것은 눈앞의 적이 아니라 마음속에 있는 두려움과 공포이다'라는 글귀가 적혀있었다.

미국관련 관에 가서 2차 세계대전 당시 일본군 병력이 850,000, 미국군 병력이 335,000, 독일군 병력이 3,180,000이었다는 것을 알게 되었다. 미국이 전쟁에서 이길 수 있었던 큰 이유는 바로 군수산업 발전으로 인한 엄청난 물량 때문이었다. 전쟁 당시 미국은 2차 세계대전에 참

▲ 2차대전 당시 각국의 수뇌부들

전하라는 개입주의와 2차 세계대전에 참여하지 말자는 고립주의로 나뉘어져 있었다. 1940년 이전에는 고립주의가 강했지만 1940년에는 개입주의가 조금 더 강해졌고 1941년에는 개입주의가 훨씬 강해졌다. 게다가 1941년 일본의 예고 없는 진주만 공습과 독일의 서해 잠수함 기습때문에 미국은 참전하기로 결정했고, 군대를 소집하기 시작했는데 이당시의 다양한 참전 포스터들이 있었다.

그러나 미국은 일본계 미국인들이 미국을 배신하고 일본을 도울까봐 두려워서 그들의 재산을 몰수하고 그들을 수용소에 가두었는데 이러한 수용소 생활이 나타나 있었다. 그리고 애석하게도 전쟁의 와중에도 차별은 있었는데 흑인들과 백인들의 부대를 따로 분리해서 모집하는 등의 차별이 있었다.

다음 전시관에서는 2차 세계대전 당시 연합군의 승리할 수 있게 된 결정적 요인인 노르망디 상륙작전의 개요와 노르망디 상륙작전 이후로의 전쟁의 형세를 다루었다. 이 작전의 시행시간과 도착 장소가 히틀러에게 알려지지 않는 게 주요 관건이었다. 그 뒤 또 다른 건물로 옮겨 가서 일본을 중심으로 한 태평양 전쟁에 대해서 관람했다. 이 중 유명한 전쟁은 필리핀의 일본 군대와 하와이의 미국 군대가 싸운 미드웨이 해전이다. 이 해전에서 미국이 승리함으로서 미국이 완전히 승기를 잡게 되었다.

2차 세계대전 연합군 수뇌부인 처칠, 스탈린, 루즈벨트와 추축국의 수뇌부인 히틀러, 무솔리니의 사진을 구경했다. 그 유명한 2차 세계대전에서 미국의 형세가 어땠는지 자세히 알 수 있었다.

다음 일정인 컨템포러리 아트센터에는 이름 그대로 현대풍의 작품들이 전시되어 있었다. 계단에는 특이한 금속 전시물이 있었고 1층의 전시실에는 몬드리안의 추상화 같은 원, 삼각형, 사각형을 이용한 그림과 영화 포스터를 잘라서 다시 붙인 듯 한 그림이 전시되어 있었다. 2층의 전시관에는 사람과 배경이 막 섞인 기괴하고 의미를 알 수 없는 그림과 건물 비슷한 구조물과 성냥갑을 이용한 건물 같은 구조물이 전시되어 있었고 3층과 4층, 5층은 작업장이었다.

솔직히 말해서 '소문난 잔치에 먹을 것 없다'라는 속담이 저절로 떠올랐다. 1층은 현대풍도 나고 딱 좋은데 2층의 그림 중에는 혐오스러운 것도 있었다. 박물관 건물자체는 예술적이어서 더 아쉽다. 그 뒤 1시 30분에 출발해서 7시 30분에 텍사스주 휴스턴에 도착했다. 휴스턴시는 창밖을 통해 시내를 둘러보니 자연과 산업이 조화를 잘 이루고 있었다.

▲ 실제 개발중인 오리온 우주선의 탑승모듈

5. 우주과학기술의 첨단을 달리는 NASA
휴스턴 : 휴스턴 우주센터, 건강 박물관

오늘 첫 일정인 휴스턴 우주센터로 갔다. 이곳의 정확한 명칭은 존슨 우주센터인데 시설의 일부를 개방하고 있는 것이다. 개장시간이 9시인 줄 알고 갔는데 알고 보니 금에서 토요일에는 10시여서 우리는 약 30분 동안 기다려야 했다.

제일 먼저 나사 트램 투어를 시작했다. 트램이라는 차량을 타고 나사의 일정 구역을 도는 것이다. 먼저 나사의 우주개발연구소에 들어가서 수많은 우주 비행체들과 우주 작업용 로봇을 개발하고 있는 장면을 봤다. 특히 내 눈길을 끄는 것은 개발 중인 오리온 우주선의 탑승모듈과 로보넛2이다. 오리온 우주선은 본래 달 탐사용 우주선이었지만 우주왕복선의 퇴역으로 인해 우주정거장 이동용으로도 개발되어 재사용이 가능하다. 오리온이라는 이름은 본래 그리스 로마 신화에서 달의 여신 아르테미스가 사랑하는 사냥꾼의 이름인데 본래 목적이 달 탐사였다 보니 그런 이름이 붙은 것 같다. 그리고 로보넛 2는 우주정거장에서

▲ 새턴 5호

　원격으로 조종하는 방식이었고, 구두끈도 맬 수 있을 정도로 뛰어난 손동작을 구사할 수 있다. 솔직히 개발 연구소를 일반인에게 공개할 줄은 몰랐다. 보통 이런 것은 숨기는데 말이다.

　연구소를 나와 실물 우주발사체 보관소로 갔다. 로켓모형들을 구경한 뒤에는 건물 안으로 들어가서 새턴 5호의 모습을 구경했는데 바깥에 있는 모형들과는 비교가 안 될 정도로 실물은 매우 컸다. 그리고 총 4단이었는데 1단 추진체, 2단 추진체, 3단 추진체로 나뉘어져 있었고 4단은 임무를 수행하는 아폴로 우주선이 담긴 모듈이다. 모듈이 4개로 나뉘어져 있는 이유는 연료의 무게도 떠받혀야 되기 때문에 쓸모없어진 부분을 제거해서 무게를 줄이기 위해서이다. 실제 로켓을 눈앞에서 생생하게 보다니 진귀한 경험을 했다.

　아폴로 프로젝트 우주비행사들의 사진을 구경했는데 프로젝트 당 3명이었다. 이유는 1명은 우주선에 남아 우주선을 조종하고 나머지 2명은 2인 1조로 탐사를 해야 하기 때문이란다. 아폴로 프로젝트는 1호부터 17호까지 있었는데 본래는 20호까지 갈 예정이었다. 그러나 17호까지만 실행된 이유는 아폴로 프로젝트에 소요되는 돈이 너무 많은데다가 냉전시대의 종결로 더 이상의 우주경쟁이 불필요해졌기 때문이다. 1호는 폭발해서 우주비행사 전원이 사망했고 7호부터 임무에 성공하고 11호는 달에 착륙하여 최초의 유인 달 탐사에 성공하고, 13호는 산소탱크가 파괴되었지만 우주비행사 전원이 달 착륙선을 타고 무사귀환에 성공했다.

트램 투어를 마치고 점심은 나사 식당에서 먹었는데 나는 감자튀김과 터키식 샌드위치를 먹었고 진이는 감자튀김과 참치 샌드위치, 검보 수프를 먹었고, 아버지는 감자튀김과 참치 샌드위치를 먹었다.

우주선 갤러리에서 스카이랩에 대한 여러 시설을 관람한 뒤 스카이랩 모형 안에 들어가서 스카이랩에서의 샤워, 식사 등의 생활을 구경했다. 스카이랩은 미국 최초의 우주정거장이기도 하다. 아폴로 우주선의 탑승 및 귀환 모듈, 달 탐사 모형, 월석 연구 모형을 구경했다. 월석 연구는 월석성분 변질 및 유독물질 방출을 막기 위해서 밀폐된 공간에서 이루어졌다. 실제 월석도 만져보고 달의 토양성분도 봤는데 티타늄 등의 자원이 풍부했다.

독립 광장에 가서 우주왕복선을 태운 실제 운용된 여객기를 구경했다. 여객기의 내부에는 풍향실험 모형과 여객기에 우주왕복선을 태우는 실험모형이 있었다. 우주왕복선이 착륙하고 나서 자력으로 귀환하기

▲ 여객기에 우주왕복선을 태우는 실험모형

에는 연료가 많이 소비되니까 연료소비를 줄이기 위해 여객기에 태워서 운송하는 것이다. 우주왕복선 모형 안에는 비행체와 우주왕복선의

조종석 같은 내부가 재현되어 있었다.

　어린이 우주관에는 도킹 시뮬레이션 게임들이 있었다. 도킹 체험을 한 번 해보니 예상보다 도킹에 성공하기 힘들었다. 그 뒤 우주인 갤러리에 갔는데 그곳에는 수많은 종류의 우주복들과 우주인 팀들이 있었다.

　국제 우주 스테이션에 가서 우주정거장이 조립되는 시뮬레이션을 했다. 미션 마스에 가서 무인 우주탐사 로봇이 채취한 화성석과 화성의 기후를 봤다. 밤과 낮의 일교차가 크고 추웠다. 낮의 기후는 1도, 밤의 기후는 -73도이다. 대기가 얇아서 그런 것 같다. 그 유명한 NASA에 가서 우주과학기술을 직접 눈앞에서 보다니 꿈만 같다.

　다음 일정으로 건강 박물관으로 갔다. 우리는 미국 캐나다 전역 과학 맴버쉽을 가지고 있어서 무료로 들어갈 수 있었다. 실제로 박동하는 심장모형과 심장 박동을 측정 쳇바퀴를 체험했다. 신체검사를 연상시키는 유연성 측정, 철봉 버티기도 체험했다. 태아의 착상과 성장에서 출산까지를 모형으로 재현한 것이 있었다. 과학책에서 그림으로만 보던 걸 입체적인 모형으로 보니 마치 금방이라도 태어날 아기 같았다. 거대한 대장 모형 안에 들어가서 대장암의 모습을 세세하게 봤다. 마치 내가 영화 속 앤트맨같이 작아져 대장 내부를 탐사하는 기분이 들었다. 소리체험관에서는 전기연결 음향기계와 음성을 그래픽으로 표현하는 것, 소리로 진동하는 의자를 체험했다. 과학의 힘은 국력으로 이어진다는 생각이 들었다.

▲ 케네디 대통령이 암살 된 퍼레이드 장소

6. 케네디 대통령의 암살에 대한 음모론
댈러스 : 6층 박물관, 케네디 기념 광장

8시에 출발해서 10시 30분까지 달라스에 도착할 때까지 이동하는 동안 차 안에서 어제 다 쓰지 못한 남은 일기를 2페이지까지 썼다. 달라스는 케네디 대통령이 암살된 장소이고 광역도시로는 미국에서 네 번째로 크다.

첫 번째로 방문한 곳은 '6층 박물관'이었다. 이 박물관 건물은 케네디 대통령을 암살한 오스왈드가 실제로 저격을 한 그 건물이다. 건물 자체는 7층짜리인데 저격장소는 6층이다. 그래서 6, 7층만 박물관으로 사용하고 있다. 표를 사기 위해 기다리는 도중 입구의 스크린에 케네디 대통령이 했던 유명한 연설 구절 두 개가 떴다. 첫 번째는 "우리는 앞으로 10년 안에 달로 가는 것을 선택합니다"이고 두 번째는 "국가가 당신을 위해 무엇을 할 수 있는지를 묻지 말고, 당신이 국가를 위해 무엇을 할 수 있는지를 물으시오"였다. 우리는 입장한 뒤 엘리베이터를 타고 곧장 6층으로 갔다.

먼저 오스왈드가 케네디 대통령을 저격할 때 사용한 이탈리아제 저격총을 구경했다. 1960년 대통령 선거 캠페인에서 대통령 후보인 케네디와 부통령 후보인 존슨의 포스터가 있었다. 또한 1961년에 케네디가 취임연설하는 사진도 보았다. 케네디는 그 당시 최연소 대통령이었는데 그것을 증명하듯 그의 자녀들도 그가 백악관에 있을 당시 어린 편이었다. 케네디는 유명한 소설 『대지』의 작가인 펄 벅의 노벨 문학상 수상 축하를 하는 장면도 있었다. 그리고 공산주의의 위협인 쿠바 미사일 위기에 대해서 다루고 있었는데 소련이 공산주의 국가인 쿠바에 미사일을 설치하려고 하자 미국이 만약 미사일을 설치하면 공격하겠다고 해서 결국 소련이 철수했다. 케네디 대통령의 훌륭한 리더십을 발휘한 사례였다.

사건 당일 케네디가 달라스에 도착했을 때 시민들의 열렬한 환영 분위기 속에서 오픈카를 타고 시가지를 퍼레이드하고 있었다. 오후 12시 30분 딜리 플라자를 지나던 중 이 건물의 6층에서 쏜 오스왈드의 총 3발을 맞고 사망했다. 이러한 소식은 언론에 먼저 알려졌는데 그 이유는 암살현장 근처에 멀비맨 심스라는 기자가 있었기 때문이다.

케네디 대통령 암살에는 음모론이 있는데 그 이유는 범인인 오스왈드가 루비에게 죽었고 루비가 마피아와 연관되어 있었기 때문이다. 그래서 케네디 대통령 암살이 조직적인 암살이 아닐까 하는 주장이 제기되었다. 부통령인 린든 B. 존슨도 이 사건이 오스왈드 단독으로 벌인 것이라고 믿지 않았고, 아직도 많은 사람이 케네디 대통령 암살이 조직적인 암살이라고 믿고 있다.

그리고 또 다른 미국의 훌륭한 대통령인 링컨도 총에 맞고 암살당했는데 기묘하게도 케네디 대통령과 링컨 대통령은 우연한 공통점 몇 가지를 가지고 있다. 첫 번째는 링컨은 포드 극장에서 암살당했고 케네디는 포드 사에서 만든 링컨 자동차에서 암살당했다. 두 번째는 두 사람

▲ 케네디 대통령과 제클린 여사의 사진

다 암살당할 때 부인이 옆에 있었다. 세 번째는 두 사람의 부통령 둘 다 대통령이 암살당한지 10년 후에 사망했다.

이어서 7층의 '저항 정신'에 갔다. 거기에는 케네디 대통령과 제클린 여사의 사진이 있었다. 그런데 가까이서 보니 케네디 대통령의 사진은 수 만개의 작은 제클린 여사의 사진으로 이루어진 모자이크였고 반대로 제클린 여사의 사진은 수 만개의 작은 케네디 대통령의 사진들로 이루어진 모자이크였다.

존 F. 케네디 광장의 기념물을 구경했는데 이 기념물은 열린 관을 바탕으로 해서 만들어졌고 의미는 케네디의 영혼의 자유를 의미한다고 한다. 오늘 일정을 마치고 숙소로 이동하는 도중에 차안에서 쓰다 남은 어제 일기를 마저 썼다.

7. 황량한 지역에 위치한
자연예술동굴 칼스배드
칼스배드 동굴 국립 공원

▲ 도로변에 있는 석유 시추기

오늘 목적지인 칼스배드 동굴로 오전 8시에 출발했다. 약 4시간 동안 가는 도중 창밖을 통해서 보이는 지형은 척박한 편이고 그동안 갔던 곳과 달리 산맥이 많았다.

가는 길 도로변에 수없이 널려 있는 석유 시추기를 봤다. 석유 시추기는 크랭크의 원리(자동차는 그 원리를 반대로 응용해서 주행하는 것이다)로 석유를 시추했었다. 원유는 그대로 쓸 수 없어서 분별 증류로 인해 온도가 낮은 순서에 따라 LPG(끓는점 30도 이하, 가정용 연료), 휘발유(끓는점 30~200도, 자동차의 연료), 등유(끓는점 175~275도, 항공기의 연료), 경유(끓는점 250~400도, 디젤엔진차량의 연료), 중유(끓는점 300도 이상, 배의 연료), 타르 등 찌꺼기(아스팔트로 사용)로 분류된다. 주변에 원유 증류 공장이 있었다. 천연가스 배출 현장을 보았는데 남은 가스를 불태워서 처리하고 있었다. 천연가스는 그 자체로도 연료로 쓸 수 있지만 천연가스가 있는 곳에는 석유가 있을 확률이 높다. 독도가 주목받는 것도 가스 하이드레이트 자체도 에너지 자원이지만 가스 하이드레이트가 있으면 석유가 있을 가능성이 높다는 것을 가리키기 때문이다. 그리고 나서 수많은 풍력발전기들도 보았다. 이곳에서는 화석연료와 신재생에너지가 공존하

▲ 칼스배드 동굴 입구

고 있었다. 특이한 환경이면서도 한편으로는 이렇게 에너지 자원이 풍부한 미국이 부럽다.

칼스배드 동굴은 세계적으로 유명한 지하 동굴로서 1930년에는 국립공원으로 지정됐고 1995년 유네스코 세계유산에 등재됐다. 칼스배드 동굴 국립공원 방문자센터에 가서 탐험가인 짐 화이트가 무려 45년간 이 동굴을 탐험했다는 것을 알게 됐다. 따지고 보면 우리가 이 동굴을 즐겁게 여행할 수 있는 것도 이 사람 덕분이다. 처음에 소년이 이 동굴을 발견했을 때 아무도 믿지 않았다는데 이곳으로 가던 도중 이곳 근처의 지형을 보니 황량한 지형이라서 동굴이 있을 것 같지 않아서 안 믿은 것 같다. 미국에는 초등학교 4학년이 있는 가족에게 1년 동안 국립공원을 무료로 입장할 수 있는 이용 카드를 발급해 주는데 동생 진이가 마침 4학년이어서 카드를 발급받아 무료로 입장했다.

입구까지는 걸어갔고 가는 도중 동굴 생성원리를 다룬 팜플렛을 보고 동굴이 생성되기까지 무려 몇 억년은 걸린다는 것을 알게 되었다. 그 이외에도 동굴이 여름에 시원하다 못해 추운 이유를 설명하는 안내판과 바위 분리로 인해 틈이 생기는 것을 설명하는 안내판 등이 있었다.

동굴로 들어서보니 동굴의 입구가 거대한 입 또는 눈을 연상시켰다. 동굴은 규모가 클수록 다양한 크기와 모양의 생성물이 있다. 이 동굴의 생성물로는 괴물 모양 동굴 생성물, 석주들, 늑대모양 동굴 생성물, 사람 얼굴 같은 동굴 생성물, 티라노 같은 동굴 생성물과 입 벌린 괴물 같은 동굴 생성물, 해골 비슷한 게 2개 있는 동굴 생성물, 무도사 같은 동굴 생성물, 동굴 안의 동굴, 망토 두른 사람 같은 석순과 물개 같은 석순, 동굴 호수 같은 것이 있었다.

석순이란 동굴 천장에 있는 종유석에서 떨어진 물에 의해 바닥에서 솟아난 돌이다. 석주는 이러한 석순과 종유석이 서로 자라다 보니 붙어서 하나의 거대한 기둥이 된 것이다. 이러한 석순과 석주는 동굴이 있는 지역의 습도에 따라서 성장속도가 다른데 평균적으로 1cm가 자라는데 50년에서 100년이 걸린다. 이런 동굴안에 사는 박쥐는 눈이 나쁜 대신 초음파를 쏜 뒤 반사되는 초음파를 이용해서 물체를 찾는데 이 초음파를 통해 통신을 하거나(돌고래도 이와 비슷한 방식으로 통신한다) 다른 박쥐의 초음파를 방해하기도 한다.

▲ 웅장한 동굴내부

그리고 칼스배드 동굴의 가장 큰 공간인 빅 룸은 길이가 무려 1km 이고 높이는 110m에 달했다. 신기하게 동굴 안에 화장실과 카페테리아, 기념품점이 있었다. 높이가 750피트(227미터)인 앨리베이터도 있었다. 우리나라에서는 동굴보존의 이유로 볼 수 없는 광경이다. 동굴 관람을 마친 뒤 3시 30분에 출발하여 3시간 동안 주행했는데, 약 2시간 동안 집도 한 채 보이지 않고 황량한 들판으로만 이루어졌다. 차의 기름이 떨어지기 일보 직전에 간신히 주유소에 도착했다.

▲ 화이트 샌즈

8. UFO의 신비함이 느껴지는 시골마을 로즈웰
화이트 샌즈 국가기념물, UFO 박물관

숙소 식당에서 아침식사를 했다. 때마침 TV에서 월드컵 생중계를 하고 있었는데 한국과 스웨덴의 축구경기가 펼쳐지고 있었다. 미국에서 태극 마크를 단 한국 선수들이 뛰는 모습을 보니 너무 반가웠다. 우리는 한국이 1:0으로 지고 있는을 봤는데 나중에 확인해보니 결국 안타깝게 1:0으로 졌다고 한다.

오늘 제일 먼저 찾은 곳은 화이트 샌즈 국가 기념물이다. 먼저 앰피씨어터라는 구역에 갔는데 모래가 진짜 뽀얗고 시원했다. 왜냐하면 화이트 샌드의 모래는 사실 석고가루라서 모래보다 열을 잘 안 받기 때문이다. 이곳은 원래는 바다였는데 언젠가 고립되어서 호수가 되었고 엄청난 가뭄에 의해서 결국 석고 성분만 남은 채로 말라버려 지금의 모습으로 바뀌었다고 한다. 우리는 이 곳에서 맨발로 눈밭을 뛰어다니듯 놀았고 눈싸움하듯 흰 모래를 뿌렸다. 모래언덕에서는 눈썰매를 타듯 미끄러져 내려왔다.

인터둔 보드 워크에 갔다. 거기에는 다양한 안내판들이 있었는데 그 중 하나는 사막도마뱀의 진화과정인데 사막도마뱀은 사막의 환경에서 몸을 숨기기 위해서 하얀색을 띄게 되었다. 트레킹 중에 운 좋게도 하얀색 사막 도마뱀을 봤다. 그리고 이 지역에서 자라는 식물로 만들 수 있는 요리 및 생활용품을 소개한 안내판도 있었다.

다음으로 듄 라이프 내추럴 트레일에 갔는데 거기를 걷던 도중 동생 진이가 발가락을 다쳐서 석고 언덕까지는 가지 못했다. 그리고 석고벽에서 사진을 찍은 뒤 화이트 샌드에서의 여행을 마무리하고 로즈웰로 향했다. 로즈웰에 도착해서 자동차 정비소에 들러 차의 엔진오일을 교체하고 차안에서 점심으로 컵라면을 먹었다.

로즈웰의 UFO 박물관에 도착했다. 사실 로즈웰은 이 UFO 박물관이 없으면 그냥 작은 시골마을에 지나지 않는다고 봐도 무방하다. 근처에 보이는 곳곳에 외계인 그림과 외계인 관련 상품을 파는 가게들이 있었다. 우리는 그렇게 크지 않은 UFO 박물관에 들어갔는데 거기에는 여행객이 온 국가를 핀으로 표시할 수 있는 지도가 있었다. 진이와 나는 대한민국 지도 위에 각각 핀을 꽂았다.

UFO가 추락한 모형들이 있었고 그 당시 UFO 목격자들이 인터뷰를 했던 방송국의 기기들을 재현했다 UFO 관련 기사들과 UFO의 잔해들의 사진도 있었다. 그러나 어째서인지 정부는 떨어진 건 UFO가 아니라 기상 관측용 기구라고 하고 외계인의 시체는 우주센터에서 만든 실험용 더미를 잘못 본 것이라고 주장했다. 그러나 1990년대 로스웰 사건 관계자들이 로스웰에 떨어진 건 UFO가 맞다고 주장하는 바람에 현재도 로즈웰 추락현장의 잔해 발굴 같은 민간 차원에서의 조사가 이어지고 있다.

영화 '지구가 정지하는 날'에 나오는 외계인 클라투와 그의 경호로봇인 고트 모형도 전시돼 있었는데 영화내용은 다음과 같다. 어느 날 외계인 클라투는 지구의 철학자들과 무기에 대해 토론하러 왔다. 그러나 지구인들은 클라투를 적으로 오인하고 감금한다. 결국 경호로봇인 고트는 지구의 전력을 정지시킨다는 줄거리이다. 이 영화는 핵무기에 대해 경고하기 위해 만들어졌다. 그런데 고트의 신장이 설정 상 2.4m이기 때문에 고트가 움직이는 장면에서는 그 당시 할리우드에서 키가 가장 큰 배우인 록 마틴(2.3m)이 고트를 연기했다고 한다.

외계인 모형과 수많은 UFO 목격사진들이 전시돼 있었다. 외계인에 납치되었다가 돌아오는 등의 외계인 증명사례와 고대문명에서 우주선을 묘사한 벽화와 외계인을 닮은 그림들이 있었다. 그러나 외계인을 닮은 그

▲ 외계인 모형

림들은 달리 해석하면 사람이나 신을 그린 것이라고 할 수 있기 때문에 신빙성이 떨어진다.

그리고 크롭 서클이라고 불리는 미스터리 서클들의 사진을 구경했는데 크롭 서클 중에는 인간이 만들어낸 조작도 상당수 있다. 현실의 비행접시 개발과 외계인 부검 모형, 외계인 불시착 상상도, 외계인 피규어 등을 관람했다. UFO에 대해서 책을 통해 여러 번 접하긴 했지만 관련 박물관에서 자료와 모형들을 직접 보니 좀 더 외계인의 존재에 대해서 다시 생각해보게 됐다.

관람을 마치고 총 3시간 30분 동안 끝없이 펼쳐진 들판을 달려 뉴멕시코 주의 산타페에 도착했다. 도착해보니 시가지의 건물들이 모두 멕시코풍의 느낌이 났다. 이런 분위기에 맞게 멕시코 식당에서 이번 여행 첫 외식을 멕시코식으로 했다.

▲ 성 프랜시스 대성당

9. 미국 속에 있는 멕시코

산타페 : 성 프랜시스 성당, 총독 청사, 뉴멕시코 역사박 물관, 뉴멕시코 예술미 술관

어제 화이트 샌즈에 간 덕분에 차 밖에도 차 안에도 모래(정확히는 석고 가루)가 가득한 관계로 가는 도중에 세차장에 가서 세차하고 자동차 내 부는 진공청소기로 청소했다. 뉴멕 시코 주는 원래 아메리카 원주민이 살았는데 스페인이 무단으로 점령 했다가 멕시코가 스페인에서 독립하 면서 멕시코의 땅이 되었다. 그러나 1912년 미국이 멕시코에게 빼앗으면 서 미국의 땅이 되었다.

먼저 간 곳은 성 프랜시스 성당이 었다. 디자인은 유럽풍이지만 벽이 아도비(진흙과 밀짚을 섞은 것, 벽돌로 만들기도 한다) 재질이어서 갈색을 띠 기 때문에 보통 벽이 하얀색인 유럽풍 성당과 달리 멕시코적인 분위기 가 강했다. 그리고 쌍둥이 첨탑의 경우 미완성으로 끝났는데 미완성인 작품이 명작으로 남는 경우가 의외로 많다. 예를 들어 바티칸 박물관 의 토르소라는 작품은 몸통만 있는 미완성 작품이지만 미완성 특유의 멋짐을 발견할 수 있다. 들어가면서 가장자리의 4군데에 각각 천사, 날개 달린 소, 날개 달린 사자, 뱀이 있었고 중앙에는 물고기 2마리가 있었다. 1달러를 내고 양초 하나에 불 붙일 수 있는 것을 발견했는데 진이와 난 2달러를 내고 양초 2개에 불을 붙였다. 그리고 성당 대부분에 있는 스테인드글라스(색이 있는 유리로 만드는 창문 그림)도 아름다웠고, 성모 마리아 상도 있었다.

그 뒤 산타페 광장 중앙에 스페인-미국 전쟁에 참여한 자들을 기리는 기념탑이 있었다. 그 뒤에 우리는 총독청사에 갔는데 그 앞에서 원주민들이 자신들이 만든 공예품을 팔았다.

이 총독청사와 붙어있는 건물인 뉴멕시코 역사박물관에 갔다. 1층에는 이 지역이 멕시코에 속해있었을 때의 사진이 있었고 지하 1층에는 1912~현재 뉴멕시코의 과도기라는 곳이 있었다. 먼저 우리는 1층에 있는 전시관에 갔는데 손을 얹으면 음성이 나오는 기구와 스페인 정복자들의 투구와 갑옷, 무기를 구경했다. 무기는 할버드와 칼 2종류가 있었다. 정복자들의 총과 칼, 옷과 원주민의 옷과 악기를 구경했고 천장에는 화살이 수없이 매달려 있는 구간이 있었다. 멕시코-미국 전쟁당시 장교들의 생활도구(제복, 침대)들을 구경한 뒤에 서부시대 당시의 유명한 살인마(세계 4대 살인마라고 불린다) 빌리 더 키드의 사진도 봤다. 그러나 빌리 더 키드는 민담에서 간혹 의적으로 등장하기도 한다.

이어서 지하 1층으로 내려가 축음기와 레코드들을 구경하고 음악도 들었다. 그리고 경제대공황 시절 뉴딜정책으로 뉴멕시코에서도 시행되었는데 뉴멕시코의 뉴딜정책은 주로 농업과 공공사업에 지원되었고, 예술활동과 관련된 프로젝트에서도 지원되었는데 산타페가 예술의 도시가 된 것도 이것이 영향을 주었을 것이다. 그 뒤 책 기부를 촉구하는 포스터와 뱀 그림과 함께 'less dangerous than careless talk'라는 문구가 있는 포스터도 있었는데 그 뜻은 '뱀이 생각 없이 내뱉은 말보다 덜 위험하다'이다. 박물관을 나와서 시내를 산책했는데 예술의 도시답게 공예품, 그림, 보석, 조각 등을 판매하는 가게들이 길 양 옆으로 이어져 있었다.

▲ 멕시코풍의 건물, 뉴멕시코 예술박물관

점심을 먹은 뒤 뉴멕시코 예술 박물관에 가서 1층 전시실에는 원주민 그림과 사슴 그림, 멕시코 주민 인형, 페스티벌 모형, 축제그림, 산타페 광장그림, 마을 그림, 빛나는 바위산 그림, 오염된 강 그림, 그림 속의 사진(그림은 울룰루) 등을 보았고 진이가 천 조각으로 3개의 해와 하늘의 틈과 산이 공존하는 작품(거울에 비쳐보면 사람의 얼굴 같다)을 만들었다. 중앙에는 특이한 조형물들이 있었고 2층에는 황야 사진, 별 사진, 월출 사진 등이 있었다. "위대한 스승은 너에게 어디에서 보라고 말하지 무엇을 보라고 말하지는 않는다"라는 격언이 벽에 쓰어 있었다. 2시 30분에 출발해서 6시에 도착했지만 1시간 시차 경계선을 넘어서 실제로는 4시간 30분이 걸렸다.

원래 멕시코의 일부인 뉴멕시코에서 멕시코적인 여행을 하다니 뜻 깊다.

▲ 세도나의 일몰

10. 세도나의 황색 일몰
피닉스 : 아리조나 과학센터, 트리니티 대성당, 에어포트 메사

오늘 아침에는 오전 6시 30분에 일어나서 조식으로는 소시지와 달걀요리, 수프를 먹었다. 8시에 출발해서 아리조나주의 주도인 피닉스에 있는 아리조나 과학센터에 11시에 도착했다. 천장에 있던 망원경과 현미경의 눈 렌즈 부분에는 눈 모양 영상이 떠있어 마치 우리를 응시하는 것 같았다. 우리는 미국·캐나다 전역에 있는 과학관에 입장할 수 있는 연간 가족회원권을 가지고 있는데 이 과학관도 회원권이 적용됐다. 그리고 물을 이용한 과학기구(공 이동, 음악, 물 통로)들이 있었는데 마침 이곳 기온이 매우 더운 때라 시원한 물놀이 하듯 실험을 했다.

오션즈 3D라는 영화를 보았다, 영화내용은 바다에서 사는 생물의 생태계를 다루었다. 환경오염으로 인한 지구온난화의 영향으로 육지를 찾기 힘든 바다코끼리나 조개껍질로 몸을 뒤덮어서 상어를 속이는 문어 등이 있었다. 이를 보면서 동물들은 갖가지 방법으로 생존하려 하고 인간은 그걸 위협하고 있기 때문에 환경오염을 줄여야겠다고 생각했다.

그 뒤 나는 1, 2, 3층을 넘나들며 1층에서는 인체관(눈, 뼈 등 인체기관

을 다룬 작은 것들을 확대해서 찍은 사진도 있었다. 익숙한 것을 확대하니 딴판
이 되는 것도 있었다), 음악관(소리기구들을 다루고 2층과 3층의 사이에 있다),
나의 디지털 세상(컴퓨터 공학을 다루며 2층에 있다), 지구과학관(지구에 대
한 것을 다루고 암석과 지구의 기상현상에 대한 것을 다룬다)을 둘러보고 못
이 올라오는 가시침대 체험도 했다. 사람들의 생각과는 달리 못의 수가
많을수록 못에 가해지는 무게가 분산되기 때문에 못을 충분히 많이 박
으면 사람의 몸무게도 문제없이 받칠 수 있다. 일부 마술사들은 이 원
리를 이용해서 못 위에 앉는 마술을 하기도 한다. 그리고 공중에 있는
레일을 건너가는 자전거도 있었는데 우리 모두 다 샌들을 신고 있어서
타지 못했다.

▲ 에어포트 메사

다음 일정으로 트리니티 이피
스커펄 대성당에 갔는데, 알고 보
니 평일에는 오후 3시까지만 문을
열어서 결국 바깥 건물 모습만 둘
러보았다. 피닉스에서 3시에 출발
해서 오후 6시 40분에 일몰을 보
기 위해서 세도나의 에어포트 메
사에 도착했다. 그 곳에는 바위산
이 꽤 있었다. 엄청나게 축소한 그랜드 캐니언의 일부같은 모양새였다.
우리는 경건한 자세로 일몰을 구경했다. 여기서의 일몰의 빛깔을 보니
주로 붉은색을 띠는 한국과 달리 노란색을 띠고 있었다. 우리는 숙소
에 도착해 밤하늘을 올려다보니 뚜렷하게 빛나는 북두칠성을 볼 수 있
었다. 한국의 시골 할머니댁에서 볼 수 있었던 별들을 여기에서 다시
보니 한국이 문득 그리웠다.

▲ 벨록

11. 미국의 석굴암, 성 십자 예배당
세도나 : 벨록, 성 십자 예배당, 그래스퍼 포인트, 슬라이드 록 주립공원

오늘은 아침 6시 40분에 일어났는데 그만 동생 진이가 코피가 나고야 말았다. 코피를 지혈하는데 호텔의 작은 수건 2개를 사용해야 했다. 피가 너무 많이 묻어서 결국 그 수건 2개는 버릴 수 밖에 없었다. 그 뒤 우리는 조식을 먹으러 갔는데 식당 문에 달린 잠금장치의 비밀번호를 눌러서 들어가야 했다. 식당 안은 관리인 없이 자율적으로 운영되는 지금까지 우리가 보지 못한 방식이었다.

오늘의 첫 일정인 벨록에 도착했다. 멀리서 볼 때는 이름처럼 종 모양 또는 UFO모양으로 보였지만 가까이에서 봤던 벨록은 절벽 위에 세워진 중세의 성벽같이도 보였다. 이 바위는 세도나 지역에서 가장 기(氣)가 센 바위로 전기적 보텍스가 흘러나온다고 한다. 그래서 기 수련을 하는 사람들이 세계 곳곳에서 이 바위로 찾아온다고 한다.

암벽 위에 세워져 있는 성 십자 예배당에 갔다. 그런 점에서 암벽을 파고들어서 만든 우리나라의 석굴암이 떠오르기도 했다. 이 예배당이

▲ 성 십자 예배당

위치한 곳에서 우리가 잤던 마을을 바라보니 마치 유럽의 작은 시골마을 같았다. 성당 안에 잎이 없이 가지만 앙상한 굵은 나무줄기에 묶여있는 예수 조각상이 있었다. 예수 조각상의 양손은 나뭇가지에 묶여 있었다. 보통은 십자가에 매달려있는데 특이했다. 기념품점으로 갔는데 주로 대부분 십자가 모양인 펜던트와 천사모양의 조각상이 눈길을 끌었다. 성당 밖에는 여러 종류의 꽃들이 있었는데 그래서 계절이 여름인데도 불구하고 봄 분위기가 났다.

그래스호퍼 포인트라는 계곡으로 갔다. 처음에는 물이 너무 차가워서 발 담그는 것조차 힘들었지만 차츰 적응해서 수영을 했다. 진이가 성스러운 장소라고 부른 암벽을 향해 등반을 했다. 바위가 험준해서 발을 딛기가 어려웠지만 결국 오르는데 성공했다. 이번에는 진이가 아서왕의 옥좌라고 부른 계곡 가장자리에 있는 바위에 가는데 물살이 센 곳이어서 겨우 건너갔다. 수영을 마치고 그늘에 앉아서 아이스박스에서 꺼낸 머핀, 요플레, 음료수, 빵, 사과, 바나나를 먹었다. 계곡에 있을 때는 시원했는데 차를 타고 온도를 보니 온도가 화씨 111도(약 섭씨 40도)까지 치솟았다.

그 뒤 슬라이드 록 국립공원에 갔다. 아랫부분은 유속이 느린 대신 부드럽고 미끄러웠다. 반면 윗부분은 물이 거세고 코스가 긴 편이었다. 진짜 워터슬라이드를 타는 것보다 즐거웠다. 말 그대로 자연산 워터슬라이드였다. 진이는 슬라이드가 재미있어서 열번 이상 탔더니 수영복 엉덩이에 큰 구멍이 났다. 세도나에서의 일정을 마치고 4시 30분에 출발해서 6시 30분에 그랜드 캐니언에 도착했다. 도착하고 나서 텐트를 치고 야영을 준비했다. 내일부터 본격적인 그랜드 캐니언 탐방이 기대된다.

▲ 그래스호퍼 포인트 계곡

▲ 추위에 떨며 일출보기

12. 자연이 만든 웅장한 조형물 그랜드 캐니언
그랜드 캐니언 국립공원

그랜드 캐니언의 아침 일출을 보기 위해 4시 40분에 기상했다. 아침에는 날씨가 꽤 추운데 옷 갈아입기가 귀찮아서 잠옷 위에 잠바를 걸쳐 입었다. 그리고는 일출 장소로 유명한 마더 포인트로 갔다. 5시 11분에 해가 떴는데 한국 일출은 붉은 분위기였지만 이곳의 일출은 노란빛 분위기였다. 세도나에서 본 황색 일몰이 떠오른 것일까? 떠오른 해를 보며 미국여행이 끝까지 즐겁고 무사한 여행이 되게 해달라는 소원을 빌었다.

일출을 보고 텐트로 돌아온 뒤 침낭으로 들어가서 다시 잤다. 7시 40분경 일어나 보니 우리가 잠자는 사이 평상 위에 둔 과자 1봉지를 포함한 간식 및 반찬의 일부와 육포 1/3봉지를 까마귀들이 먹어치웠다. 진작 차안에 넣어놓아야 했었다. 보통 머리 나쁜 사람에게 새대가리라고 하지만 이것은 까마귀에겐 실례되는 말이다. 까마귀는 도구를 만들어 사용할 정도로 머리가 좋다. 반대로 칠면조는 자기가 지나간 길을 잊을 정도로 멍청해서 그걸 이용해 야생 칠면조를 잡기도 한다. 칠면조에게는 새대가리라는 말이 어울릴 것 같다.

아침을 먹고 짐을 정리했다. 침낭은 압축해서 수납백에 집어넣고 에어매트도 공기를 모두 빼서 수납백에 넣었다. 텐트는 바닥을 청소한 뒤 고정한 못을 빼고 그 뒤 접어서 케이스 안에 넣었다.

순환버스를 타고 허밋 레스트에 도착했다. 우리가 탄 버스는 장애인용 저상버스인데 우리나라에는 예산 사정 때문에 보급된 버스가 많지 않다. 저상버스는 차체 높이가 낮아진 뒤 휠체어용 경사로가 나오는 방식이다. 그랜드 캐니언을 바라보았는데 거대한 바위 층들이 겹겹이 모여서 웅장한 분위기가 우리를 압도했다. 말 그대로 그랜드 캐니언이었다.

피마 포인트에 갔는데 거기에서 본 그랜드 캐니언에는 마치 실개천 같은 녹색의 콜로라도 강이 흐르고 있었다. 모해브 포인트에서는 가까운 큰 지층을 보았다. 그리고 진이는 무모한 것인지 용감한 것인지 모르게 절벽 부근에 앉아서 사진을 찍었다.

▲ 그랜드 캐니언 등산로

이번에는 포웰 포인트까지 1.8km를 걸어서 갔다. 가는 동안 이번에는 콜로라도 강이 뚜렷하게 잘 보였다. 포웰 포인트에 가는 길 도중에 그랜드 캐니언의 생성원리를 다루는 안내판을 보니 그랜드 캐니언은 지구 깊숙한 곳의 압력이 지층을 들어올린 뒤 500만년 동안 침식작용을 거쳐 오늘날의 모습이 되었다는 것을 알 수 있었다. 포웰 포인트는 최초로 그랜드 캐니언을 탐험한 탐험가 포웰의 이름을 따서 지었다. 포웰을 포함한 탐험가를 기념하는 기념비도 위치해 있었다. 그들의 노력 덕분에 그랜드 캐니언은 세계적인 관광지로 개발된 것이었다.

▲ 그랜드 캐니언

버스투어를 끝낸 뒤에 차를 타고 가던 도중 그랜드 캐니언 행 기차를 발견했다. 국립공원 안으로 기차가 다닌다니 정말 의외였다. 사막 전망탑 꼭대기에 올라가 그랜드 캐니언을 내려다 보니 콜로라도 강의 전 구간이 내려다 보였다. 탑 내부의 벽들을 보니까 원주민들의 생활을 다룬 듯한 벽화들이 가득했는데 어떤 것은 아메리카 원주민의 벽화 같기도 했다. 4시 20분에 출발해서 앤털로프 캐니언에 가까운 페이지라는 지역에 2시간이 걸려 도착했다.

텐트에서 아버지와 동생의 온기를 느끼면서 지낸 하루밤 대자연의 일출, 인간이 감히 범접하지 못하는 거대한 자연에 대한 경외감을 느끼는 하루였다.

13. 빛에 따라 변하는 협곡 속 아트, 앤털로프 캐니언
앤털로프 캐니언, 호스슈 벤드, 브라이스 캐니언

오늘 첫 방문지인 로어 앤털로프 캐니언에 도착했다. 앤털로프는 가젤이라고도 불리는 사슴과 유사한 생물인 '영양'이라는 뜻인데 해석하자면 낮은 영양 협곡이라고 해야 할 것 같다. 이 협곡이 만들어내는 자연의 모습이 아름다움을 넘어서 신비롭기 때문에 해마다 사진작가들이 꼽는 가장 아름다운 지역 중 하나로 선정된다. 그리고 투어 입장료는 무려 1인당 50불로 꽤 비쌌다. 대기실에는 여러 협곡들의 위치사진이 있었는데 그 중에는 우리가 갈 예정인 협곡도 있었다.

캔즈 투어의 시작은 먼저 계단을 타고 지하로 내려가는 것이었다. 전체적인 분위기는 아름다운 갈색 물결 그래픽 같았다. 시냇물 같은 천장의 틈, 불꽃 모양의 통로, 실타래같은 벽

▲ 앤털로프 캐니언

면, 외계인 얼굴 같은 벽면, 웃는 새 같은 벽면, 갈고리 모양의 천장, 닭 모양의 틈새, 기둥형 통로, 회오리바람형 통로, 해마모양 틈새 등을 보았다. 외부에서 들어오는 빛에 따라 모양과 빛깔이 신비롭게 달라졌다. 동굴 안 투어를 마치고 밖에 나가서 보니 출구 쪽 앞에 공룡발자국 3개가 있었다. 이런 메마른 곳에 공룡 발자국이 있는 것을 보니 중생대에는 이곳도 아마 울창한 숲이었던 것 같다.

▲ 호스슈 벤드

다음 일정으로 호스슈 벤드에 도착했다. 호스슈 벤드(horseshoe bend)는 편자모양 굴곡이라는 뜻이다. 거기는 모래벌판이어서 많이 걸어가야 했는데 신발에 온통 모래가 들어가서 걷기 불편했다. 협곡을 내려다보니 협곡의 모양이 이름처럼 영락없는 편자모양이었고 협곡에 강이 있었다. 그리고 배 모양 바위 위에 서서 협곡을 구경하기도 하고, 차양대 바위 밑 그늘에서 쉬면서 협곡을 보기도 했다.

오후 2시에 출발해서 3시간 걸려 브라이스 캐니언에 도착했다. 그곳의 선 셋 포인트라는 지점에 갔는데 선 셋(sun set)은 일몰이라는 뜻이다. 그러나 정작 이 포인트는 해가 지는 방향이 아니었다. 왜 그런 이름이 붙었을까? 밑으로 내려갔는데 마치 저번에 갔던 칼스배드 동굴을 내려가는 것 같은 느낌이었다. 그리고 좁은 협곡 틈에서 자라는 연필처럼 높고 곧은 나무를 발견했다. 아버지는 햇빛이 적게 드는 자리에서 어떻게 나무가 잘 자라는지 신기해했고 동생 진이는 거인이 연필로 써

▲ 브라이스 캐니언

도 될 것 같다고 말했다.

　2층 석탑모양 바위와 선 모양 협곡, 산 모양 협곡을 본 뒤 터널모양 틈을 통과했다. 터널 전망대에 가서 협곡들을 구경했는데 그 중에는 성벽과 궁전 모양 바위가 있었다. 진이는 스파이더맨이 돼서 아이언 스파이더 슈트의 거미다리로 홈을 파서 거기서 살고 싶다고 말했다.

　다음으로 브라이스 포인트에 갔는데 거기는 웅장한 산 모양 협곡들이 빽빽이 모여있는 느낌이었다. 오후 6시 반에 출발해서 4시간이 걸려 카지노의 도시라고도 하는 라스베가스에 도착했다. 라스베가스는 사막 한가운데에 있는 도시다. 그래서 이렇게 밤에 보니 마치 깜깜한 들판 속의 빛나는 반딧불 집 같았다.

▲ 숙소에서 내려다 본 라스베가스 야경

14. 사막 속 오아시스 같은 도시, 라스베가스
라스베가스

어제 숙소에 늦게 도착해서 밤 12시를 넘어서 잤기 때문에 오늘 아침은 8시에 일어날 예정이었다. 그러나 이상하게도 난 6시에 눈이 떠졌다. 덕분에 어젯밤 전혀 하지 못한 브레인스토밍과 일기를 작성했다.

일기쓰기를 모두 끝내고 오전 11시 30분에 숙소를 나서서 처음으로 방문한 곳은 유명한 새알 초콜릿 브랜드인 m&m상품점이었다. 새알 초콜릿 말고도 뽑기 기계나 컵 같은 다른 m&m상품들이 있었다. 3층으로 올라가는 길에 Superm(슈퍼맨 패러디), E.T(E.T 패러디), M's In Black(맨 인 블랙 패러디)등 다양한 제품 홍보성 영화 패러디가 전시돼 있었다. 잠깐 3D영화인 'I lost my M in Vegas(나는 베이거스에서 M을 잃어버렸다)'를 보았다. 솔직히 3D영상은 꽤 좋았지만 영상 줄거리는 홍보용 영상 그 이상 그 이하도 아니었다.

다음에는 허쉬 키세스 매장에 갔다. 그곳에는 거대 초콜릿모양 쿠션 및 초콜릿 시럽통모양 저금통이 있었다. 다양한 종류의 초콜릿이 손잡이를 잡아당기면 나오는 기계도 있었다. 우리가 흔히 보는 방울 모양이나 사각 모양 말고도 다양한 종류의 초콜릿을 볼 수 있어서 눈이 즐거웠다.

그리고 플래닛 할리우드라는 호텔에 있는 고든 램지 버거라는 라스베가스에서 가장 유명한 수제 버거집에 갔다. 맛집으로 소문난 만큼 30분간 줄을 서서 기다렸다가 겨우 자리를 잡았다. 거기서 얼티밋 치즈버거, 세우 샐러드, 감자튀김 2종류를 시켜 먹었다. 치즈버거의 풍미가 미국 학교 급식식당에서 먹은 치즈버거의 맛과는 달리 부드러우면서도 쫄깃쫄깃했다. 기다린 보람이 있었다.

▲ 벨라지오 호텔 실내정원,
라스베가스의 분수와 야경

식사 후 시내 이곳저곳을 둘러봤다. 거리에서 자전거를 탄 마네킹인 줄 알고 지나갔는데 갑자기 움직여서 깜짝 놀랐다. 다시 봐도 마네킹 같았다. 마이클 잭슨 춤을 추는 꼬맹이가 있었는데 춤을 꽤 잘 춰서 사람들이 팁을 많이 줬다.

라스베가스는 카지노의 도시답게 거의 모든 건물 안에 카지노 시설이 있었다.

우리가 묵을 코스모폴리탄이라는 호텔에 갔다. 무려 63빌딩(지상 60층)보다 1층 높은 61층이었다. 우리는 44층에 방을 배정받았는데 내가 이렇게 높은 층에 잠을 자는 것은 난생 처음이다. 숙소에 들어가 베란다에서 시내를 내려다 보니 분수와 축소한 에펠탑 모형, 대관람차, 플래닛 할리우드 등 라스베가스의 분위기를 느낄 수 있는 건물들이 한눈에 보였다.

마지막으로 벨라지오 호텔 실내정원에 갔다. 천장에 꽃 장식은 동화나라를 연상시켰고 꽃과 분수, 나무 등이 어우러져 야외정원과는 다른 독특한 멋이 있었다. 초콜릿, 바닐라, 카라멜이 흘러내리는 10계단도 있었는데 그것들을 컵으로 받아마시고 싶은 충동이 들었다. 밖으로 나와 벨라지오 음악 분수를 관람했다. 마침 약간 어둑해지는 시점이라 음악과 빛, 분수가 어우러져 화려한 장관을 연출했다. 분수의 모습이 음악에 따라 다르게 뿜어져 다양한 장면을 연출해서 한참을 구경했다. 사막 한가운데에 있는 대도시 라스베가스의 즐거운 하루였다.

▲ 호텔 수영장에서

15. 황량하면서도 자유로움이 느껴지는
모하비 사막

로스엔젤레스 1

　지금 묵고 있는 숙소는 이번 여름방학 기간 중 가장 비싼 숙소이다. 잠만 자고 떠나기에는 너무 아쉬워서 아침을 먹고 나서 호텔 수영장에 갔다. 옥상에 위치한 수영장은 수영장 자체도 멋있었지만 주변의 마천루들과 어우러져서 해변과는 또 다른 분위기를 자아냈다. 풀장은 3개가 있었는데 그 중 하나는 일반적인 직사각형 수영장과는 달리 직사각형 둘의 끄트머리가 달라붙은 모양이었다. 또 다른 한 곳은 물이 따뜻하고 거품이 나오는 스파였다. 긴 풀장의 얕은 지점에는 의자가 있었는데 나는 거기 누워서 한 숨 잤다. 마치 해변에 누워서 잠자는 것 같았다.

　수영을 마치고 짐을 싼 뒤 호텔을 떠났다, 라스베가스에서 LA까지 가는 동안 창문 밖을 통해 바라보니 양쪽 모두 끝없는 사막이 펼쳐져

▲ 조슈아트리 국립공원의 모바히 사막 풍경

있었다. 이곳은 모하비 사막으로 황량하면서도 자유로운 느낌이 들었다. 그런 사막 한가운데에서 아울렛이 있었다. 정말 신기하다는 생각이 들었다. 우리는 아울렛에 갔다. 왜냐하면 동생 진이가 슬라이드 락에서 너무나 재미있게 놀았던 결과로 찢어진 수영복을 사기 위해서이다. 그런데 마침 1+1행사를 하고 있어서 내 수영복도 덤으로 샀다. 신났다.

원래는 산타모니카 해수욕장에 갈 예정이었지만 시간이 너무 늦어 그냥 바로 로스앤젤레스의 코리아타운으로 갔다. 로스앤젤레스의 별명은 천사의 도시인데 그 이름대로 아름다운 느낌이 들었다. 그리고 태평양에 가까운 해안도시라 그동안 갔던 곳에 비해 시원했다.

코리아타운은 오래전 정치적, 경제적 이유로 고향을 떠난 한국인이 이민와서 형성된 곳이라 그런지 현재 한국보다는 오래된 도시같은 느낌이 들었다. 계속 이어지는 한글 간판을 보니 매우 반가웠다. 저녁을 먹으러 진솔국밥집에 가서 오랜만에 순대국밥, 돼지국수, 수육을 먹었다. 순대국밥도 노스캐롤라이나 집 근처의 H마트에 먹었던 것과 달리 온도가 적당해서 좋았다.

드디어 소문으로만 듣던 코리아타운에 가서 저녁까지 먹다니 정말 감계무량했다. 할리우드가 있는 도시인 로스앤젤레스에 도착하니 참 좋다.

▲ 유니버셜 스튜디오 입구

16. 화면 밖으로 나온 영화, 유니버셜 스튜디오
로스엔젤레스 2 : 유니버셜 스튜디오, 헐리우드 거리, 그리피스 천문대

오늘 첫 일정으로 유니버셜 스튜디오에 갔다. 입구에 있는 유니버셜 지구본을 보니 세계로 뻗어가겠다는 의지가 느껴졌다. 제일 먼저 차를 타고 가면서 영화 세트장을 둘러보는 스튜디오 투어를 시작했다. 미리 받은 3D안경을 쓰고 킹콩 4D 360° 터널 영상을 봤는데 킹콩과 바스타토사우루스 렉스의 싸움을 잘 나타내고 있었다. 그 뒤 쥬라기 월드의 딜로포사우루스를 모형으로 재현한 것을 봤다. 영화의 딜로포사우루스처럼 목도리도마뱀같은 볏이 펼쳐졌다. 실제 영화 촬영에 쓴 것이라 그런지 생동감이 넘쳤다.

▲ 트랜스포머즈 더 라이드,
헐리우드 거리

그 뒤 죠스의 장면을 물 속에서 움직이는 상어모형으로 재현한 것을 봤다. 상어가 지느러미만 드러내면서 움직이다가 모습을 드러내니 불이 뿜어져 나왔다. 실제 영화의 장면과 약간 달랐지만 생동감이 넘쳤다. 분노의 질주의 장면을 4D 360° 터널 영상으로 봤는데 처음에는 인물들이 다투다가 나중에 자동차 추격전을 벌였다. 인물들의 다툼은 그럭저럭이었지만 자동차 추격 장면은 생동감과 긴장감이 넘쳤다.

투어가 끝난 뒤 제일 먼저 해리포터와 금지된 여행이라는 놀이시설에 갔다. 그곳은 영화 속 호그와트의 모습을 하고 있었다. 그곳에는 그림이 있었는데 갑자기 움직여서 깜짝 놀랐다. 해리포터 영화에서 기숙사의 그림들이 움직이는 장면들이 떠올랐다. 이어서 놀이기구를 타는 도중 드래곤의 모형과 거대 거미들의 모형, 그리고 얼굴 없는 자들의 모형을 봤다. 특히 거대 거미들을 보니 영화에서 해리가 거대 거미를 만나는 장면이 떠올랐다.

'트랜스포머즈 더 라이드'에 갔다. 놀이기구를 타기 전 본 영상에는 라쳇과 아이언하이드가 우리가 체험하는 놀이시설 영상 스토리의 핵심인 올스파크를 설명했다. 그 뒤 3D 안경을 쓰고 차를 탄 뒤 주행 및 영상체험을 했는데 줄거리는 올스파크를 두고 디셉티콘과 오토봇이 싸우는데 끝내 오토봇이 이긴다는 내용이다. 거기서 본 트랜스포머 중 옵티머스, 메가트론, 스타스크림, 범블비 등이 있었다. 영상은 우리가 트랜스포머가 되어 스토리에 참여하는 구조였다. 그래서 보다 생동감과 사실감이 넘쳤다. 관을 나온 뒤 입구에서 옵티머스 분장을 한 배우를 배경으로 기념사진을 찍었다.

점심식사를 한 후 '쥐라기 공원 라이드'에 갔다. 그곳에서 후룸라이드를 주행하면서 렙터, 브라키오사우루스 등 공룡모형을 구경했고 후반에 갑자기 튀어나온 티렉스 모형은 우리를 물어뜯을 기세로 다가와서 스릴감이 넘쳤다. 만일 영화 속 쥐라기 공원에서 사파리를 한다면 이보다 더한 느낌이 날지 궁금하다.

'미라의 복수 라이드'라는 놀이시설에 갔다. 탑승 전 영상으로 배경스토리를 보여줌으로써 시작부터 공포분위기를 조성했다. 롤러코스터를 타는데 유령영상과 미라모형이 튀어나오면서 마치 저승에 있는 것 같은 공포감을 주었다. 영화 '미이라'도 이렇게 무서울지 궁금하다. 그뒤 우리는 아누비스 배우와 사진을 찍었는데 그 분은 마네킹처럼 가만히 있었다.

'Amc 워킹데드'에서 병원 풍 내부에 좀비의 집 체험을 했다. 내부가 드라마 '워킹데드'에 나오는 병원과 유사해서 불안감이 느껴졌다. 그리고 분장한 좀비들은 가짜인 걸 알고 있는 데도 불구하고 너무 무서워서 여기에서 본 걸 잊기 위해 다른 놀이기구를 더 타야할 정도였다.

유니버설 스튜디오를 나와 할리우드 거리로 이동했다. 그 거리의 이름은 명성의 발자취인데 거기 인도 바닥에는 밥 호프, 제임스 딘, 월트 디즈니, 마이클 잭슨, 톰 크루즈의 이름이 별 모양 청동판에 세겨져 있

▲ 그리피스 천문대에서 본 LA 야경과 일몰

마지막으로 그리피스 천문대에 갔다. 천문대에서 시가지를 보니 대도시 LA전체가 한눈에 들어왔고 저 멀리 산타모니카 해변도 어렴풋이 보이는 것 같았다. 마침 해가 지는 시간이어서 하늘의 일몰 빛과 도시의 반짝이기 시작하는 조명이 색다른 조화를 이루는 멋진 장면이었다.

그 유명한 할리우드의 유니버설 스튜디오를 하나하나 체험하고, 할리우드에서 활동한 배우들의 발자취를 보고 마지막에는 천문대에까지 가서 도시 전체 야경까지 봤으니 오늘 하루는 엄청난 경험을 했다.

하루하루가 새롭다. 내일이 기대된다.

▲ 산타모니카 해변에서

17. 부서진 클레오파트라의 콧대
로스엔젤레스 3 : 그레이스톤 맨션, 게티 센터, 산타모니카 해변

먼저 우리는 베버리 힐 그레이스톤 맨션에 갔다. 베버리 힐즈에 위치한 이 공원은 미국의 석유재벌인 에드워드 도헤이가 그의 아들과 가족에게 선물한 대저택이었는데 그 후 시에서 매입해서 일반 시민들에게 무료로 운영하는 곳이다. 멋진 잔디광장도 있고 광장 한가운데 자리잡은 멋진 분수는 정원을 더욱 멋지고 아름답게 만드는 것 같았다.

양옆으로 쭉쭉 뾰족하게 뻗은 나무 사이로 시원하게 나 있는 산책로는 정원 내의 산책로가 아니라 큰 공원의 산책로 같았다. 정원 한 곳에는 아담한 인공 연못이 있었는데 아롱잉어와 거북과 작은 물고기가 있었다. 그 뒤 정원에서 저택으로 갔다. 고풍적인 분위기가 나는 석조 건물이었는데 안에 들어가서 볼 수 없어서 아쉬웠다.

다음 목적지인 게티 센터로 갔다. 로스엔젤레스 전경이 한눈에 내려다보이는 브렌트우드 언덕 위에 위치한 이곳은 고급스러운 수집품으로 가득한 게티 미술관, 게티 연구소, 교육센터, 야외 정원 등을 갖춘 종합 예술센터이다. 주 건물 로비에는 소형 오벨리스크가 설치돼 있었다.

▲ 기원전후 제작된
카이사르의 흉상

센터에 입장해서 제일 먼저 찾은 곳은 '나일 이집트와 옛날 세상 너머에'라는 특별 전이었다. 전시관 입구에는 스핑크스 동상 이 있었는데 전형적인 이집트 스핑크스 모 습이었다. 이집트 무덤의 부장품으로 배 모 형이 있었는데 아마 저승으로 갈 때 타고 가라고 넣은 것 같다. 카이사르 흉상과 클 레오파트라 두상이 있었다. 클레오파트라 의 콧대가 조금만 낮았으면 역사가 바뀌었 을 것이라는 말이 있다. 이 말은 클레오파

트라가 엄청난 미인이어서 그녀에게 반한 카이사르나 안토니우스가 세 계사에 큰 영향을 미쳤기 때문이다. 그런데 정작 조각상의 코는 부서져 있어서 실제 콧대는 전혀 알 수 없었다. 악어와 하마가 그려져 있는 이 집트 시대의 그림과 석판화도 있었다. 사실 악어와 하마는 강을 마주하 고 사는 이집트인들에게는 공포와 숭배의 대상이었다. 예를 들어 이집 트의 강의 신은 악어머리이고 출산의 신은 하마머리였다. 이렇게 이집 트에 대해 집중적으로 관람한 것은 좋은 경험이다.

그 뒤 연못에 있는 미로를 구경했다. 미로 전체의 모습은 마치 세 잎 클로버를 연상시키고 실제로 들어갈 수 있다면 들어가서 미로체험을 하고 싶었다. 꽃나무도 있었는데 처음에 봤을 때 그게 그냥 나무인 줄 알았지만 알고 보니 위에 있는 꽃만 실물이었고 줄기는 철근 여러 개를 모아서 만든 것이었다. 인공과 자연이 조화를 이룬 멋진 작품이었다. 구경한 뒤 카펫 같은 잔디밭을 구경하고 드러눕기까지 했다.

▲ 연못에 있는 미로

　'스타일의 아이콘'관에 갔는데 그 당시 100년간 여성들의 패션에 대한 사진과 옷을 통해 시대별로 패션의 변화를 한 눈에 볼 수 있었다. 최근에는 거의 철마다 패션이 변해서 '패스트 패션'이라는 말까지 생길 정도이다. 그래서 옷이 대량으로 버려지는 등의 문제를 야기한다고 한다.

　깨끗하고 넓은 모래사장을 자랑하는 로스앤젤레스의 명소로 알려져 있는 산타모니카 해변에 갔다. 끝없이 펼쳐진 해변에 인파가 몰려서 그런지 해수욕을 즐기는 사람이 수만 명은 되어보였다.

　해수욕을 마치고 해변가 식당에서 태평양을 바라보며 저녁식사를 했다. 해변 분위기에 맞게 새우, 연어, 게. 오징어, 조개가 들어간 모둠 해물요리를 먹었다. 숙소는 한인타운 내 한국인이 운영하는 곳인데 간판에 한국어가 있고 카운터 요원이 한국인이어서 정겨운 느낌이 들었다.

▲ 캘리포니아 과학센터

18. 기후와 환경을 과학체험으로 느끼다
로스엔젤레스 4 : 캘리포니아 과학센터

오늘은 여름방학여행을 시작한지 18일째 되는 날이다. 출발하면서 가득 싸온 부식이 거의 다 떨어져가기 때문에 한인타운에 있는 한인마트를 찾아 간식과 반찬을 샀다. 그 뒤 한인타운에 있는 미용실에 가서 스포츠형으로 머리를 짧게 깎았다.

다음 장소로 캘리포니아 과학관으로 갔다. 이곳도 과학관 회원에 가입된 곳이라 무료로 입장했다. 먼저 항공과 우주관에 갔다. 거기에서 우리는 돌로 된 석질운석과 금속으로 된 철질운석, 그리고 돌 성분과 금속성분 둘 다 포함하고 있는 운석을 구경했다. 금속으로 된 금속 중에는 이용가치가 높은 희귀한 금속으로 된 것도 있기 때문에 미래에는 운석을 채집하는 광부가 생길 수 도 있을 것이다. 주노 탐사선에 대한 전시물을 봤다. 주노라는 이름은 그리스 로마 신화에 나오는 여신인 헤라의 영어식 이름이다. 때마침 이 주노 탐사선이 탐사하는 데가 목성이다. 목성은 영어로 주피터라고 한다. 그런데 주피터는 제우스의 영어식 이름이다. 제우스와 헤라는 부부이니 딱 맞게 지은 샘이다.

그 뒤 빛의 파형에 따라 빛의 종류가 다양해진다는 것도 봤다. 파형이 좁으면 좁을수록 감마선, X선, 가시광선, 적외선으로 나뉘는데 X선은 물체를 투과하기 때문에 신체검사에 많이 쓰이고 가시광선은 우리가 눈으로 볼 수 있는 빛이다. 자외선은 소독용으로 쓰기도 하는데 피부에 너무 많이 쬐면 피부에 병이 생길 수도 있다. 그리고 적외선은 열이 있는 거의 모든 물체라면 방출하기 때문에 적외선을 감지하여 아파트에 불을 켜는 기구가 있다. 이처럼 우리가 마주하는 빛도 다양한 종류가 있다.

그 뒤 '창의적 과학관'에 갔는데 전투기 모형을 구 안에서 조종할 수 있는 것이 있었다. 모형 비행기를 조종하듯 조종하고 싶었지만 하지 못했다. 그 뒤 양력에 대한 풍향실험 모형을 구경했다. 양력이란 비행기를 위로 뜨게 하는 힘인데 비행기 날개에서 윗부분을 공기가 빠르게 지나가고 아랫부분을 느리게 지나간다. 이러한 차이로 인해 비행기를 위로 들어올리는 힘이 나타난다. 팔에 비행기 날개모형을 낀 뒤에 이것을 직접 해보니 날아오르는 것 같았다.

그 뒤 외줄 자전거를 타러 3층에 갔다, 운동화를 신고 해야 한다고 해서 우리들 중 유일하게 운동화를 신고 있는 진이만 탈 수 있었다. 진이의 말로는 아리조나 박물관에 있던 외줄 자전거보다 트랙의 길이는 짧지만 높이는 더 높아서 무서웠다고 한다. 그러나 이 외줄 자전거는 추가 균형을 잡아서 절대 떨어지지 않는 원리이다.

생태계관에 가서 처음으로 생태계에 관한 영상을 본 후 총 3개의 존으로 이동했다. 우리는 제일 먼저 섬 존에 갔는데 섬으로 동물이나 식물이 이동하는 방식을 공으로 체험했다. 그리고 새 부리의 진화에 대해 설명하기 위한 탁구공 체험도 있었다. 다양한 도구로 탁구공을 잡고 그 중 잘 잡는 도구를 고르는 방식이었다. 이것은 새의 부리가 그 새가 무엇을 먹느냐에 따라 달라진다는 것을 보여준다. 대표적인 예로 갈라파고스 섬의 핀치새는 섬마다 서식하는 먹이가 다르기 때문에 각각 부리 모양이 다르다.

▲ 열감지기 체험,
　무인 잠수정 시뮬레이션 체험

두 번째인 극지방 존에 갔다. 안에는 설상차가 있었다. 여담이지만 남극점 전쟁 때 스콧이 설상차 3개를 들고 갔다. 그러나 1개는 바다에 빠지고 2개는 고장이 났다고 한다. 그러나 현대의 설상차는 기술이 발전해서 남극에도 무리없이 쓸 수 있다. 기후에 따른 나이테의 간격을 봤는데 추운 기후에는 나이테의 간격이 좁고 따뜻한 기후에는 나이테의 간격이 넓다. 얼음벽을 만질 때 지방, 깃털, 천, 모피 등의 단열재 중 어떤 것이 열을 더 잘 막아주는지 체험했다. 남극이 추운 이유에 대해 설명하기 위해 다양한 색의 판에 똑같은 정도의 빛을 쬐였을 때 어떤 것이 온도가 더 낮은지 실험했다. 이때 흰색은 빛을 흡수하지 못하고 반사해서 온도가 가장 낮았다. 남극이 북극보다 추운 이유는 대륙에 덮인 흰눈이 빛을 거의 반사하기 때문이다.

그 뒤 사막관에 갔는데 그 앞에는 열 감지기가 있었다. 실제로 사막에 사는 생물 중에는 열을 감지해서 사냥을 하는 생물 들이 있다. 거기서 우리는 전갈, 도마뱀, 송장벌래, 터키수리, 로드러너, 거북과 도마뱀, 사막쥐를 구경했다. 이들의 공통점은 물을 최대한 적게 쓰는 신체구조이거나 자신들만의 물 획득 방법이 있는 것이다. 건기와 우기의 차이도 체험했다. 심해관에서는 무인 잠수정 체험 시뮬레이션과 수압에 의한 물체의 압축을 구경했다. 압축이 어느 정도냐면 스티로폼이 1/2로 줄어들 정도이다. 이 3곳을 합해서 극한 존이라고 한다.

그리고 조수간만의 차이 존에서 물 높이가 달라지는 것과 물고기가 잔득 있는 것을 봤고 불가사리, 해삼, 성게, 말미잘을 만져보았다. '먹기 위해 음식을 잡아라로 물속에 떠다니는 먹이 잡는 체험을 공 잡기로 체험했다. 도시 환경관에서 아스팔트와 콘크리트는 물을 통과시키지 못하는 것에 의한 배수문제를 체험하고 쓰레기 분류게임을 했는데 컨트롤 속도가 느려서 힘들었다.

기후와 환경에 대해서 이렇게 깊게 관람한 적은 없었기에 이것은 귀중한 관람이었다. 기후와 환경은 우리 삶을 어떻게 바꿔 나갈까 궁금하다.

▲ 미드웨이 항공모함

19. 국방력의 상징 항공모함에 오르다
샌디에고 1 : USS 미드웨이 박물관, 라호야 해안

오늘은 4일간 여행한 로스앤젤레스를 떠나 2시간 30분을 달려 샌디에고에 도착했다. 샌디에고는 아름다운 해변과 일 년 내내 온화한 날씨, 멕시코와 맞닿은 이국적인 분위기를 풍기며 또한 조용하고 깨끗한 이미지와 함께 치안 상태도 좋아서 미국인이 살고 싶어 하는 도시 10위 안에 항상 꼽힌다고 한다.

제일 먼저 USS(미국 선박) 미드웨이 박물관으로 갔다. USS 미드웨이는 미국 해군의 디젤 항공모함으로 2차 세계대전이 끝나고 최초로 취역한 항공모함이다. 베트남전과 1991년 걸프전에 참전했으며, 퇴역 후 이곳에서 박물관으로 사용되고 있다. 이 박물관은 크게 상부층, 중부층, 하부층으로 구성돼 있었다. 입장할 때는 중부층으로 입장을 했다.

먼저 '미드웨이의 영웅'관에서 미드웨이 해전의 영웅들의 사진과 해전의 활약상을 보았다. 미드웨이 전쟁 극장에서 이 항공모함의 역사를 봤는데 이 항공모함은 2004년 6월 7일에 박물관으로 개조되었다는 것을 알게 되었다. 퇴역한 실제 전투기들도 구경했다. 항공모함에 사용된 실제 디젤 엔진을 구경했는데 그 규모가 웅장했다. 하긴 규모가 크지 않으면 이 거대한 항공모함을 움직일 수 없었을 것이다. 비행기 조종석 모형에도 탑승했는데 만일 내가 진짜로 조종한다면 너무 복잡해서 제대로 조종 못할 것 같다.

미드웨이 해전에 대한 영상을 봤다. 미드웨이 해전은 1942년 6월 5일 태평양의 전략 요충지인 미드웨이 섬을 공격하려던 일본 제국 항모기동부대가 벌 떼처럼 기습적으로 달려든 미국 항공기의 공격을 받아 괴멸돼 참패한 전투이다. 이 전투 이후 미국은 태평양 전쟁의 주도권을 쥐게 된다.

상부층에 갔는데 그야말로 배인지 비행장인지 구별이 안 될 정도로 엄청 넓었고 전투기, 조기 관재기, 수송헬리콥터, 공격헬리콥터 등의 실제 퇴역기체들이 가득 있었다. 그 중 일부는 탈 수 있었는데 내가 그 자리에 앉아 실제로 조종하는 느낌이었다. 비행기 출발 신호 마네킹 앞에서 그 포즈를 흉내 내며 사진을 찍기도 했다. 배 안의 후미 준비실에 가서 조기관재기에 대한 영상을 봤다. 영상을 보니 적의 상황을 감지하고 아군에게 보고하는 조기관제기는 적의 공격을 받기 쉬운 항공모함에 필수인 것 같다.

하층부로 내려와서는 배 안에서 실제로 사용되는 식당을 구경했는데 식판과 음식까지 재현하다니 놀라웠다. 선원들의 식사하는 모습이 눈에 비칠 정도이다. 그 뒤 장교급 선실을 구경했는데 과연 장교급답게 다른 선실보다 시설이 고급스러웠다. '농장에서 배까지: 바다의 식사'관에서 배까지의 식량공급에 대해서 봤다. 이걸 통해 해군도 병참문제는 중요하다는 것을 깨달았다. 그리고 장기 항해 동안 생활에 필요한 이발소, 우체국, 세탁소, 재봉실 등이 있었다. 이런 시설들이 모두 있다니 바다위에 떠 있는 하나의 소도시 같았다. 관람을 마치고 내려서 멀리서 뒤돌아 항공모함을 보니 그 규모가 더욱 웅장했다. 항공모함 전단 하나는 웬만한 나라의 국방력을 뛰어넘는데 이 항공모함을 보유한 국가는 9개국밖에 되지 않는다. 미국은 무려 10대를 보유하고 있고 나머지 국가는 1대 아니면 2대를 보유하고 있다.

▲ 라 호야 해변의 동물들

다음으로 라 호야 해변에 갔다. 라 호야라는 이름은 스페인어로 보석이라는 뜻이다. 그래서 보석의 도시라고도 불린다. 여기서 수중동굴, 아름다운 해안선, 해안 절벽을 구경했다. 갈매기 떼, 새 떼, 물개 떼, 등에 매롱하는 문양이 있는 게, 새끼물개, 바다표범 떼도 있었다. 특히 물개와 바다표범은 동물원에서 보는 것보다 개체수가 훨씬 많았고 좀 더 가까이에서 생동감 넘치게 볼 수 있었다. 수중동굴 속에 들어갔는데 바다 근처의 탄광 속에서 무언가를 찾는 기분이었다.

▲ 사파리 공원에서 염소와 스킨십

20. 동물들의 낙원, 사파리 공원
샌디에고 2 : 샌디에고 사파리 공원

제일 먼저 도착한 곳의 이름은 샌디에고 사파리 공원이다. 입구에는 사파리 공원에서 보유하고 있는 동물들을 서식지로 표시한 지도와 사파리파크 지도가 있었는데 그것을 보니 이곳의 큰 규모를 한 눈에 볼 수 있었다. 제일 먼저 세계의 날개(여기서 날개는 새를 의미한다)에서 여러 새들을 보았다. 이상한 볏을 가진 파란 새를 보았는데 그 새의 이름을 알 수 없어 궁금했다. 나이로지 군락의 패팅 크릴에 가서 수많은 종류의 염소들을 빗질해보고 만져보았다. 마치 농장에서 염소를 기르는 기분이 들었다.

박쥐관에 갔다. 거기에는 과일박쥐들이 잔득 있었다. 과일박쥐는 에볼라바이러스에 강하기 때문에 에볼라바이러스의 숙주로 유명하다. 최근 아프리카의 어떤 한 지방에 에볼라바이러스가 크게 전염된 적이 있는데 그 이유 중 하나가 과일박쥐를 조리하지 않고 날 것으로 먹기 때문이다. 신기하게도 어떤 과일박쥐는 바닥을 기어 다녔는데 아마 움직일 일이 별로 없어서 살이 쪄서 그런 것 같다.

로비켓 랜딩에 가서 그린우드 후프세라는 새를 봤는데 이름과는 달리 색깔이 검은 계통이었다. 아마 나무에 주로 살아서 그런 이름이 붙은 것 같다. 그레이트 블루 투라코라는 새도 봤는데 앞의 그린우드 후프세와는 다르게 이름처럼 파란 색이었다. 그 뒤 라이온 캠프 슬러쉬 앤드 스낵즈에 가서 유리창 너머로 암사자 2마리와 수사자 1마리를 봤다. 지금까지 사자를 이렇게 직접 본 것은 처음이었다. 수사자는 상대가 덩치가 큰 동물이 아닌 이상 사냥에 나서지 않고, 사냥에는 주로 암사자가 나서는데 정작 수사자가 가장 많이 먹는다. 사자에게도 성차별이 있다니 참 이상한 일이다.

▲ 진짜 목이 긴 기린

'아프리카 전초지'에 가서 아프리카 트램을 탔다. 트램 여행 첫 코스에서 얼룩말을 보았다. 얼룩말은 등에 누군가를 잘 태워주지 않는다고 한다. 콘도르 떼를 봤는데 콘도르가 대머리인 이유는 알 같은 것을 먹을 때 머리털이 있으면 머리털에 무언가가 묻어서 위생상 안 좋으니까 없다는 것이다. 그 뒤 가젤 때를 봤는데 가젤의 경우 보는 방향에 따라서 뿔이 한 개로 보이기도 했다. 그런데 우리가 예전에 가젤 협곡에 간적이 있었는데 진짜 가젤을 보니 신기하다. 기린도 봤는데 사실 기린은 목뼈가 많은 게 아니라 그냥 목뼈가 긴 것이다. 그래서 기린의 목은 생각보다 유연하지 않다. 오릭스를 봤는데 뿔이 가젤보다 길었다. 오릭스는 유니콘의 모델이기도 하고 멸종위기 종이기도 하다.

'코끼리 계곡'으로 가서 코끼리 떼를 보았다. 지금까지는 동물원에서 코끼리 한 두 마리만 볼 수 있었는데 이렇게 많은 코끼리 떼를 보니 마치 아프리카 초원에 온 것 같았다. '고릴라 숲'에서 고릴라

▲ 사파리 안의 코끼리

를 봤는데 예상과는 달리 덩치가 큰 놈은 하나 뿐이었다. 그 외에는 너무 적어서 고릴라기보다는 침팬지를 변형시킨 것 같았다. 흔한 이미지를 박살내는 체험이었다.

가는 길에 홍학 떼를 봤는데 날개 끝에 검은 줄이 있었다. 그리고 단체로 울었는데 마치 가수클럽이 랩하는 것 같았다. 그리고 림보 공연도 봤는데 저걸 하는 사람들이 인간인지 문어인지 구별이 안 갔다. 호랑이 트레일에서 혼자 고독히 앉아있는 호랑이를 봤는데 왠지 힘이 빠진 듯한 모습이었다. 무슨 일이 있는 것일까?

그렇게 오늘의 여행을 마치고 내일 일정 장소로 이동하는 도중 테플릿PC를 숙소에 두고 온 것을 확인했다. 그래서 헐레벌떡 차를 돌려 왔던 길을 다시 돌아가서 몇 시간 뒤 숙소에 도착해서 되찾았다. 일정을 지연시킨 벌로 기름값은 내 돈으로 내고 이번 여행에서 가장 늦은 10시 55분에 숙소에 도착했다.

▲ 탱자같은 어린 오렌지

21. 살아있는 세계 최대의 나무 제너럴 셔먼 트리
세쿼이아 & 킹스 캐니언 국립공원

　우리는 오전 9시 30분에 출발하여 2시간 30분 동안 자동차로 달렸는데 길가에 끝없는 오렌지 밭이 펼쳐져 있었다. 이 오렌지는 덜 자라서 탱자 같이 작은 상태여서 문득 귤화위지(橘化爲枳)라는 고사성어가 떠올랐다. 직역하자면 귤이 탱자로 바뀌었다는 뜻인데 이 고사성어의 역사적 배경은 다음과 같다. "제나라의 제상 안자가 위나라에 왔는데 위나라 왕이 제나라를 망신시키려고 때마침 위나라에 있던 제나라 출신 좀도둑을 데려와서 제나라에는 범죄자가 많느냐고 물어봤다. 그러자 안자는 우리나라의 귤을 이 나라에 심었더니 이 땅의 나쁜 기운 때문에 귤이 탱자로 바뀌었다. 그 사람이 제나라에서는 나쁜 사람이 아니었는데 이 나라의 땅이 그를 나쁘게 한 것 같다고 말했다"고 한다. 즉 환경에 따라 사람이 바뀐다는 뜻이다. 지금 여기에 있는 오렌지를 한국에 심으면 과연 오렌지로 자랄 수 있을 까라는 생각이 들었다.

　세쿼이아 국립공원 방문자센터에 도착해서 어디로 갈지 계획을 세웠다. 세쿼이아 국립공원은 1890년 무분별한 세쿼이아 나무의 벌목을 막고자 미국에서 두 번째로 국립공원으로 지정됐다. 이 국립공원에는 세계에서 가장 거대한 나무로 알려진 '제너럴 셔먼 트리'가 있다. 터널 바위에 가는 도중 갑자기 자동차가 정지했다. 그래서 아버지가 자동차를 잘 아는 사람들에게 전화해서 간신히 고쳤다. 그러나 사진을 찍으려 할 때 통화를 너무 해서인지 휴대폰이 과열되어 얼음을 얹고 식혀야 했다. 터널 록은 이름 그대로 바위가 얹어져 터널 모양을 이루고 있었는데 한편으로는 청동기 시대의 유물인 고인돌 같기도 했다.

▲ 제너럴 셔먼 트리

제너럴 셔먼 트리로 가는 길목에 넘어진 나무에 구멍을 뚫어서 통행로를 만든 것이 있었다. 길을 막는 나무도 구멍을 뚫으면 사람이 지나갈 수 있을 정도로 컸는데 제너럴 셔먼 트리는 얼마나 클지 기대되었다. 안내판에는 세쿼이아 나무가 크고 오래 사는 이유가 나와 있는데 뿌리가 커서 가뭄에 잘 견디고, 불에 잘 견디고, 피톤치드 때문에 벌레와 부패, 병을 막을 수 있기 때문이라고 한다. 그러고 보니 내가 살았던 창원에서도 메타세쿼이아(세쿼이아의 한 종류)의 가로수가 많이 있었다.

우리는 세계에서 가장 큰 나무인 제너럴 셔먼 트리 앞에서 기념사진을 찍기 위해 10분간 줄을 서서 기다려야 했다. 제너럴 셔먼 트리는 둘레가 31미터. 높이가 84미터(27층 건물높이와 비슷함), 무게가 1385톤, 일반 목조주택 40체를 지을 수 있는 부피, 최대지름 11미터, 나이 2300~2700년이라는 특징을 가지고 있다. 제너럴 셔먼이라는 이름은 미국 남북전쟁 당시의 북부의 장군이었던 셔먼 장군에서 따왔다. 셔먼 장군은 전쟁에서 적이 전투를 할 여력이 없게 만들려고 적의 식량과 적의 시설을 전부 파괴했다. 그래서 셔먼 장군은 남부에서 '악마'라고 불렸는데, 그나마 셔먼 장군이 콩만은 남겨놔서 남부에는 새해에 콩을 먹으면서 그 해의 무사를 비는 풍습이 생겼다고 한다. 국사책에 나오는 신미양요의 원인이 된 제너럴 셔먼호 사건의 배 이름도 셔먼 장군의 이름에서 따왔다고 한다.

▲ 기암절벽이 절경인 킹스 캐니언

다른 측면에서 세계 최고 기록을 세운 나무가 있는데 바로 멕시코의 몬테주마 낙우송이다. 이 나무는 높이는 35미터밖에 되지 않지만 둘레가 무려 48미터나 된다. 그런데 이 나무는 하나의 뿌리에 여러 개의 줄기가 나있어서 하나의 나무가 아닌 3개의 나무가 합쳐진 것이라는 주장도 있었지만 유전자 검사를 해보니 3개의 씨앗에 자란 게 아니라 1개의 씨앗에서 자란 것이라는 게 밝혀졌다. 사람으로 치면 비만이나 다름없다.

킹스캐니언 국립공원에 갔다. 킹스 캐니언은 미국에서 가장 깊은 계곡으로 1940년 국립공원으로 지정됐는데 캐니언의 왕이라고도 불린다.

그야말로 첩첩산중이고 지나가는 길에 아름다운 기암절벽을 볼 수 있었다. 줌왈트 메도에 갔는데 그곳에는 모기가 너무 많아 물리지 않도록 조심해야 했다. 계곡에 뛰어들어 더위를 식히고 싶었으나 물이 차갑고 유속이 빨라서 몸을 물에 겨우 담글 정도였다. 그러나 뒤에 있는 멋진 절벽과 숲이 아름다운

▲ 로링 리버 폭포

장관을 연출했다. 로링 리버 폭포에 갔는데 바위 틈에서 물이 쏟아지는 것이 마치 수도꼭지 같았다. 쏟아지는 물이 바위에 부딪쳐서 으르렁 소리가 났다. 이 때문에 로링 리버 폭포라는 이름이 붙은 것이다. 마치 폭포가 울부짖는 것 같았다.

▲ 요세미터 국립공원 전경

22. 바위 틈새에서 자라는 강인한 소나무와 하얀 바위산

요세미티 국립공원 1

오늘 아침식사로는 시리얼 4종류가 있었는데 지금까지의 여행 중 처음으로 초코 시리얼이 있었고, 와플에 초코칩을 넣을 수 있었다. 오렌지 주스는 오렌지를 갈아 만든 생 오렌지 주스였다. 아버지는 생 오렌지 주스를 3잔이나 마셨다. 어제 봤던 도로변에 끝없이 펼쳐진 오렌지밭에서 따온 건지 정말 싱싱한 쥬스였다.

오전 9시 출발해서 11시 30분에 요세미티 국립공원에 도착했다. 이곳은 미국 서부 3대 국립공원(그랜드 캐니언, 옐로스톤) 중 하나다. 그리고 이곳은 미국에서 세번째로 지정된 국립공원인데 첫번째 국립공원은 옐로스톤이고 두번째는 어제 우리가 갔던 세쿼이아이다.

공원에 입장하자마자 캠핑장으로 갔다. 캠핑장은 예약식과 선착순식이 있었는데 우리는 예약을 못해서 선착순식 캠핑장을 찾아 자리를 잡고나서 공원 탐방에 나섰다. 그리고 옴스테드 포인트에 갔는데 멀리서 하프 돔이 보였고, 분재 같은 나무들도 보였는데 바위 위에서 자라고 있었다. 또한 바위 위에 큰 나무도 자라고 있었는데 그 강인한 생명력이 몹시 신기했다. 이론적으로는 나무가 바위에서 자라는 것은 가능하다고 하지만 그것을 직접 보게 되다니 놀라웠다. 그리고 물고기 같은 구름과 웅장한 산이 있었는데 산의 정상부는 나무가 없고 햐얀 바위로 뒤덮어있어서 마치 눈 내린 스키장 같았다.

테니야 호수에 가서 수영을 했다. 호수수면과 바위산, 맑은 하늘이 조화를 이루어 멋진 풍경을 자아냈다. 어제 갔던 계곡과는 달리 물 온도가 적당하고 물이 맑고 경사가 완만해서 수영하기 알맞았고 해변처럼 백사장이 펼쳐져 있었다. 테니야라는 이름은 과거

▲ 테니야 호수

요세미티 계곡의 인디언인 아호나치 부족의 추장 테니야에서 비롯되었다고 한다. 테니야 호수는 해발 2484미터에 위치하고 있는데 남한에서 가장 높은 산인 한라산이 2000미터에 못 미치는데 이런 높은 곳에 호수가 있다니 신기했다.

다음 목적지로 가는 길에 매딜리코트 돔을 지났다. 세도나에 있었던 종 바위와 비슷했지만 종 바위와 달리 둥글고 회색을 띠고 있었다. 투올럼나 메도에 갔다. 고산지대에 풀이 가득한 평야가 있어서 신기했다. 포쏘트 돔에 오르기 시작했는데 바위임에도 불구하고 곳곳에 나무가

▲ 텐트에서 2번째로 일기를 쓰는 모습

　도는 해발 2900미터에 위치하는데 백두산의 높이가 2700미터인 걸 생각하면 이런 고산지대에 평야가 존재하는 것 또한 신기하다.

　캠핑장에 가서 저녁식사를 조리해서 먹었다. 세면대가 없어 물로 설거지를 못해서 화장지와 물티슈로 설거지를 해야 했다. 그리고 그랜드 캐니언과 달리 모기가 진짜 많았다. 모기약 챙겨오길 잘했다는 생각이 들었다. 우리나라의 한라산과 맞먹거나 높은 곳에서 모기가 살고 있으니 모기의 적응력이 대단하다. 그리고 오늘 2번째로 텐트에서 일기를 썼는데 공기베개와 공간 부족으로 인해 다리를 접고 일기를 써야 했다. 내일은 요세미티의 어디를 가게 될까?

23. 북미대륙 최고 높이, 요세미티 폭포

요세미티 국립공원 2

7시 30분 텐트에서 일어나니 아버지는 미리 버너를 켜서 식사준비를 하고 계셨다. 진이와 아버지는 새벽에 너무 추워서 침낭을 이불형에서 침낭형으로 바꿔서 잤다고 했다. 아침식사는 햇반과 육개장, 통조림 깻잎, 김을 먹었다. 아침에는 어젯밤과 달리 모기가 적었다. 아마 아침에는 사람의 피 대신 꽃의 꿀을 먹기 때문인 것 같았다. 이어서 텐트를 정리하는데 쿠션에 공기가 많아서 침낭 접기가 힘들었다.

오전 10시에 출발해서 본격적으로 요세미티 국립공원을 탐방했다. 맨 처음의 북미에서 가장 높은 폭포인 요세미티 폭포에 갔다. 세계 3대 폭포는 나이아가라, 이구아수, 빅토리아 폭포이다. 이 중 가장 높은 폭포인 빅토리아 폭포가 108미터이고 나이아가라 폭포가 52미터인데 요세미티 폭포는 무려 728미터나 된다. 그래서 아주 먼 거리에서도 폭포가 보였다. 높이만 따지면 최상위권에 들어가는 폭포인 셈이다.

▲ 요세미티 폭포 앞에서

▲ 728m 북미최대, 요세미티 폭포

멀리서 볼 때는 수도꼭지에서 내려오는 물 같았는데 폭포근처까지 가서 본 폭포는 전체 폭포의 1/7에 지나지 않는 84미터의 하부 부분이었다. 상부부분까지 가는 길도 있었지만 왕복 4시간이 걸리는 먼 길이어서 포기했다. 우리는 암벽등반 수준으로 바위를 올라가 다른 관광객보다 폭포 가까이에 갔는데 물보라를 맞으면서 피어나는 무지개도 보았다. 가까이에서 볼 때는 빛의 천 같았다.

주차장 근처 소나무 숲에 가서 점심을 먹었는데 한국에서는 천연기념물로 지정하고도 남을 만큼 큰 울타리를 두를 듯한 아름드리 소나무가 있었다. 아버지는 비록 점심으로 컵라면을 먹지만 주변 풍경은 백만원짜리 같다고 했다. 식사 후 빌리지 스토어에 가서 부탄가스(미국은 캠핑 가스라고 부른다)와 간식거리를 샀다.

이러한 국립공원 한가운데에 대형마트가 있다는 것이 신기했다.

다음 일정은 미러 호수, 주차장에서 호수까지 1.2마일을 걸었다. 가는 길에 숲을 보니 정말 울창하고 아름다웠다. 미러 호수에 도착해서 호수를 둘러보니 기대와 달리 테니야 호수와 달리 크기가 작았다. 그러나 이름처럼 나무와 산이 호수표면에 그대로 비추어져 호수가 대형 거울 같았다. 호수에 사금같은 것이 많았는데 확인해 보니 금이 아니라 황철광이었다. 황철광은 바보의 황금이라고 하는데 어떤 사람이 황철광을 감정사가 금으로 감정한 것 때문에 황철광을 대량으로 실어왔다가 망신당한 적이 있기 때문이다.

다음으로 면사포 폭포라는 곳에 갔는데 낙차가 198m로 높은 편이었다. 1903년에 시어도어 루즈벨트와 존 무어가 이 폭포를 탐험했었다. 물살이 쏟아지는 모습이 그야말로 면사포 같았다. 그리고 폭포 근처까지 올라가 봤는데 요세미티 폭포하고는 비교가 안 될 정도로 오르기가 어려웠다.

산은 올라갈 때보다 내려갈 때 더 힘들다는 말이 있다. 폭포를 가까이 가서 보고 내려오는 도중에 자세를 낮추지 않아서 미끄러져 바위에 넓적다리가 살짝 긁혔다. 다행히 심하지는 않았지만 이것보다 힘든 곳을 산행하는 등반가들이 내심 존경스러웠다.

내가 아파할 때 아버지는 통증과 고통은 다르다고 하셨다. 그 뜻은 통증은 객관적 현상이고 고통은 아프고 힘들다는 생각이 합쳐진 것이라는 뜻이다. 그래서 통증이 있다고만 객관적으로 생각하면 괴롭지는 않을 수 있다는 사실을 알았다.

그 뒤 터널 뷰에서의 마지막 경치를 보고 숙소로 와서 오늘 산 쇠고기를 넣어 육개장을 끓여먹었다. 오늘은 그렇게 유명하지는 않지만 높이가 세계적인 규모의 폭포들을 봤고, 등산은 내려올 때 특히 조심해야 한다는 것을 몸소 체험했다. 즐거운 요세미티 여행이었다.

▲ VR 체험

24. 새가 되어 하늘을 나는 것 같은 VR체험
산호세 1 : 기술 혁신 박물관, 윈체스터 미스테리 하우스

오늘 목적지로 이동하는 길에 어제 다 쓰지 못한 일기를 완료하고 중간에 주유소에 들러서 세차를 했다. 요세미티 국립공원을 여행하는 동안 캠핑장에 갈 때 비포장도로를 많이 지나가서 차에 모래먼지가 많이 묻었기 때문이다. 외부세차를 하는 김에 차 내부도 진공청소기로 깨끗하게 청소했다.

12시에 산호세라는 도시에 도착했다. 이 도시에는 그 유명한 실리콘 밸리가 위치해 있다. 이곳은 계곡 지역인데 반도체를 만들고 보존하기에 좋은 기후여서 수많은 컴퓨터 산업 관련 기업들의 본사가 여기에 위치하게 되었다. 반도체에 실리콘이 사용되기 때문에 실리콘 밸리라고 불리게 된 것이다. 구글(소프트웨어 전문), 휴렛팩커드(하드웨어 전문), 인텔(하드웨어 전문), IBM(하드웨어 전문) 등의 세계적인 컴퓨터 사업관련 회사들이 바로 여기에 본사를 두고 있다.

먼저 기술 혁신 박물관이라는 곳에 갔다. 처음에는 주로 VR같은 가상현실에 대해 다루는 리부트 리얼리티 관에 갔다. 돈을 내고 버디라는 이름의 VR비행체험을 했다. 먼저 VR고글을 쓰고 날개 부분에 팔을 끼운 뒤 영상을 실행하니 영상에서 내가 도심을 날고 있었다. 날개를 위로 기울이니 내가 하늘로 상승했고 날개를 아래로 기울이니 내가 땅을 향해 하강하고 있었다. 왼쪽 날개를 휘저으니 왼쪽으로 향하고 오른쪽 날개를 휘저으니 오른쪽으로 향했다. 마치 내가 새가 되어 직접 하늘을 나는 감각이었다.

그리고 보디 매트릭스 관에서 각각 신경계, 근육계, 내장계, 골격계의 영상이 스크린에 떠오르는 기기를 체험했는데 기기 앞에서 움직이니 영상이 나를 따라서 움직였다. 몸의 움직임을 알기 쉽게 표현하는 훌륭한 체험기구였다. 소셜 로봇 관에서 LED기관과 회전기관, 스위치 기관, 장식들을 연결해서 로봇을 조립했다. 직접 로봇을 조립하니까 생각보다 기능을 연동시키기가 어려웠고 초등학교 방과 후 학습 때 로봇을 만들었던 추억이 떠올랐다.

다음 장소로 윈체스터 미스테리 하우스에 갔다. 이 곳은 서부시대와 함께한 윈체스터 소총을 제작하고 판매한 윈체스터 가문의 사라 윈체스터 부인이 거주한 곳이다. 어느 날 그녀의 남편과 그녀의 아들이 죽자 그녀는 심령술사를 찾아갔다. 심령술사는 그녀에게 이 불행은 윈체스터 소총으로 죽은 자들의 망령이 복수하려고 하는 것이라고 말했다. 그래서 그녀는 유령들이 자신을 찾는 것을 방해하기 위해 집을 미로처럼 확장했다.

▲ 윈체스터 미스테리 하우스

입장료가 120달러로 제법 비쌌다. 대부호의 저택답게 외관이 아름다웠는데 궁전 같았다. 그곳의 내부에는 그녀가 유령을 피하기 위해 고안한 열면 벽장이 나오는 문과 열면 허공으로 통하는 문, 제자리로 돌아가는 계단, 천장으로 향하는 계단 등이 있었다. 그러면서도 일상생활을 편하게 하기 위한 음식을 보내는 비밀통로도 있었다. 그러나 윈체스터 저택은 화재와 지진으로 일부 소실됐다고 한다. 보석이 박힌 아름다운 유리창 현관문도 있었다. 건물 내부의 윈체스터 총기박물관에서 머스킷 소총과 리볼버 같은 총기 수백 개가 진열되어 있었다. 윈체스터 가문이 총기 판매로 부자가 됐다는 것을 곧바로 느낄 수 있는 박물관이었다. 내가 유령이라도 방안으로 들어가는 것을 그냥 포기할 정도로 집이 복잡했다. 그야말로 현대판 라비린토스였다.

▲ 인텔 박물관

25. 실리콘 밸리의 혁신 기업들과 스탠퍼드대
산호세 2 : 인텔 박물관, 애플 방문자 센터, 구글 방문자 센터,
스탠퍼드 대학교
샌프란시스코 1 : 트윈 피크스, 차이나 타운

실리콘 밸리의 첫 일정으로 인텔 박물관에 도착했다. 인텔이라는 회사는 컴퓨터와 스마트폰의 필수부품인 CPU(중앙연산 처리장치), 집적회로(수많은 회로를 작게 압축시켜놓은 것이다)를 만드는 회사인데 1968년 밥 노이스와 고든 무어가 실리콘 밸리에서 설립했다.

집적회로의 변천사를 보니(집적 회로가 탄생하기 전에는 진공관과 트랜지스터를 썼다) 그 유명한 8080칩이 있었다. 이 칩은 초기의 컴퓨터 언어인 베이직을 실행시킬 수 있었다. 그 뒤 1980년대 초기 개인용 컴퓨터를 구경했는데 옛날 브라운관 같은 모니터를 갖고 있었다. 이어서 CPU의 변천사도 봤는데 처음에는 286, 그 다음에는 386, 그 다음에는 펜티엄, 그 다음에는 펜티엄 프로로 발전했다. 그리고 아스키코드를 구경했는데 아스키코드란 0과 1의 전기신호에 따라 언어를 결정하는 세계규격이다. 우리가 체험한 것은 영어 아스키코드였고 이를 이용해 INTEL, HP, HAL, APPLE을 써봤다.

전도력 관에서 물질의 전도성을 시험했다. 과학에서는 전기가 통하는 물체를 도체, 전기가 통하지 않는 물체를 부도체, 전기가 한쪽 방향으로만 흐르는 물체를 반도체라고 한다. 이 때 반도체의 원료인 실리콘은 한 쪽으로만 전기가 통하기 때문에 반도체의 소제로 가장 적합하다. 왜냐하면 전기신호를 보내는데 전기신호가 양쪽방향으로 다 흐르면 혼란이 발생할 수 있기 때문에 전기가 한쪽으로만 흘러야 하기 때문이다.

이 실험에서는 은이 가장 전도율이 높은데, 은보다 전도율이 높은 물질은 백금이다. 그러나 백금과 은은 귀금속이기 때문에 이것들로 전선을 만든다면 전기는 잘 통할지 몰라도 전선값이 비싸지고 밤마다 도둑들이 전선을 훔쳐가서 전기가 자주 끊기는 사태가 발생할 것이다. 이 때문에 그나마 가격이 저렴한 물질 중에서 전기를 가장 잘 전달하는 구리로 전선을 만드는 것이다.

5G와 4G의 비교모형을 체험했다. 거리는 5G가 4G보다 멀지만 5G가 더 빨리 도달했다. 자세히 보니 4G설명용 선로에는 홈이 있고 5G선로에는 그렇지 않았다. 이것 때문에 5G는 전파의 방해없이 4G보다 더 많은 데이터를 더 빨리 보낼 수 있는 원리였다. 그러나 아직 상용화를 위해 노력 중이라고 한다.

고든 무어의 무어의 법칙에 대한 설명을 봤다. 무어의 법칙이란 반도체의 성능이 2년마다 2배씩 증가한다는 내용이다. 이 법칙이 언제까지 갈지 궁금하다. 출구에는 인텔의 공동 창립자인 로버트 노스의 기술혁신에 대한 철학을 담은 격언이 있었다. "역사에 구애받지 마라. 그것을 넘어서 뭔가 경이로운 것을 해라", "긍정주의는 혁신을 위한 필수요소이다"라는 말이었다.

애플 캠퍼스의 방문자 센터에 가서 애플사의 아이폰, 아이패드, 스마트 와치, 노트북 등의 신제품을 구경했다. 애플 제품은 타사와는 호환이 되지 않는데 이것이 매킨토시 때 약점이 되기도 했다. 그 뒤 구글 방문자 센터에 갔는

▲ 애플 방문자센터

데, 안타깝게도 직원이 동반되지 않는 이상 안으로 들어갈 수 없었다. 그 대신 우리는 안드로이드 마스코트 모형들 앞에서 사진을 찍었다. 구글의 이름은 10의 100제곱인 구골에서 따왔는데 이는 그만큼 엄청난 정보를 다루겠단 의미이다. 그리고 안드로이드는 인간과 거의 유사한 로봇을 말하는데 그렇게 치면 안드로이드의 마스코트는 안드로이드가 아니라 휴머노이드다.

서부지역 명문인 스탠퍼드 대학에 갔다. 이 대학의 설립 배경은 당시 재력가인 리랜스 스탠퍼드가 열다섯 살의 어린 나이에 병사한 자기 외아들을 기리고자 건립한 것이다. 오늘날 스탠퍼드 대학은 무수히 많은 노벨상 수상자를 배출했으며 미국 서부의 대표적인 사립 명문대로서 자리를 굳건히 하고 있다. 특히 최근 IT계를 선도하고 있는 구글이 탄생한 곳으로 구글 직원 대부분이 스탠퍼드 출신이다.

스티브 잡스가 유명한 졸업식 연설을 한 스테디움에 가봤다. 그는 그 연설의 마지막에 "늘 배고프고, 늘 어리석어라(Stay hungry, Stay foolish)"라는 말로 끝냈다. 이 말은 그가 어릴 때 읽었던 백과사전의 최종판 마지막 장에 수록된 말이었다. 아마 이 말의 의미는 늘 새로운 것을 알려고 노력하라는 것 같다. 대학 한가운데 있는 타원형 정원 잔디밭에서 점심을 먹었는데 진짜 공원 같은 분위기였다. 그리고 건물들도 성당이나 박물관 같은 분위기였다.

▲ 트윈 피크스에서 본 샌프란시스코 시내전경

산호세에서 다음 도시인 샌프란시스코로 향했다. 먼저 트윈 피크스에 갔는데 이곳에 올라가니 샌프란시스코 시내 전체가 보였다. 그 유명한 금문교, 앨카트래저 섬이 보였다. 이 곳 트윈 피크스는 터미네이터 제네시스에서 악당의 비밀기지로 등장했던 곳이기도 하다.

차이나 타운에 갔는데 규모가 예상보다 훨씬 컸다. 거리를 간략히 돌아본 뒤 저녁을 먹기 위해서 중국식 식당으로 들어갔다. 만다린 코스를 시켰는데 스프, 매운 소고기 볶음, 닭고기 볶음, 밥, 새우고기 만두가 나왔다. 만두는 흔히 먹던 것보다 깔끔한 맛이 나고 나머지는 한국에 있는 중국집보다 맵고 짰는데 이상하게 그 맛이 자연스러웠다.

▲ 앨커트래즈 섬

26. 탈옥 불가의 마(魔)의 감옥, 앨커트래즈
샌프란시스코 1 : 롬바드 거리, 피어 39, 유람선 투어,
만화 박물관, 금문교

  오늘의 아침식사는 식빵과 시리얼 대신 초코빵과 크루아상, 초코머
핀, 머핀 종류를 먹었다. 그리고 먼저 롬바드 거리를 구경했는데, 이 거
리는 경사가 27도나 되어서 이동할 때 미끄러지는 사고를 막기 위해 길
이 지그재그로 되어 있다. 또한 길 양쪽에는 꽃 정원이 있어서 독특한
분위기를 조성했다. 그야말로 곡류나 산길을 연상시키게 하는 지그재
그 길이었다.

  피어 39로 가는 도중에 신라면이 그려져 있는 대형트럭을 발견했는
데 우리나라의 신라면이 외국에도 알려져 있는 게 뿌듯하고 신기했다.
피어 39에서 바다사자도 구경했다. 성체 1마리와 유체 1마리가 있었는
데 성체는 자세히 보니 조금 상처를 입은 상태였다. 저번에 샌디에고의
라 호야에서도 물개와 바다사자를 구경했지만 라 호야와 달리 여기는

인공적인 환경인데도 불구하고 바다사자가 있어서 신기했다.

11시 15분 우리는 유람선을 타기 위해 줄을 서 있는데, 거기에서 놀랍게도 고향이 경남 함안 출신이고 현재 울산에 거주하고 있는 분들과 만나게 됐다. 함안은 우리의 현재 거주지이고 울산은 외가집이 있는 곳이기 때문이다. 정말 반가웠다. 유람선에 탈 때 한국어 오디오 서비스가 돼서 놀랐다. 그래서 우리는 유람선을 타는 1시간 동안 항구, 금문교, 앨커트래즈 교도소에 대해 자세하게 설명을 들을 수가 있었다.

▲ 금문교

금문교는 1928년에 설계를 하고 1933년에 착공하고 1937년에 완공되었는데 그 당시 우리나라는 일제강점기였다. 그리고 그 당시 사람들은 그렇게 거대한 다리를 만드는게 불가능할거라고 말했지만 결국 성공했다, 그 당시에 이런 긴 다리를 완공한 게 놀라웠다. 이 다리는 완공할 당시에 세계 최대의 다리였고, 이 다리 밑에 있던 어떤 한 건물을 지키려고 아치형 구조를 달았다. 공사기간은 총 53개월이었고, 가장 놀라운 건 이 다리가 만들어진지 약 80년이 지났는데도 불구하고 지금도 멀쩡하게 이용하고 있는 것이다.

앨커트래즈 교도소가 있었던 앨커트래즈 섬은 영화 '더 락'의 배경으로도 유명하다. 수온이 차갑고 상어가 근처에 서식해서 탈옥이 힘들기로도 유명한데 실제로도 36번의 탈옥시도가 있었지만 그 중 단 한번 3명만이 성공했다. 그러나 그 이후로 그들의 행적을 알 수 없어서 그들이 바다를 벗어났는지 바다에서 죽었는지는 알 도리가 없단다. 그러나 매년 앨커트래즈 탈출 수영대회가 열리는 것을 봐서는 성공했을 가능성이 높다. 게다가 앨커트래즈 섬 근처에 상어가 서식하는 것은 맞지만 백상아리 같이 사람에게 위험한 상어는 다리근처에만 서식한다.

그리고 수용소라는 점에서 우리나라 영화 '군함도'가 떠오르기도 했다. 그러나 '군함도'는 탈출을 다루었고, '더 락'은 특공대의 테러리스트 저지를 다루었다. 미국은 테러에 더 관심이 많은 것 같다.

만화 박물관에 갔다. 거기에는 영화에 사용됐던 인피니티 건틀렛(보석의 색이 틀림), 캡틴 아메리카의 슈트와 비브라늄 방패, 아이언 스파이더 슈트, 토르의 묠니르, 닥터 스트레인지의 슈트와 망토 등이 있었다. 초기 마블코믹스의 빌런과 히어로 디자인을 보았는데 최근의 마블 코믹스와 마블 시네마틱 유니버스에 비하면 작화도 디자인도 많이 단순하고 대부분의 슈트가 쫄쫄이 같았다. 심슨, 루니

▲ 만화 박물관

툰, 미키마우스, 뽀빠이, 파워퍼프걸, 톰과 제리, 로봇형사 가제트 등의 미국 코믹 애니메이션들을 보았다.

그리고 스톱모션(모형을 조금씩 움직인 것을 나눠 찍었다가 영상화해서 하는 기법), 종이 애니메이션(종이 자른 것을 움직여서 찍는 애니메이션), 클레이 애니메이션(찰흙을 움직여서 찍는 애니메이션. 단점은 찰흙은 시간이 지나면 굳기 때문에 또다시 만들어야 하는 것이다), 모션캡쳐(인간이 아닌 존재를 CG로 구현할 때 많이 쓰는 기법으로, 몸에 센서를 달아서 한다. 그리고 애니메이션에도 이와 비슷한 기법이 있는데 로코스코핑 기법이라고 실제 배우의 움직

임에 애니메이션을 덧붙여서 하는 방식이다), 3D애니메이션(애니메이션 만들
어본 사람들 말로는 3D애니메이션이 캐릭터 만들기는 힘들지만 동작은 오히려
2D보다 더 쉽다고 한다), 2D 컴퓨터 애니메이션, 배경과 인물 합성기법(솔
직히 난 이 기법은 처음 알았다), 미래의 애니메이션 등에 대해서 봤다. 그
런데 이렇게 어마어마한 규모를 보고나니 한국 애니메이션의 환경이 슬
퍼졌다.

▲ 건물을 보존하기 위해 만든 아치구조

금문교 밑의 포트 포
인트에 갔다. 실제 대포
가 전시되어 있었는데 골
든 게이트를 지키기 위한
시설들이다. 금문교 밑의
아치구조는 이 건물을
보호하기 위해 만들었다
고 한다. 골든 게이트 브
릿지 뷰에서 기념사진을
찍은 뒤 4시간을 달려서
래딩이라는 곳에 숙소를
잡았다.

▲ 크레이터 호수

27. 미국의 천지못, 크레이터 호수
크레이터 호수 국립공원

처음으로 간 곳은 크레이터 호수 국립공원이다. 이 호수는 해발 1,882미터에 위치하고 있고, 깊이는 592미터나 되어 북미에서 가장 깊다. 그 유명한 오대호보다도 깊은 것이다. 그리고 이 호수는 화산의 분화구가 변해서 만들어진 호수인데 백두산의 천지못도 비슷한 방법으로 만들어졌다. 이러한 호수를 칼데라 호라고 한다.

비델 폭포에 갔는데 요세미티 국립공원 같은 데에서 본 면사포 폭포나 요세미티 폭포 같은 것보다 훨씬 작고 물줄기도 가늘었다. 선 노치 뷰 포인트로 제법 걸어가서 전망이 보이는 곳에 갔더니 진짜 거기서 보이는 풍경이 한폭의 그림 같았다. 사파이어처럼 파란 물이 언덕과 하늘과 완전한 조화를 이루었다.

그 뒤 흰 껍질 소나무라는 글이 적힌 표지판을 발견했다. 그 옆에는

▲ 크레이터 호수 전경

진짜로 나무껍질이 하얀 소나무가 있었다. 한국에 있을 때는 적송이라고 붉은 소나무는 봤는데 하얀 소나무는 전혀 보지 못해서 정말 신기했다. 처음에는 소나무에 하얀색 페인트칠을 한 것 같았다. 호수 쪽을 바라보니 깃발 나무들이라는 바람에 의해 나뭇가지들이 한 쪽 방향으로만 향해서 마치 깃발 같은 나무들이 있었다.

클레트우드 코브 트레일에 갔다. 이곳은 호숫가로 내려갈 수 있는 유일한 길이었고, 길이도 왕복 3.5킬로미터 정도였다. 이렇게 가까이에 가서 호수를 바라보니 가까운 곳은 마치 에메랄드 같았고, 조금 떨어진 곳은 마치 사파이어같았다. 그곳에서 수영하거나 다이빙을 하는 사람들도 있어서 우리도 발을 담가봤는데 발을 고작 몇 초 만에 뺄 정도로 물이 차가웠다. 이런 차가운 물에서 수영이나 다이빙을 하는 사람들이 정말 대단하게 느껴졌다. 그리고 물이 정말 투명한 유리거울 같았다.

왓치맨 오버룩이라는 전망대에 갔다. 이곳은 마법사 섬이라는 곳에서 가장 가까운 곳이다. 그리고 길을 가다가 하얀 곳이 있어서 가봤는데 놀랍게도 눈이었다. 그것도 영상 26도의 온도에서 말이다. 사실 가보기 전에 우리는 이 하얀 것에 대해 논쟁을 벌였는데 나와 아버지는 석고라고 주장하고 진이는 새똥 또는 눈이라고 주장했다. 눈뭉치를 만들었는데 너무 차가워서 오래 들기 힘들었다. 진이가 생판 모르는 사람에게 눈을 던지는 눈장난을 했는데, 무슨 일 일어나는 거 아닌지 걱정했다. 지금 곰곰이 생각해보니 요세미티에서 봤던 하얀 것들도 눈일 가능성이 있었다. 더군다나 요세미티는 여기보다 훨씬 높다.

▲ 섭씨 26도에도 녹지 않고 있는 눈

그런데 중국은 백두산을 '장백산'이라고 하는데 어쩌면 이것도 동북 공정처럼 중국 쪽 조선족의 분리를 막고 북한을 병합하기 위한 목적일지도 모른다. 어떤 사람은 한족이라는 민족은 없고 중국은 수많은 소수민족들의 집합체이기 때문에 자기 영토 내의 역사는 무조건 자기 역사라고 주장할 수밖에 없다고 주장한다. 한족이 있다고 해도 중국은 수많은 소수민족과 함께하고 있는데 이들이 전부 분리되면 중국은 영토의 40%를 잃는 셈이다(아직 티베트와의 분쟁도 남아있다). 이 때문에 중국은 자기 땅의 역사는 무조건 자기 역사라고 주장하는 것이다. 하루빨리 통일이 돼서 장백산이 아닌 백두산의 천지못을 보고 싶다.

▲ 잠수함 내부 어뢰실

28. 다양한 분야에서 활약하는 로봇들
포틀랜드 1 : 오리건 과학 산업 박물관

오늘 목적지는 오리건주 최대도시인 포틀랜드이다. 오리건 주는 부가 가치세가 없기 때문에 다른 주보다 물건을 싸게 살 수 있다. 그래서 이동 중 고속도로변에 자리 잡은 우드번 아울렛에 갔다. 그런데 이곳의 주차장은 지금까지 우리가 본 아울렛 주차장 중에서 최대 넓이인데도 불구하고 차가 거의 꽉꽉 들어차서 주차할 곳을 찾기가 힘들 정도였다. 세금혜택 때문에 그만큼 많은 사람들이 찾는다는 것이다. 나는 샌들을, 진이는 샌들과 운동화를, 아버지는 비타민과 오메가3를 샀다.

오후 2시 30분에 오리건 과학 산업 박물관(OMSI)에 도착해서 간단히 점심으로 컵라면을 먹은 뒤 3시부터 관람을 시작했다. 회원권으로 입장은 무료이지만 특별관인 USS 블루백 잠수함과 로봇혁명관은 티켓을 끊었다.

USS 블루백 잠수함 관람은 가이드 투어로 실제 소형 잠수함을 관람하는 것이다. 이 잠수함은 숀 코너리 주연의 영화인 '붉은 10월'의 촬영에 사용되기도 했다. 가이드 투어를 하기 전에 잠수함의 통로는 좁다는 것을 보여주고 그 통로를 통과할 수 있는 사람만 들어올 수 있게 했다. 우리가 탄 잠수함은 초대형 잠수함의 1/3 길이였고, 그림으로 보여준 총 6개의 잠수함 중에서 2번째로 작았다. 그리고 탁자에는 잠수함 내부에 대한 그림이 그려져 있었다.

어뢰실로 갔는데 거기에 있는 어뢰는 마크 14였다. 로켓분사식으로 움직이는 미사일과 달리 어뢰는 프로펠러 추진 방식이라 속력이 느리다. 그래서 상대가 같은 잠수함이라면 비교적 쉽게 요격할 수 있다. 여기에는 어뢰발사구가 있었다. 이게 왜 있냐면 그냥 통로를 열었다가 물이 대량으로 들어와서 잠수함이 침수되는 것을 막기 위해서 딱 어뢰의 크기에 맞는 발사대를 만들어 두는 것이다. 이어서 침실 등이 있는 생활실, 식당과 주방, 엔진이 있는 기관실과 엔진조정실 등을 둘러보고 잠수함 관람을 마쳤다. 실제 잠수함 속에 들어가 시설들을 속속히 들여다보니 정말 정교해 보였다.

다음으로 로봇 혁명관에 갔다. 설명하면서 입을 포함한 몸 전체를 움직이는 휴머노이드형 로봇, 짐을 운송하는 용도의 로봇, '파로'라는 이름의 하프물범 형태의 위로형 로봇 등이 차례로 전시돼 있었다. 파로는 몸에 센서가 부착돼 있어서 만지면 반응하는데 이 때문에 노인들에게는 애완견 역할을 대신 해주며 마음을 위로하는 존재이다. 그리고 로봇슈트에 대한 설명과 실물도 있었는데 로봇슈트는 주로 근력을 강화하는 역할을 한다. 로봇슈트로는 일본의 할, 우리나라의 핵사, 미국의 블릭스(하체만 있다), 엑소스켈레톤(외골격이라는 뜻이다)이 있다.

그리고 사람의 표정을 읽어서 그것을 따라하는 로봇이 있었다. 무선 조종용 정찰로봇도 있었는데 이러한 로봇은 인간이 조사하기 힘든 곳에 출동하여 조사를 한다. 수술용 로봇, 거미형 로봇을 조작해볼 수 있었는데 수술용 로봇은 생각보다 조작이 어려웠다. 그리고 휴머노이드 로봇이 있었는데 춤추기, 팔굽혀펴기, 물구나무서기, 가라테 자세 등 다양한 동작들을 할 수 있었다. 찰리라는 이름의 축구로봇도 있었는데 우리나라 사람인 데니스 홍이 만들었다. 이 분은 안내영상에도 나오셨다. 한국인이 이런 혁신적인 로봇을 만들었다. 무척이나 자랑스러웠다.

▲ 블랙잭게임에서 카드를 나누어주는 로봇

2층으로 올라와서 무인 자동차 안내영상을 봤다. 현재 무인 자동차는 기술은 어느 정도 마련돼 있지만 아직 무인자동차가 사고를 내면 누가 책임지는지에 대한 법률이 정비되지 않아서 실용화까지는 시간이 좀 남았다. 로봇과 블랙잭 게임도 했는데, 규칙은 21까지가 최대 숫자고, 21이 안되면 21에 가장 가까운 자가 승리하고, 알파벳은 10으로 취급하고, 에이스(A)는 1 또는 11 중 하나가 될 수 있다. 우리가족 3명이 도전해서 나만 로봇에게 이겼다.

또한 집게형, 팬치형, 압력형 등의 로봇 팔 구동형식을 본 뒤 분류용 산업로봇도 봤다. 코끼리 코를 본뜬 로봇 팔도 있었고, 색을 인식하는 로봇도 있었다. 이곳에서 지금 개발되고 있는 최첨단 로봇의 실물 또는 모형을 보고 조작 등 체험을 해 볼 수 있는 특별전을 만난 것은 행운인 것 같다.

▲ 장미정원

29. 천의 얼굴을 가진 장미꽃들
포틀랜드 2 : 장미정원, 세계 산림 센터

오늘 첫 방문지인 장미공원으로 가는 도중 마침 한인마트가 있어 15
일치의 점심 및 저녁식품들을 구입했고, 오늘 저녁식사용으로는 소고
기국밥과 소고기를 샀다. 이곳은 미국에서 가장 오래된 장미정원으로
'장미의 도시' 포틀랜드를 상징하는 곳이다. 로자 버튼 피톡이 1888년
설립한 장미협회를 모테로 장미를 심기 시작한 게 시초이다. 현재는 무
려 557개의 장미품종을 보유하고 있다. 그 중 우리가 본 장미는 안은
노랗고, 겉은 하얀 계란프라이를 연상시키는 장미, 마블링 낀 쇠고기
같은 느낌의 장미, 카네이션과 비슷한 모습의 장미, 사과같이 생긴 장미
등을 보았다.

그리고 바닥에는 장미 품종을 계량한 사람들의 이름이 있었다. 그
뒤 우리는 피가 묻은 듯한 색깔의 장미, 모양이 하얀 만두 같은 장미,
모양이 맨드라미 같은 장미, 꽃송이 가운데가 복숭아의 씨 같아서 복

숭아 같은 장미, 하얀 국화 같은 장미도 구경했다. 이렇게 장미의 품종이 많다니 정말 놀랍다. 최근에 파란 장미마저 유전자조작으로 만들어 냈다는 소식이 떠오른다. 어떤 일이든지 불가능을 확정하지 말고 더 다양한 방향으로 노력해야할 것 같다.

피크닉 지역에 가서 점심을 먹었는데 때마침 거기가 양궁장이어서 사람들이 활을 쏘고 있었는데, 먼 거리에도 과녁을 잘 맞추었다. 그러고 보니 우리나라는 양궁 강국으로 양궁은 올림픽에서 메달을 많이 따는 종목이다. 아마도 우리나라의 역사적 인물 중 활을 잘 쏘는 주몽이나 이성계 같은 조상님들의 유전자를 물려받아 그런가보다.

세계 숲 박물관에 갔다. 입구 안내 간판 중에 한국어 간판이 있어 정말 반가웠다. 1층에서 우리는 나무가 돌로 변한 목석을 봤다. 쉽게 말해서 화석의 나무판이라고 보면 된다. 나무도 화석이 된다니 신기하다. 그리고 나무와 연어의 공생관계에 대한 영상을 봤다. 정확히는 가문비 나무와 연어의 공생관계인데 나무는 연어에게 알을 낳을 장소를 만들어주고 연어는 죽으면서 나무에게 영양분을 공급한다. 나무 자르기 시뮬레이션 체험을 했는데 나무자르기 시뮬레이션은 조종법이 이해가 안 돼서 진짜 어려웠다. 그리고 우리는 벌목 및 운반을 하는 기계도 타보았다.

2층에서는 물과 나무의 중량을 비교하면서 물에 뜨는 나무와 안 뜨는 나무를 보여주었다. 나는 여기에서 물에 안 뜨는 나무가 있다는 것을 알게 됐다. 이런 것을 잘 활용해서 뗏목을 만들 때 물에 뜨는 나무만 골라 쓸 수 있다. 그 뒤 나무로 만든 악기나 인형, 실생활 풍 같은 여러 도구를 보았다. 진짜 나무의 활용도가 무궁무진하였다.

여러 나이테의 모양도 구경했다. 흔히 나이테의 모양으로 남쪽과 북쪽을 판별할 수 있다는 데 어디까지나 그런 경향이 있다는 것이지 정확

▲ 세계 숲 박물관

한 것은 아니다. 나이테의 모습은 성장환경과 기후에도 영향을 받기 때문이다. 나무 블록으로 만든 건축모형들도 구경했다. 만일 이 모양대로 건물을 지으면 어떨까하는 생각이 들었다.

오늘의 마지막 일정으로 우리는 극장에 가서 '쥐라기 월드: 폴런 킹덤'을 봤는데 줄거리는 다음과 같다. 어떤 잠수정이 인도미누스 렉스의 갈비뼈를 회수했지만 그만 모사사우루스가 풀려나고 만다. 얼마 뒤 1편의 사태 이후 공룡은 위험하다는 인식이 퍼졌다. 그리고 공룡들이 현재 사는 섬인 이슬라 섬에 화산폭팔이 일어날 예정이어서 주인공 일행들은 정해진 공룡 몇몇을 데려오려고 다시 섬에 간다. 거기서 주인공은 벨로시랩터 '블루'를 다시 만나게 되지만 블루는 정체불명의 군인들에게 잡혀간다. 설상가상으로 화산이 폭팔하고 주인공 일행은 간신히 어떤 한 배에 타는데 성공한다. 이때 주인공들은 배에 타는 사람들이 공룡을 챙겨가는 것을 보게 되지만 공룡 밀매업자들에게 붙잡힌다. 공룡

산업 인물들은 인도미누스 렉스의 DNA와 벨로시랩터의 DNA를 바탕으로 해서 인도랩터를 만들게 된다. 밀매업자들은 공룡을 군사무기로 팔았는데 아직 프로토타입인 인도랩터를 선보이지만 구매자들은 파는 것이 아님에도 사려고 했다. 그러나 인도랩터는 누군가가 철창을 열자 마취가 풀릴 때까지 잠자는 척 하다가 기습해서 탈출했다. 간신히 탈출한 주인공들은 꼬마와 함께 인도랩터와 사투를 벌이고 결국 인도랩터를 물리친다. 그리고 공룡들이 해방되고 세계 각지에 살게 된다.

전편에서는 인도미우스 렉스가 군사용으로 개발되었다는 것을 알리며 인간이 만악의 근원이라는 것을 알렸다. 이 편에서도 인도미우스의 DNA로 인도랩터를 만들고 심지어 파는 용도가 아닌 불완전한 프로토타입인데도 불구하고 그것을 사려는 사람들과 돈벌이를 위해 공룡들을 무기로 파는 사람들은 진짜 무섭게 나타내면서 인간의 이기심과 탐욕을 경고하고 있었다. 그 뒤 우리는 오리건주 포틀랜드를 떠나 워싱턴주로 들어왔다.

▲ 스타벅스 1호점

30. 지진에도 끄떡없는 굳건한 탑, 스페이스 니들
시애틀 1 : 스타벅스 1호점, 퍼시픽 과학센터, 스페이스 니들

　오늘 아침에 아버지에게 용돈으로 32달러를 받았다. 기본적으로 일주일 용돈은 15달러이고 하루 일기 중 2페이지 이상부터 1페이지 당 1달러를 추가로 받는다. 이번주에는 24페이지를 써서 기본 용돈에 17달러를 추가해서 받았다. 우리는 9시 반에 출발해서 11시 30분에 시애틀에 도착했다. 그 사이 어제 마무리하지 못한 일기를 차안에서 다 쓴 뒤에 막 도착한 시애틀의 바깥풍경을 구경했다. 왼쪽은 항구, 오른쪽으로는 공장지대, 중앙에는 마천루들이 즐비해 있었다.

　첫 번째로 간 곳은 1971년 워싱턴주 시애틀에 개업된 스타벅스 1호점이다. 스타벅스라는 이름의 유래는 '백경(하얀 고래라는 뜻, 이 작품에 등장하는 향유고래 모비딕이 하얀색이기 때문이다)'이라고도 불리는 소설인 '모비딕'에 등장하는 1등 항해사인 스타벅(선장인 에이해브는 복수심에 불타는 사람인데 스타벅은 신중하고 이성적이었다. 작중에서 스타벅처럼 신중한 고래잡이는 없을 것이라는 말이 나올 정도였다)에서 따왔다. 그리고 백경에 등장한 선원 이름들은 성경에서 따온 게 꽤 있다. 선장의 이름은 성경에 등장한 폭군 '야합'의 영어식 이름인 '에이해브'이고, 주인공의 이름은 이즈마엘이다. 그리고 주인공에게 에이해브와 함께하지 말라고 조언하는 선원의 이름은 성경에 등장한 예언자 '엘리야'의 영어식 이름인 '일라이저'다.

스타벅스는 현재 64개국에서 총 2만 3천여개의 가게가 있는 거대 프랜차이즈인데, 우리나라에도 약 천여 개의 가게가 있다. 그러한 스타벅스가 시작된 1호점에 가다니 진짜 감계무량하다.

스타벅스의 초기로고는 앰블램 같은 지금의 로고와 달리 고대의 벽화같은 느낌이었다. 스타벅스의 로고에 인어가 쓰인 이유는 인어의 모델인 세이렌은 노래로 사람을 유혹하는 괴물이었는데 커피로 사람을 유혹하겠다는 의미로 사용한 것이다. 그런데 주변에는 주차할만한 공간이 없었고 때마침 줄이 길어서 아버지는 주차장 찾아서 주차하고 올테니 우리가 먼저 줄서서 기다리라고 하셨다. 때마침 거의 우리 입장 차례가 되었을 때 아버지가 왔다. 매장안에서 핫초코와 과자를 사서 밖으로 나와 바다가 보이는 근처의 공원에서 먹었다.

다음 장소로 퍼시픽 사이언스 센터에 갔다. 아이맥스 영화관에서 '앤트맨과 와스프'를 한다는 것을 알고 아버지께 졸라 그것을 봤는데 내용은 다음과 같다. 시빌 워 사건 이후 스콧은 히어로에 대해 고민하고 행크 핌은 아원자의 세계로 갔다가 돌아올 수 있게 하는 기계를 개발하려고 한다. 투명화 및 물체투과 능력을 가지고 있는 빌런인 고스트까지 나타나서 결국 축소한 시설을 빼앗긴다. 게다가 앤트맨 슈트의 크기 조절이 잘 안돼서 커지거나 작아지거나 하는 문제가 생긴다. 그리고 고스트의 기지를 찾아가려고 했지만 오히려 잡혔다. 알고 보니 고스트의 물체투과 능력은 그녀 고유의 능력이었고, 슈트는 단지 그 능력을 통제하는 용도였다. 그녀는 행크 핌과 그녀의 아버지가 양자세계에 가는 연구를 하다가 그 기계가 폭주하여 그녀의 부모님이 돌아가시고 그녀는 물체투과 능력을 얻게 되었다. 그녀와 행크 핌의 친구의 목표는 그녀를 정상으로 되돌리는 것이다. 그리고 주인공들은 도주전을 벌인다. 그런데 앤트맨 슈트가 또 이상이 생겨서 갑자기 커져서 고생하는데 주인공은 '자이언트 맨'이라고 불린다. 끝내 행크 핌 박사는 아내를 찾는데 성공하고, 행크 핌 박사의 아내는 양자세계의 경험을 바탕으로 고스트를 고쳐준다. 에필로그에서는 주인공이 원자세계에 샘플을 채취하는데 하필이면 타노스의 우주 50% 말살에 행크 핌과 그의 아내와 딸이 소멸되어서 앤트맨은 갇힌다. 그리고 어벤저스 4에서 앤트맨이 합류하는 것으로 확인되었고 어벤저스 4에서 앤트맨과 와스프에서 등장하는 양자세계가 중요하게 다뤄질 예정이라고 한다.

스페이스 니들에 갔다. 스페이스 니들은 시애틀의 상징으로 굳건히 자리잡고 있는 높이 184m의 타워다. 기다란 다리 위에 UFO를 연상시키는 원반이 얹인 구조를 하고 있다. 규모 9.1의 강진에도 견디는 내진 설계 때문에 2001년 2월 시애틀을 강타한 지진에도 무사했다고 한다. 전망대에 가서 전망을 내려다봤는데 거미모형이 신기하고 항구도시의 분위기가 좋았다.

▲ 스페이스 니들 타워

▲ 마이크로소프트 방문자 센터

31. 온라인과 오프라인으로
세계를 이어주는 마이크로소프트와 보잉

시애틀 2 : 마이크로소프트 방문자 센터, 보잉사

오늘 처음에 간 곳은 마이크로소프트 본사이다. 빌 게이츠가 창업했고 도스 운영체제와 윈도 운영체제를 만든 회사인데 현재 모든 컴퓨터가 쓰는 운영체제이다. 그런데 주차장이 꽉 차서 아버지가 주차장을 찾는 동안 진이와 나는 방문자센터로 먼저 갔고 아버지는 30분 뒤 합류했다. 아버지가 오기 전에 진이는 캐릭터 조작게임을 했고, 나는 얼굴을 인식해서 닮은 유명 인사를 찾는 프로그램을 했는데 아버지는 44세(실제 미국 나이는 47세), 진이는 7세(실제 미국 나이는 12세), 나는 26세(실제 미국 나이는 15세)로 나왔다. 어째서 나만 노안이 돼버렸다. 앞으로 1달에 한번 수염을 깎아야겠다.

초기 개인용 컴퓨터와 컴퓨터 게임 프로그램이 전시돼 있었다. 최초의 윈도 운영체제인 윈도 95도 있었다. 천공카드라는 초기 프로그램 입력시스템도 봤는데 구멍을 뚫어 프로그램이 짜이는 방식이다. 천공에서 천은 '뚫을 천'이고 공은 '빌 공'이다. 이 천공카드는 IBM에서 발명했다. 그리고 최초의 마이크로소프트 오피스 프로그램 제품들도 봤는데 그 시대에 걸맞게 큰 디스켓의 형태들이었다.

초기의 마우스(그린 아이즈 마우스라고 불렸다)모델도 있었다. 마우스는 처음에 나왔을 때는 큰 주목을 받지 못했다가 윈도 체제로 되면서 필수가 되었다. 윈도 체제로 가면서 화면의 아이콘을 클릭할 필요가 있기 때문이다.

초기 마이크로소프트 멤버들 사진 앞에서 기념사진을 찍었는데 나는 그중에서 빌 게이츠, 폴 앨런, 애반스(불행하게도 등반사고로 죽었다)를 알고 있는지라 친근감이 들었다. 진이는 실제 자동차 운전석 모형에서 조작을 하면 화면 속의 자동차가 움직이는 자동차 조작 게임을 했다. 구경을 마치고 나오면서 건물 입구에 설치되어 있는 마이크로소프트 로고 조각품 앞에서 기념사진을 찍었다.

에어버스와 함께 여객기 산업의 양대 산맥을 이루는 보잉사에 갔다. 지구촌 시대를 연 주 핵심요소인 인터넷과 항공 산업의 최상위 기업의 본사가 시애틀에 위치한다는 것은 큰 의미가 있다. 그리고 저번에 갔던 스타벅스 말고도 최고 인터넷 쇼핑몰인 아마존과 우리가 자주 들르는 대형 매장인 코스트코의 본사도 시애틀에 있다.

먼저 공장투어를 하기 전에 기밀누출 방지를 위해 휴대폰을 케이스에 두고 가야만 했다. 먼저 보잉 777과 보잉 787에 대한 설명영상을 보고 나서 버스를 타고 공장까지 가는 도중에 대한항공을 비롯한 여러 항공사들이 주문한 비행기들을 보았다. 비행기 제조 공장에 갔는데 외벽의 길이가 무려 3.5km나 되기 때문에 세계 기네스북에 단일 건물로서 가장 큰 건물로 기록되어 있다. 보잉 747제조구역에 갔는데(대한항공도 747을 보유하고 있다) 비행기를 3~4개로 분리해서 조립한다는 것을 알게 되

▲ 보잉사 항공박물관의 비행기 엔진

었다. 그리고 747-8 모형과 제조과정 영상을 보게 됐는데 비행기는 주문 제작으로 한다고 한다. 왜냐하면 값이 비싸고 수요도 적기 때문이다.

보잉 777, 보잉 787 제조공장에 가서 777과 787의 완성상태를 구경했는데 둘 다 크기와 모양이 비슷했다. 그리고 비행기 부품을 운송하는 대형 비행기 모형도 있었고, 다양한 항공사 마크가 있었다. 그 중에 대한항공의 마크도 있어 반가웠다. 그리고 천장에는 최대 40톤까지 들 수 있는 크레인이 있었다.

공장투어를 마치고 항공 박물관으로 이동했다. 실물 크기의 제트엔진을 구경했는데 제트엔진은 제너럴 일렉트로닉 항공과 롤스로이스에서 주로 만든다. 자동차 회사인 롤스로이스에서 비행기 부품을 만든다니 뜻밖이다. 제트엔진은 앞의 터빈이 공기를 모으면 그것을 연소시켜서 추진하는 원리이다. 그리고 자신만의 비행기를 제작할 수 있던 것도 있었고, 조종간 영상을 봤는데 나중에 실제 조종간 모형을 탑승 및 조종하고 풍향에 따른 비행기 방향 조절시험도 해보았다.

마치고 나서 동결건조 아이스크림을 사먹었는데 동결건조 아이스크림은 본래 우주식량으로 사용하려다가 불발되었는데 이것을 상품으로 개발한 것이다. 왠지 동결보존 아이스크림을 라면스프마냥 우유에 넣어 휘저은 뒤 주기적으로 휘저으면서 얼리면 그냥 아이스크림이 될 것 같다. 이렇게 우주개발용으로 제작된 제품이 실용화된 것의 예로 정수기가 있다.

그 뒤 캐나다 부근의 벨링햄의 숙소에 도착했다. 내일부터는 캐나다로 이동한다고 하니 새로운 나라로의 여행이 기대된다.

II. 캐나다 서부

벤쿠버, 재스퍼 국립공원, 아이스필드 파크웨이,
밴프 국립공원, 캘거리

▲ 부차트 가든 선칸 정원

32. 전시관 속의 또 다른 세상, 미니어처 박물관
벤쿠버 1 : 부차트 가든, 미니어처 월드, 주의사당

오전 7시에 출발해서 캐나다 국경에 도착했다. 자동차를 탄 채로 여권을 제출하고 입국심사를 받았다. 이로서 우리는 처음으로 비행기가 아닌 자동차로 국경을 넘은 셈이다. 간단하게 다른나라로 이동되었다니 진짜 실감이 잘 안 난다. 그리고 도로 표지판이 마일에서 킬로미터로 바뀌었는데(이 점 때문에 미국과 캐나다 사이에는 교통법규 위반이 일어나곤 한다) 이 때문에 더 이상 마일을 킬로미터로 변환해서 계산할 필요가 없기 때문에 나는 환호했다. 환영 안내판에는 영국령 컬럼비아 주라고 써져 있었다. 우리는 밴쿠버 섬에 가기 위해 토사와센 터미널에 가서 차를 배에 실었다.

밴쿠버 섬에 상륙한 뒤 부차트 가든에 갔다. 이곳은 원래 시멘트 회사 소유의 석회암 채굴지였는데, 1929년에 부차트 부부가 전 세계의 꽃과 나무를 모아서 테마별 정원으로 조성했는데, 크게 4개의 테마로 구분한다. 석회암 채굴장이 이런 화려한 공원이 되다니 믿겨지지 않는다. 입구에는 치마를 입은 여자 같은 특이한 꽃이 있었다. 그리고 천장이 꽃으로 덮여있는 길도 있었고, 화장실 벽면에도 꽃으로 장식되어 있었다.

제일 먼저 간 정원은 선칸 정원이었는데 마치 숲에 둘러싸인 꽃밭 같았다. 그리고 로즈 분수에 갔는데, 그 주변 환경과 분수모습 때문에 마치 절벽에 둘러싸인 왕관 같았다. 용 분수는 마치 용이 입에서 물을 뿜는 것 같았다. 벌집마냥 촘촘한 꽃도 있었고, 이 정원의 역사에 대한 설명판이 있었다. 레모네이드 색의 꽃(분홍색과 노란색이 섞여있어서)를 보아서 신기했다. 아름다운 꽃 터널을 지나간 뒤 물고기 분수를 구경했는데 생긴 게 철갑상어 같았다. 부차트 가든은 그야말로 가장 넓고 테마별의 매력이 뚜렷했다.

다음 장소로 미니어처 월드에 갔다. 세계 2차 대전을 재현한 미니어처가 있었는데 파괴된 건물을 잘 재현했다. 미국 독립전쟁 미니어처는 군인 한명 한명의 전투자세를 다르게 표현하고 있었다. 영국이 나폴레옹과의 전쟁에서 이겼을 때 도시의 모습을 재현한

▲ 미국독립전쟁 미니어처

미니어처도 재현했는데 진짜로 사람들이 환호하는 것 같았다. 그리고 대파된 배를린 미니어처도 있었는데 대파된 배를린의 참혹함이 느껴졌고, 미국 남북전쟁 미니어처는 폭발장면의 연기를 솜으로 잘 재현했다.

한여름밤의 꿈이라는 세익스피어의 희곡에 등장하는 요정의 성이 있었다. 그곳에서 요정의 왕과 왕비의 이름은 각각 오베론과 티타니아이다. 이 미니어처가 한여름밤의 꿈에 등장하는 요정들의 성인 것을 안내판에 티타니아라는 이름이 있어서 알 수 있었다. 그리고 한여름밤의 꿈에서 퍽이라는 이름의 요정과 보텀이라는 이름의 직조공(보텀은 바닥, 꼴찌, 엉덩이라는 뜻을 갖고 있다…)도 등장하는데, 티타니아와 오베론, 퍽은 천왕성의 위성이름이기도 하다.

아서왕 전설을 주제로 한 미니어처관도 있었다. 거기에는 실물크기의 엑스칼리버 모형과 아서가 바위에 박힌 검을 뽑았을 때를 재현한 미니어처가 있었는데 이 때 검을 뽑은 데에서 빛이 나왔다.

마법사 멀린의 지하 연구소도 있었다. 멀린의 최후에 대해서는 의견이 분분한데 나무에가 바위 속에 마법으로 가뒀다는 말도 있고, 미쳐버리고 어떤 탑에 머무르게 되었다는 말도 있다. 그리고 두 마리의 용도 눈에 불이 들어왔기 때문에 마치 살아있는 것 같았다.

▲ 아서와 원탁의 12기사 미니어처

아서와 원탁의 12기사 미니어처도 있었다. 내가 알고 있는 원탁의 기사는 랜슬롯(전설에 따르면 아서 왕의 아내인 기네비어를 사랑하기도 했다), 가웨인(낮에 무척 강해진다), 아그라베인(아서왕의 적인 모건이 보낸 기사다), 베디비어(아서왕의 최후를 함께한 원탁의 기사이다), 트리스탄(원탁의 기사였다가 원탁의 기사를 탈퇴했다), 모드레드(아서왕의 아들이자 아서왕에게 반역을 일으키다가 죽었다), 보르스(성배를 찾는데 성공한 원탁의 기사 중 하나이다), 퍼시벌(성배를 찾는데 성공한 원탁의 기사 중 하나이다), 갤러해드(성배를 찾는데 성공한 원탁의 기사 중 하나이고, 랜슬롯의 아들이다)이다. 투구 디자인은 다른데 칼 디자인이 비슷했다. 하다못해 엑스칼리버의 디자인이라도 다르게 했으면 좋았을텐데 아쉽다. 그리고 케멀롯 성을 재현한 미니어처도 있었다.

호수의 여인에게 엑스칼리버를 받는 미니어처도 있었고, 아서왕의 최후를 재현한 미니어처도 있다. 전설에 따르면 아서왕은 호수의 여인의 나라인 아발론에 갔고 영국이 위기에 처할 때 돌아온다고 했다. 그리고 성배 앞에 있는 갤러해드를 재현한 미니어처도 있었다. 아서왕 전설을 미니어처로 재현한 것이 좋았다. 그야말로 만족스러운 미니어처 체험이었다.

마지막으로 영국령 컬럼비아 주 의사당에 갔는데 미국과 달리 르네상스의 성 같았다. 안에 한국계 캐나다인 최초로 주의원이 된 사람의 사진이 있는데 성이 신씨였다. 이 사람은 11살에 이민 왔고, 2013년에 당선됐다. 자긍심이 들었다.

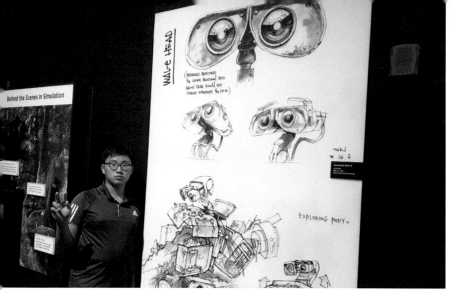

▲ 픽사 특별전

33. 애니메이션 영화 속에 숨어있는 과학의 원리
벤쿠버 2 : 사이언스 월드 & 옴니맥스 극장, 캐나다 플레이스, 개스타운

오늘의 아침식사에는 치즈 오믈렛과 크루아상, 빵, 팬케이크, 머핀, 크랜베리 주스가 포함되어 있었다. 이런 다양한 종류의 식사를 한 건 참 오랜만이다. 일기를 쓴 뒤에 오전 9시에 출발해서 10시에 도착한 곳은 사이언스 월드&옴니맥스 극장이었다. 사이언스 월드&옴니맥스 극장을 외부에서 바라보니 마치 거대한 쇠공 같았다. 이 과학관은 사이언스 맴버쉽의 대상에 포함됐기 때문에 입장은 무료로 할 수 있었지만 픽사 특별전과 옴니맥스 극장은 따로 돈을 내야 했다.

먼저 '픽사에 숨겨진 과학' 특별전에 갔다. 우리는 우선 안내영상을 보았다. 그리고 3D애니메이션의 영화를 제작하는 과정을 단계별로 설명하는 전시컨셉이었다. 각 단계는 스토리보드 구성 및 컨셉아트→컨셉아트를 바탕으로 3D형태를 만들기→뼈대를 부여해서 움직임을 만들기→보다 캐릭터를 자세하게 만들기→카메라 구도를 정하고 영상을 찍기→영상을 실행→배경을 덧붙이기→빛과 음영을 부여→영상의 최종 완성으로 구성돼있다. 이 전시관의 시설들은 그 단계를 세분화한 것이다.

클레이로 3D모형을 만드는 것도 있었는데 컴퓨터로 만들기 전에 만드는 과정이 있다는 것이 신기했다. 특정 평면도형을 연장해서 다양한 입체도형을 만드는 게 있었는데, 수학의 원리가 여기에 적용되니 참 신기했다. 그리고 표정을 구현하는 시뮬레이션도 있었는데 진이가 그것으로 토이스토리에 등장하는 영화 캐릭터의 표정을 따라했다. 그리고 가상으로 물체의 크기와 위치, 각도를 조종했고, 관절의 움직임을 따라하는 것도 있었다.

캐릭터의 디자인을 조금씩 정돈하는 것도 있었는데 점점 정교해졌다. 그리고 빛의 밝기와 색깔, 방향을 조정하는 것도 있었는데 빛 하나로 배경의 분위기가 크게 바뀌었다. 그 뒤 월-E를 모델로 한 자신만의 캐릭터 제작도 디자인은 조잡했지만 흥미로웠다. 그리고 평면도형을 돌려서 입체를 만드는 것을 회전체라고 하는 데 이러한 회전체로는 원뿔, 구, 원기둥이 있다. 이러한 것들이 3D애니메이션의 부분으로 쓰였다. 이런 수학의 원리가 애니메이션 제작과정에 응용된다니 놀라웠다.

스톱모션 애니메이션(물체를 조금씩 움직여서 애니메이션을 만드는 것)을 했는데 장면이 많으면 많을수록 움직임이 매끄럽게 표현됐다. 그리고 자연 구상 시뮬레이션도 있었는데 배경을 만드는 것도 상당히 공을 들여야 한다는 것을 알게 되었다. 그리고 월-E 컨셉아트를 봤는데 몸이 전개될 때의 부분에서 영화에서 보지 못한 부분이 있는데 이렇게 초창기의 컨셉아트와 결정된 디자인이 많이 다른 경우는 꽤 존재한다. 그리고 흔적으로 남은 경우도 있고 간혹 원래의 컨셉아트가 나중에 바뀐 것보다 멋질 때도 있는데 이런 경우는 디자인을 유지할 능력이 없는 것이 대표적인 이유다.

▲ 팔의 골격을 만드는 시뮬레이션 체험

오랜 시간동안 집안 배경 구성 시뮬레이션을 했는데 진이 말로는 배치각도가 이상하게 되는 경우 때문에 오랜 시간이 걸렸다고 한다. 그리고 물고기 떼를 제작하는 것도 있었는데, 여기서 엑스트라 제작도 공을 들여야 한다는 것을 깨달았다. 액체가 움직이는 것을 구현하는 체험도 있었고, 신체의 움직임을 어떻게 구현해야 할지 정하는 것도 있었다. 팔에 골격을 넣어서 움직이게 하는 것도 있었는데 골격이 많을수록 움직임이 유연해졌다.

특별관을 나와 옴니맥스 극장으로 가서 판다즈라는 영화를 봤는데 거기서 어린 판다는 서로 깨물고, 두발로 젖병물고 먹고, 나무도 탔다. 나이가 들면 GPS목걸이를 채운 뒤 자연에 방류하는데 이 때 판다들이 GPS목걸이 장착을 할 때 발버둥쳤다. 한 판다가 발을 다쳐서 나무에 못 내려오는데 GPS로 위치를 파악해서 구조대가 달려와 치료하기도 했다. 판다는 본래 육식동물이었다가 초식동물로 변한 것인데, 그래서 그런 것도 있고 섬유질이 많은 죽순을 먹어서 그런 것도 있어서 똥을 하루에 24번을 눈다. 부족한 영양소를 보충하기 위해 죽은 동물의 고기를 먹거나 나뭇잎을 먹거나 바위를 핥기도 한다. 이 옴니맥스 극장을 세계최대의 돔 극장이라는데 정말 광대해서 목을 자주 크게 움직여야 전체를 볼 수 있었다.

밴쿠버 엑스포를 위해 만들어진 건물인 캐나다 플레이스에 갔다. 호주의 오페라 하우스를 연상시키는 건축물이 있었다. 유람선도 있었는데 지난 봄방학에 다녀온 4박 5일의 크루즈 여행이 떠올랐다. 그리고 증기시계를 보러 갔다. 이 증기시계는 세계 최초의 증기시계로 15분 간격으로 증기를 뿜는데 학교 쉬는 시간에 울리는 멜로디 같았다.

이것으로 밴쿠버에서 일정을 마치고 재스퍼 국립공원을 향해 가는 길 중간 쯤인 캄루프스리는 지역에서 숙박했다. 그런데 숙소 건너편 산에 불이 나서 소방헬기 몇 대가 물을 떠서 진압을 하고 있었다. 연기와 타는 냄새가 숙박 시설까지 전해져 왔다. 산불 현장을 이렇게 가까이에서 목격한 것은 처음이다. 자나 깨나 불조심이다.

▲ 세계 최초의 증기시계

▲ 국립공원 가기 전에 보인 만년설

34. 아기자기한 폭포와 협곡이 어우러진
재스퍼 국립공원

재스퍼 국립공원

오전 7시 30분에 출발해서 무려 5시간을 달려 12시 30분에 재스퍼 국립공원에 도착했는데 도착하기 1시간 전부터 만년설과 거대한 산이 어우러져 마치 그림 같은 풍경이 연출되기 시작했다. 여긴 미국이 아니어서 4학년 동반가족 무료통과권이 통하지 않아 입장료를 내고 들어갔다.

공원에 입장해서 멀린 협곡에 갔다. 멀린 협곡에 흐르는 물은 빙하가 녹아서 생긴 물이다. 얼마 지나지 않아서 폭포를 봤는데 물이 힘차고 빠르게 떨어졌다. 협곡 벽면은 거의 수직에 가까울 정도로 경사가 높고 가까웠다. 나무에 둘러싸인 하늘이 마치 숲의 우리 속에 있는 구름 같았다.

그리고 또 다른 폭포를 봤는데 거의 수직으로 떨어졌다. 바위 틈 사이로 물이 나왔고 마치 벽면 때문에 계단 같은 물줄기가 부채꼴 모양으

▲ 멀린협곡

로 흘렀다. 더운 여름에 부채꼴 모양으로 흐르는 물을 바라만 보아도 시원한 기분이 들었다. 그리고 진이가 통나무 위에 올라가서 사진을 찍었는데, 진이는 끝까지 올라 가려는데 아버지가 만류했다. 왜냐하면 위험한 급류가 흐르고 있기 때문에 통나무에서 떨어지면 그대로 급류에 휩쓸려서 위험할 수 있기 때문이다.

협곡을 가로지르는 긴 다리인 5번째 다리를 건넜다. 우리는 기다리고 아버지는 다시 왔던 길을 되돌아가서서 차를 가지고 오셨다. 다음 행선지로 이동하다가 주유소를 발견했는데, 산악지대에 주유소와 마을이 있다는 게 신기하다. 아버지는 주유하고 진이는 따뜻한 간식, 나는 슬러시를 먹었다.

아싸바스카 폭포에 도착했다. 한 번에 물이 많이 내려서 마치 소형 나이아가라 폭포 같았다. 그리고 그 동안 우리는 폭포가 떨어지는 시점

▲ 이번 여행 최초의 오두막형 숙소

에서 폭포를 올려다보기만 했는데 처음으로 폭포가 떨어지는 것을 위에서 내려다봤다. 그리고 우연히 새신랑 새신부가 결혼화보를 촬영하고 있었는데, 폭포의 하얀 물보라와 신부의 하얀 드레스가 어우러진 장면이 인상적이었다. 선왑타 폭포에도 갔는데 아싸바스카 폭포보다 가로로 더 넓었다. 물의 색도 물거품도 탄산수 같았고, 전체적인 느낌이 아싸바스카 폭포와 비슷했다. 지나가는 길에 산 위에는 눈이 약 100미터 정도로 덮였고, 돔스크린 느낌이 날 정도로 동그랗게 깎인 곡면 절벽도 구경했다. 오두막형 숙소로 가는데 가는 길이 비포장 도로여서 밤에 간다면 마치 귀곡산장 같은 분위기가 날 것만 같았다. 하도 모기가 많아서 진이는 귀곡산장이 아니라 모기곡산장이라고 말했다. 그래서 그런지 전기 모기채와 파리채가 있었다. 이번 여행 최초로 오두막형 숙소였다.

▲ 아이스 필드

35. 한여름, 만년설위에 발을 딛다
아이스필드 파크웨이

조식을 먹으러 갔는데 숙소와 마찬가지로 식당도 산장의 분위기여서 도토리묵 같은 게 나올 것 같았다. 그런데 막상 들어가 보니 점보 크루아상에다가 직접 구운 초코칩 머핀, 요플레, 귤 등 우리가 간 숙소 중에서도 상위권에 들어갈 정도로 푸짐했다. 그러나 탁자와 의자를 포함한 식당이 전부통나무로 만들어졌고, 천장에 전등이 있어서 산장 분위기는 제대로 났다.

오전 9시 40분에 출발해서 콜롬비아 아이스필드 센터에 도착했다. 주차장이 꽤 복잡해서 진이와 내가 먼저 내려서 표를 끊으러 갔다. 스카이워크와 설상체험 콤보 티켓을 207달러 주고 구매했다. 서틀버스 출발시간까지 시간적 여유가 있어서 우선 차 안에서 점심을 먹었다. 점심을 먹을 때 차 창문 밖 정면으로 설산이 보였는데, 마치 에베레스트 산의 중턱에서 눈 덮인 에베레스트 산 봉우리를 바라보며 식사하는 것 같았다.

설상체험은 먼저 일반버스를 타고 산 중턱까지 간 뒤 설상차로 갈아 타서 눈 위 한가운데까지 가서 내린 코스였다. 눈은 지난 겨울에 내린 것이 쌓인 것이어서 그런지 폭신폭신하지 않고 얼음 덩어리처럼 단단했다. 눈이 녹아서 생긴 물이 눈 속의 계곡을 만들며 흐르고 있었는데 물이 정말 차갑고 맑았다.

한 달 뒤 있을 외할머니 칠순 생신 축하 동영상을 하얀 눈을 배경으로 해서 찍었다. 할머니 칠순 생신잔치는 8월에 있으신데 하얀 눈이 있는 동영상을 보시면서 더운 여름에 조금이나마 시원하게 느끼시라는 바램에서였다.

▲ 설상차

독특한 모양의 설상차 앞에서 사진을 찍었다. 설상차는 바퀴가 울퉁불퉁해서 마찰이 커서 높은 경사와 미끄러운 눈에도 잘 이동할 수 있다. 등산용 아이젠도 마찰력을 올려서 산행을 안전하게 하는 원리이다. 스콧도 남극탐험에서 설상차를 사용했는데 2대는 고장나고 1대는 바다에 빠지고 말았다. 반대로 아문센은 개썰매를 사용했다.

얼음 위에도 누워봤는데 겨울에 눈 위에 누워서 팔다리를 휘저은 기억이 떠올랐다. 그리고 남자, 여자 할 것 없이 수영복 형태의 옷만 입고 기념촬영하는 사람들을 봤는데 차가운 물에서 수영하는 북극곰 수영대회가 연상이 됐다. 이 추운 환경에서 저럴 수 있다니 어떤 면에서는 존경스러울 지경이다. 설상차를 타고 돌아오는 길에 건너편 산 등선에 녹지 않고 남아있는 눈 모양이 거대한 도마뱀 모양을 하고 있었다. 마치 나스카 지상화 중에서 도마뱀 지상화가 떠오른다.

다시 일반 버스로 갈아타고 스카이 워크로 갔다. 산호, 삼엽충 화석을 전시하고 있어 보고 만졌다. 이러한 높은 산에서 해양생물의 화석이 발견된다는 것은 이곳이 이전에는 바다였다는 증거이다. 훌륭한 지질학적 증거인 셈이다. 우리는 유리다리 위를 걸었는데, 진이는 은근히 겁이 없었다. 그리고 바닥에 누워서 찍어보기도 했는데 두께가 몇 센티미터밖에 안 되는 유리가 수십 명의 무게를 견디다니 대단했다.

▲ 에메랄드 빛의 호수

오는 길에 활 호수를 포함한 두 개의 호수의 멋진 풍경을 봤다. 둘 다 호수 물빛이 에메랄드 빛이었고, 활 호수는 이름처럼 활 모양이었다. 그리고 까마귀발 빙하라는 이름의 까마귀발 모양의 빙하를 봤는데, 본래는 발가락이 3개였는데 지구온난화로 인해 1개는 녹아서 흔적만 남게 되었다고 한다. 지구를 좀 더 아껴야 한다는 생각이 들었다.

캘거리의 숙소에 도착한 뒤 저녁식사로 그 동안 못 먹었던 칼국수를 먹었다.

▲ 해발2천미터가 넘는 정상에서 점심을

36. 빙하 덮힌 바위산이 호수를 감싸는 절경, 루이스 호수

밴프 국립공원

아침을 먹고 일기를 쓰고 있는 사이에 아버지께서 엔진오일을 교체하러 가셨다. 이번이 2번째 엔진오일 교체인데 엔진오일은 5천 마일에 한 번 교체하니 우리는 이것으로 이번 여행 동안 약 1만 마일을 주행한 것이다. 이것을 킬로미터로 바꾸면 약 1만 6천 킬로미터인데 서울에서 창원까지의 거리가 왕복으로 약 800킬로미터이니 서울에서 창원까지 20번 왕복한 거리만큼 여행한 셈이다.

오전 10시 30분에 출발해서 12시 30분에 밴프 국립공원의 설퍼 산에 도착했다. 설퍼 산에 오르기 위해서 밴프 곤돌라를 타기로 했다.

벽면에 케이블이 전시되어 있었는데 여러 얇은 케이블들이 뭉쳐서 두꺼운 케이블을 이루고 있었다. 이는 나무젓가락 한 개는 쉽게 부러

뜨릴 수 있지만 여러 개를 묶어놓으면 부러뜨리기 어려운 것과 비슷한 원리이다. 거미줄이 강한 이유 중 하나도 여러 개의 거미줄이 뭉쳐져서 하나를 이루고 있기 때문이다. 그런데 멀리서 곤돌라의 케이블을 바라 봤을 때는 가늘어 보였다.

곤돌라를 타보니 지금까지의 곤돌라와는 달리 속도가 빠르고 많이 흔들려서 곤돌라인지 놀이기구인지 헷갈리는 정도였다. 곤돌라 창문 아래로 호텔과 시내가 보였는데 호텔이 마치 성같이 컸다. 창문 아래로 보니까 등산객들이 걸어서 오르고 있었다. 이런 높은 산을 오르다니 끈 기 있는 사람들이다. 거대한 산에 침엽수림이 덮여 있었는데 멀리서 보 니 솔이끼가 바위에 붙어 있는 것 같았다.

정상에 도착한 뒤 샌손 봉우리로 갔다. 이 봉우리는 설퍼 산에서 가 장 높은 봉우리인데 , 높이가 무려 2281미터에 달한다. 이 봉우리에는 우주 광선 관측소(우주에서 쏟아지는 여러 종류의 빛을 관측하는 관측소)가 과거에 운영됐는데, 지금은 운영되지 않는다. 그러나 그 안에 침대와 생 활도구들이 전시되어있었는데, 이렇게 높은 산에서 생활을 위해 곤돌 라 없이 오르락내리락하는 게 얼마나 힘들었을지 상상이 잘 가지 않는 다. 오르는 데도 3시간 이상이 걸리고 왕복하면 6시간 이상이 걸리는 이곳에서 꿋꿋히 연구를 하신 그 분들이 존경스럽다.

정상 가까이에서 컵라면을 먹었는데 이로써 지금까지 제일 높은 곳 에서 컵라면을 먹은 셈이다. 그리고 울타리에는 온갖 언어로 낙서가 써 져 있었는데 그 중에 한국어 낙서도 있었다. 반갑기도 하고 부끄럽기도 했다.

마지막으로 루이스 호수에 갔다. 유네스코가 정한 세계 10대 절경 중 하나이고 빼어난 호수 빛깔과 그림 같은 설산의 모습이 마치 그림엽 서를 들여다보고 있는 것처럼 아름다웠다. 이곳은 빙하가 산을 깎은

▲ 루이스 호수

호수가 보였다. 카약을 타려고 선착장에 갔는데 줄이 너무 길어서 아쉽게도 포기했다.

대신에 1시간 동안 호수 주위를 산책했는데 곤돌라를 탈 때 산을 뒤덮은 이끼처럼 보이던 나무들이 사실은 약 10미터나 되는 나무들이었다. 도중에 통나무 의자에 앉아서 바나나를 간식으로 먹으면서 잔잔한 수면과 산이 어우러진 에메랄드 빛 호수를 바라보았다. 호수변에 자리 잡은 성과 같이 거대하고 화려한 호텔이 있었는데 아침에 나와서 호수와 같이 일출을 바라보면 좋을 것 같고 하루정도는 자보고 싶은 곳이었다.

▲ 루지타기

37. 신나는 루지 타기, 아찔한 사고
캘거리 : 캘거리 텔러스 과학센터, 캐나다 올림픽공원

오늘 조식을 먹으러 갔는데 지금까지 간 숙소 중 식당 급에 해당할 정도로 가장 풍성했다. 식기도 도자기 그릇과 금속 수저로 되어있었다. 메뉴는 스크램블 에그, 베이컨, 소시지, 계란빵, 감자튀김, 머핀(초코 등 3종류), 크루아상, 딸기, 과일 샐러드, 베이컨 넣은 토스트, 시리얼, 사과 주스, 오렌지 주스 등이 있었다.

아침식사 뒤 어제 일기를 쓰고 나서 10시 30분에 캘거리 텔러스 과학센터에 도착했다. 제일 먼저 돔 극장에 가서 '판다즈: 집으로의 여행'을 봤다. 밴쿠버 과학관에서 봤던 판다즈와는 내용이 좀 다르고 좀 더 다큐멘터리로서의 느낌이 강했고, 여기서는 멸종위기 동물 복원센터가 배경이었다. 돔 극장 안내 방송에서 여기가 북미에서 가장 크다고 뻥을 쳤는데 우리가 예전에 갔던 밴쿠버 과학관의 돔 극장은 여기보다 훨씬 크고 진짜 북미 최대였는데 어디에서 뻥치냐는 생각이 들었다.

다음으로 에너지&혁신이라는 관에 갔다. 거기에서 골드버그 장치를 봤다. 골드버그 장치는 다수의 장치를 연계해서 단순한 하나의 작업을 하는 것인데 이 골드버그 장치에는 안전콘과 하키체 같은 생활용품도 사용되었다. 그런데 잘 보니 다른 장치들과 연계되지 않는 부분 하나가 있었다. 그리고 공을 굴려서 타악기들을 치는 기구와 골드버그 장치처럼 공을 굴리는 파이프를 이용한 복잡한 장치를 만드는 체험을 했다. 빛을 비추어서 소리를 내는 장치도 있었고, 뛰어서 전기를 발생시키는 장치도 있었다. 그리고 수많은 전기발생 장치들의 원리도 있었고, 공기로 공을 밀어서 움직이는 파이프 장치를 만드는 체험도 있었다.

▲ 뛰면서 전기발생시키는 체험

러닝 머신형 발전기, 펌프형 발전기, 돌리기형 발전기들도 체험했다. 그리고 돌리기형이나 자전거형의 발전기를 돌려서 발생한 전기로 휴대폰을 충전하는 장치도 있었다. 우리는 휴대폰을 충전기에 꽂고 거의 헬스장 수준으로 발전기를 돌렸다. 그렇게 10여분 운동을 하니까 75%에서 80%로 충전이 됐다.

'무대 위에의 영감'이라는 과학실험극장에 가서 3개의 실험을 관람했다. 첫 번째 실험은 물이 채워진 두 개의 실린더 안에 각각 다른 액체를 한 모금씩 넣었는데 하나는 뜨거워지고 다른 하나는 차가워지는 실험이었다. 이 때 사용된 액체가 온매와 냉매로 온도를 변화시키는 작용을 하는 것이었다. 두 번째 실험은 물을 넣은 풍선에 라이터 불을 갖다 대는 실험이 있는데, 물이 고여 있는 아래부분에 불을 갖다 대었을 때는 풍선에 이상이 없었는데 물이 없는 옆 부분에 갖다 대자 풍선이 바로 터졌다. 이는 물 쪽에서 갖다 댈 때는 물이 열을 흡수해서 풍선이 안 터지는 것이고, 공기부분에 할 때는 열이 그냥 풍선 표면에 전달돼서 터지게 되는 것이다. 세 번째 실험은 가스가 들어간 거품을 손에 묻히고 거품에 불을 붙이는 실험이었는데 이는 물에 비누를 타서 거품을 만든 뒤 거품에 가연성 가스를 불어넣어서 불에 잘 타게 하는 것이다.

두 번째 방문지로 캐나다 올림픽공원에 갔다. 원래 이곳은 1988년(서울올림픽도 이 때 열렸다) 캘거리 동계 올림픽이 개최됐던 경기장이었지만 현재는 공원으로 조성되어있다. 들어가는 길에 스키점프 타워와 슬로프가 보였는데 현재는 전망대가 설치되어 있었다. 그리고 실제 경기에 사용된 봅슬레이를 개조한 것이 전시되어있어서 우리는 거기에 탄 뒤 기념사진을 찍었다.

다음에는 루지를 타러 갔다. 1인당 3번 탈 수 있는 이용권을 66달러 주고 구매했다. 작년 한국에서 우리는 통영에서 루지를 타려다가 줄이 너무 길어서 포기한 적이 있었는데 여기서 실컷 탈 수 있어 행운이었다. 먼저 의자리프트를 타고 올라갔는데 마치 스키타는 기분이 들었다. 원래 이곳은 동계올림픽 당시 스키

▲ 캐나다 올림픽 공원

장이었는데, 지금은 루지 시설로 개조하여 사용하고 있다.

1번째로 루지를 탈 때는 불안해하면서 겨우 사용법을 익혔다. 2번째로 루지를 탈 때는 제법 능숙하게 재미를 느끼며 내려왔다. 3번째로 루지를 탈 때는 어느 정도 자신감이 생겨 무리하게 아버지를 따라잡으려

다가 곡선 구간에서 그만 루지코스에서 바깥으로 튕겨져 나가는 사고가 났다. 다행히 흙바닥에 부딪쳐서 팔에 찰과상이 몇 군데 난 것 빼고는 큰 부상이 없었다. 운 좋게도 뼈나 근육에는 이상이 없었다. 그러나 바지는 여기저기 찢어져서 거의 걸레가 돼버렸다. 이후 시설 응급실에 가서 간단한 소독치료를 받았다. 동계올림픽의 모든 종목이 그려진 판을 배경삼은 시상대에서 기념사진을 찍었는데 내가 1등자리에 올라가서 보니 부상에 대한 위로로 명예훈장을 받은 기분이 들었다.

여기 캐나다 올림픽 공원에서 촬영되어 1993년에 상영된 영화 '쿨러닝'을 학교에서 본 적이 있다. 줄거리는 자메이카(더운 나라) 팀이 동계올림픽에 은퇴한 감독의 지도로 참여하게 되는 내용인데 이들의 종목은 봅슬레이였고 영화 초반에 박스로 자동차를 만들고 도로에서 주행하는 것도 있었다. 이 이야기는 실화이며 아쉽게도 이들은 예선전에서 탈락했다. 이 영화에서는 봅슬레이의 스키 날이 망가져서 도중에 멈춰서 탈락하게 되는데 그럼에도 불구하고 이들은 봅슬레이를 끌고 가서 끝내 완주를 했다. 이 영화에서 선입견을 버리고 도전하라는 것과 끝까지 포기하지 마라는 것을 배웠다. 훈련을 하던 도중 연습용 봅슬레이가 엎어지자 "쌍카, 죽었니?", "안 죽었다"라는 말을 하는 장면이 아직 생생하게 떠오른다. 그런데 때마침 오늘 내가 루지에서 엎어진 것이 딱 그 장면이라는 생각이 들어 웃음이 났다.

III. 미국 중북부

글레이셔 국립공원, 옐로스톤 국립공원,
데빌스 타워 국가기념물, 크레이지 호스,
마운트 러쉬모어 국가기념물, 배드랜드스 국립공원,
미닛맨 미사일 국립사적지, 미니애폴리스, 밀워키,
시카고, 디트로이트

브리티시
컬럼비아

서스캐처원

온타리오

글레이셔 국립공원

워싱턴

노스다코타

미네소타

미닛맨 미사일
국립사적지

몬타나

오레곤

옐로스톤 국립공원

미니애폴리스

아이다호

와이오밍

배드랜드스 국립공원

밀워키

데빌스 타워
국가기념물

마운트 러쉬모어 국가기념물

시카고

크레이지 호스 기념관

뉴욕

디트로이트

네바다

유타

콜로라도

캔자스

미주리

오하이오

펜실베이니아

뉴저지

버지니아

캘리포니아

애리조나

뉴멕시코

오클라호마

아칸소

테네시

노스캐롤라이나

텍사스

미시시피

앨라배마

조지아

사우스캐롤라이나

플로리다

켄터키

루이지애나

▲ 끝없는 초원과 목초 꾸러미들

38. 꽃과 눈이 공존하는 공간, 글레이셔 국립공원
글레이셔 국립공원

오늘 조식을 먹으러 갔는데 이번 여름여행뿐만 아니라 미국여행을 통틀어서 최초의 주문형 아침식사였다. 나는 거기서 모오닝 스페셜과 우유를, 아버지는 오믈렛과 우유를, 진이는 오믈렛과 핫초코를 주문해서 맛있게 먹었다. 식당의 벽이 스테인드글라스로 장식되어 있어서 고풍스러운 레스토랑 같은 분위기가 났다. 우리가 잤던 숙소는 베란다에 바비큐를 해먹을 수 있는 기구가 있었고, 침대가 무려 3개나 있었고, 싱크대, 대형 냉장고가 갖추어져 지금까지의 숙소와 달리 한국의 관광지에 있는 펜션 같아서 하루만 잠시 자고 가기 아쉬웠다.

그동안 빙하 덮인 험준한 산을 주로 다녔는데 이제 분위기가 확 달라졌다. 달리는 내내 좌우가 끝없는 초원이었고 소 떼가 곳곳에 몰려다니고 있었고 김밥처럼 말은 목초꾸러미들이 들판에 널려있었다. 우리나라는 목초지가 풍부하지 않아서 한우를 키우기 위해 외국에서 목초

꾸러미들을 수입한다고 아버지가 말씀하셨다. 그러자 지금 내 눈앞에 있는 저 목초꾸러미들이 한국으로 가서 한우가 먹는 장면을 상상해 보니 예사 목초로 보이지 않았다.

　캐나다의 알버타 주에서 미국의 몬테나 주를 통과하는 국경 검문소에 도착했다. 미국에서 캐나다에 갈 때는 여권 보여주고 인원수 확인하고 보내주었는데 캐나다에서 미국으로 입국할 때는 여권 확인 뿐만아니라 질문도 많이 하고 안경 벗은 얼굴을 직접 확인했다. 미국으로 들어갈 때의 검문은 9.11테러이후로 엄격해졌다고 했는데 사실이었다. 검문소를 통과하니 미국과 캐나다의 국기와 알버타 주와 몬테나 주의 주기가 걸려 있었고 고철들로 만든 기마상 모형의 국가 상징물이 서 있었다.

　글레이서 국립공원에 도착했다. 여기서부터는 다시 미국이라서 우리가 가지고 있는 4학년 동반가족 무료통과권으로 무료로 들어갔다. 거기서 처음으로 간 곳은 성 마리 호수인데, 레이크 루이스의 규모를 확대한 것 같았다. 웅장함은 이곳이 위였지만 아름다움과 세세함은 레이크 루이스가 더 위였다.

▲ 꽃과 눈이 공존하는 글레이셔국립공원

　2시간 동안 주변의 호숫가를 산책했다. 제일 먼저 간 베링 폭포는 강력한 수직낙하를 하고 주변의 암벽과 식물이 신비한 느낌을 줬다. 이어서 성 마리 폭포에 갔는데 폭포가 2단계로 나눠져 있었고, 수량이 풍부했다. 그리고 최대 7미터쯤 되는 곳에 다이빙하는 사람이 있었는데 다이빙에 성공하자 사람들이 그 사람에게 박수를 치며 환호성을 질렀다.

산책코스 중 처음에는 산불이 나서 타죽은 나무들이(껍질이 타서 벗겨진 것도 있었고, 아예 숯이 된 것도 있었다) 서있었는데 잎이 없어서 햇빛이 그대로 내리쬐서 그 구간동안 더웠다. 반대로 잎이 난 곳을 산책할 때는 그늘이 있어서 덜 더웠다. 숲의 중요성과 산불의 무서움을 몸으로 느꼈다. 저번에 산불을 멀리서 보기만 했을 때는 느끼지 못했던 자연의 소중함을 다시한번 생각하게 되었다.

버지니아 폭포에 가서 사진을 찍으러 폭포 가장자리에 섰는데 어떤 사람이 위험하니까 그러지 말라고 하셨다. 미국 사람들은 안전에 대해 우리보다 더 철저하게 따지는 것 같았다. 물이 엄청나게 높은 데에서 떨어지니 아래에서 위로 솟아오르는 것 같았고, 미스트가 많이 뿌려졌다.

우리가 점심을 먹은 곳은 폭포 밑 근처였다. 어제 샀던 자장라면이 그동안의 자장라면 중에서 가장 자장면 같았다. 아마도 자장 소스가 가루식이 아닌 액체식이라서 그런 것 같다. 아버지는 식사를 해결하는 방식이 정글의 법칙의 한 장면 같다고 하셨고, 진이는 아버지가 부족장이 될 수 있을 것 같다고 말했다. 아버지가 다듬은 나뭇가지는 거의 나무젓가락 수준이었다.

차를 타고 히든 레이크로 이동했다. 휴게소 안내판에서는 지구온난화로 인해 1911년의 얼음에 비해 2009년의 얼음이 대량으로 줄어든 것을 보았고, 이산화탄소가 올라가는 비율과 온도가 올라다는 비율이 비슷한 것을 그래프로 보여주었다. 보통 지구온난화는 환경오염 때문이라는 주장이 강하지만 자연적 현상이라는 주장도 있어 그 둘 중 누가 명확하게 옳고 명확하게 틀린지는 아직까지는 확실하게 알 수 없다.

올라가면서 눈과 꽃이 공존하는 모습을 봤는데 한국에서는 이상기후라도 발생하지 않는 이상 절대 불가능한 풍경이라서 진짜 신기했다. 그리고 4개의 봉우리가 마치 신발 한 켤레를 연상시켰고, 약 수십 마리

▲ 히든레이크

의 산양을 봤다. 눈밭에 도착하자 눈사람을 초미니 사이즈로 만들어보는 등 눈으로 장난을 쳤다. 눈밭에도 산양 두 마리가 있었는데 아이젠이나 설피 신고 온 것 같이 자유롭게 다니고 있었다.

갈증이나 체력소모로 힘들었지만 드디어 히든 레이크가 보이는 전망대에 도착했다. 수많은 산들이 가리고 있어서 밖에서 보면 이름처럼 잘 안보일 것 같았다. 힘들게 도착해서 보는 만큼 펼쳐진 풍경이 지금까지 보던 호수보다 더 멋져 보였다. 내려가는 도중에 대왕 눈덩이를 발견했는데 그 크기가 진이 몸통만 했다. 그것을 들고 사진을 찍었는데 차갑고 무거워서 손이 얼 것 같다고 진이가 말했다. 일정을 마치고 4시간 30분을 달려 내일 방문지인 옐로스톤 국립공원 중간지점의 숙소에 도착했다.

▲ 유황과 석회가 조화를 이루고 있는 지형

39. 사슴인가 말인가, 지록위마(指鹿爲馬)
옐로톤 국립공원 1

오늘 조식은 평소와는 다르게 스크램블 에그, 튀김, 고기스프, 고기 패티가 있었고, 롤빵과 머핀도 있는 풍성한 아침이었다. 어제 숙소에 늦게 도착해 다 작성하지 못한 일기를 차안에서 완료했다. 가는 3시간 동안 양 옆에 초원이 있었는데 어제와 달리 두부 같은 모양의 건초꾸러미들이 온 들판에 널려있었다.

미국 3대 국립공원 중 하나인 옐로스톤 국립공원에 도착했다. 공원에 입장하자마자 제일 먼저 가까운 선착순 캠핑장을 찾아 갔는데 딱 3개밖에 남지 않은 상황에서 한 자리를 잡는데 성공했다. 정말 아슬아슬했다.

맘모스 핫 스프링에 갔다. 물에 있는 유황 성분 때문에 노래진 돌이 보였다. 석회성분에 의한 회백색 돌과 유황성분에 의한 노란색 돌이 대비되어 독특한 분위기를 줬다. 마치 계단식 논 같은 단구지대도 있었다. 눈으로 된 하얀 계단에 온천이 흐르는 것 같은 곳도 있었는데, 예전에 갔던 터키의 파묵칼레와 유사한 느낌이 들었다. 둘 다 석회성분에 의해 하얗게 변했다는 것도 비슷하다. 유황성분에 의한 금빛같은 노란색 때문에 고급스러운 분위기가 났다. 카내리 스프링이라는 이름의 간헐천 구멍을 구경하고 유황성분에 의해 금빛장식을 가미한 돌 종 같은 바위도 있었다.

길거리에서 간헐천 구멍에서 물이 솟아나오는데 물에 가까이 손을 갖다 대자 뜨거웠다. 하얀 덩어리 같은 것들이 보였는데 아마 미생물 집합체인 것 같았다. 이러한 고온 속에서 살아남다니 대단했다. 아버지 말씀으로는 전에 백두산에 갔을 때 온천수에 삶은 달걀을 먹어본 적이 있다고 하셨는데 일설에는 화산 열기에 구운 달걀을 먹으면 10년 젊어진다는 말도 있다.

길가의 유황에 의한 용암이 흐르는 느낌의 땅을 보니 저번에 봤던 '쥐라기 월드:폴런 킹덤'에서의 용암이 흘러내리는 장면이 연상되기도 했다. 석회성분에 의한 하얀 산맥도 봤는데 잘 보니 유황에 의한 황색부분도 있었다. 맘모스 핫 스프링의 하부에 갔는데 거기서 유황과 석회성분에 의해서 생긴 위는 초콜릿 케이크, 중간은 생크림 케이크, 아래는 치즈 케이크 같은 지형을 봤다. 유황과 석회로 케이크를 만들어 놓은 것 같았다.

다음 목적지로 이동하는 중에 머리와 꼬리를 제외한 몸통부분은 말같이 생겼고 머리와 꼬리는 사슴같은 야생동물을 봤다. 진이는 이 야생동물을 말슴(말+사슴)이라고 표현

▲ 말 닮은 사슴

했다. 유식하게 한자로 표현하면 말 마, 사슴 록해서 마록(馬鹿)이 될 것 같다. 이때 말과 사슴이 둘 다 들어가는 지록위마(指鹿爲馬)라는 사자성어가 떠올랐는데 직역하자면 사슴을 가리켜 말이라고 한다는 뜻이다. 이 사자성어의 배경 역사는 다음과 같다.

중국 진나라 시절 진나라의 황제는 호해였고 그 당시 환관 조고라는 간신이 실권을 잡고 있었는데 어느 날 조고는 황제와 신하가 모인 자리에서 사슴을 가리키며 이건 말이라고 했다. 그러자 호해는 이건 사슴이라고 말했지만 그 주변에 있던 신하들은 조고가 나중에 무슨 보복을 할지 두려워서 사슴이라고 말했다. 호해는 이상해서 신관에게 물어봤지만 신관은 호해의 몸 상태가 안 좋아서 말을 사슴으로 본 것이라며 목욕재계를 하라고 말했다. 신관마저 조고에게 매수당한 것이다. 결국 황제는 목욕재계를 하러 떠나고 이 틈을 타서 조고는 자신의 군대를 반란군으로 위장하여 보내서 호해가 자살하게 했다. 그 뒤 그는 자신이 왕이 되려고 하지만 신하들은 침묵으로 반대했다. 조고는 뒤늦게 아직 때가 아니라는 것을 깨닫고 호해의 형 부소의 아들인 자영을 황제의 자리에 앉혔다. 그러나 그동안의 악행의 대가로 조고는 결국 자영에 의해 제거 된다. 한마디로 본래 뜻은 윗사람을 농락하여 권세를 휘두른다는 뜻이다. 그런데 만일 조고가 바로 이 야생동물을 가리키며 무슨 동물이냐고 물었다면 어떤 사람은 말이라고 하고 어떤 사람은 사슴이라고 할 테니 이것이야 말로 진정한 지록위마가 아닐까라는 생각이 들었다.

언다인 폭포에 갔다. 녹색 강물이 흐르고 마치 용이 머리를 들고 승천하는 모습이 떠올랐다. 타워 폭포에 갔는데 빙하와 용암, 화산재에 의한 암벽같은 지형을 이루고 있어 장관이었다. 이동 중 도로가에는 1988년 3개월간 계속된 대화재에 불타죽어 고목이 된 나무가 서있고 그 곁에 어린 나무들이 잔뜩 자라있는 모습을 봤다. 동물과 달리 나무는 죽은 자와 산 자가 공존하니 신기했다. 만일 동물이라면 진짜 무서운 느낌이 났을 것이다.

로어 폭포를 자세히 보기 위해 아래로 내려갔다. 폭포가 떨어지는 것을 보니 그야말로 어마어마한 높이와 수량을 체감할 수 있었다. 물이 떨어져서 미스트가 튀는 광경이 마치 물이 증기가 되는 것 같았다.

▲ 텐트 설치하기, 캠프파이어 불 피우기

모든 일정을 마치고 야영장에 가서 텐트와 매트, 방수포, 침낭을 설치한 뒤에 소고기 육개장 떡라면을 먹었다. 이번 야영장은 근처에 수도꼭지가 있어서 대충 행굴 수 있었다. 어제 이 야영장을 사용했던 사람이 장작을 많이 남기고 가서 그 것으로 이번 여행 중 처음으로 캠프파이어를 했다. 장작불에 술을 뿌리니 불이 치솟았는데 멋졌다. 그리고 책에서 보던 북두칠성과 북극성, 카시오페이아 자리를 선명하게 한눈에 볼 수 있었던 것도 귀중한 경험이었다. 오늘 옐로스톤 여행에서는 용암과 석회, 유황성분이 만들어낸 독특한 자연 풍경을 볼 수 있었다.

▲ 살아있는 온도계

40. 자연이 빚어낸 거대한 온천분수, 올드 페이스풀
옐로우스톤 국립공원 2

아침식사 후 야영장비를 정리하고 10시쯤에 캠핑장을 출발했다. 그런데 도로가 공사 중이어서 교행을 위해 10분간 서있어야 했다. 이때 앞에 한국 브랜드 차가 있었고 그 차 주인들이 차 밖에 나와서 체조를 하고 있었는데 아버지가 그 사람들에게 한국 사람이라고 소개한 뒤에 한국차의 성능이 어떻는지 등 가볍게 이야기를 하면서 그 분들이 한국에 대해 좋은 인상을 갖길 바라면서 한국 과자인 고소미를 드렸다.

이동 중 차 안에서 어제 캠프파이어를 하느라 다 쓰지 못한 일기쓰기를 완료할 즈음에 내리스 온천에 도착했다. 먼저 온천박물관에서 간헐천의 생성원리를 나타내는 그림을 봤다. 간헐천은 마그마에 의해 뜨거워진 돌에 눈이나 비가 땅에 스며든 뒤 물이 끓어서 구멍으로 빠져나오는 것인데 지하수가 가열되어서 생기는 경우도 있다. 가열되는 게 진흙인 경우 진흙 온천도 생길 수 있다. 그리고 '지질적인 힘이 옐로스톤을 만든다'에서는 옐로스톤 부근에 마그마가 지표면에 가까운 구역이 있어서 옐로스톤에 간헐천이 많다고 설명했다.

중기기관차의 굴뚝처럼 많은 양의 김과 수증기가 힘차게 뿜어져 나오는 장소가 있었는데 마치 분화를 연상시켰다. '살아있는 온도계'라는 제목의 안내판에서는 특정 온도마다 살아남을 수 있는 미생물의 색이 달라서 온천의 색으로 온천의 온도를

▲ 그랜드 프리스매틱 온천

구별할 수 있다고 설명했다. 대표적인 예로 초록색 미생물과 빨간색 미생물에 의해 하나는 빨강, 하나는 초록이 된 온천이 있었다.

진흙 온천도 봤는데 마치 팥죽이 끓는 듯한 모습이었다. 식혀서 머드팩을 하면 좋을 것 같았다. 그리고 곰발바닥 같은 게 찍힌 온천도 있었는데 발이 뜨거워서 빨리 달린 건지 발자국 사이의 간격이 점점 길어져 가고 있었다. 저 정도 온도면 곰발바닥이 삶은 족발같이 되지 않았을까? 갑자기 중국의 곰발바닥 요리가 떠오르기도 했다.

다음으로 피어리스 온천에 갔는데, 잔잔해서 물이 끓지 않는 것처럼 보였다. 거친 숨을 헉헉 쉬는 것처럼 김과 물이 뿜어져 나오는 간헐천도 있었고, 사파이어 빛이 나는 온천도 있었다. 베릴 온천에 갔는데 온천과 김이 나오는 곳이 둘 다 있어서 둘이 합쳐져서 아름다움을 주었다. 그 뒤 지본 폭포에 갔는데 마치 초거대 대왕조개 껍질에 물이 흘러내리는 것 같은 느낌이었다. 로어 폭포의 힘찬 느낌과는 반대되었다.

미드웨이 온천에 갔는데 주차장이 복잡해서 아버지는 주차하고 우리가 먼저 보러가는 형식을 취했다. 우리가 제일 먼저 온 곳은 익스클레시어 온천인데, 마치 바다를 축소시킨 것 같았다. 왜냐하면 블루홀 같은 지형과 섬 같은 지형이 있기 때문이다. 그리고 우리는 그랜드 프리

스매틱 온천에 갔는데 마치 푸른 은하에 붉은 성운들이 빠져나온 것 같았다. 진이는 백두산 천지에서 용암이 빠져나온 것 같다고 표현했다.

다음에는 올드 페이스풀 온천에 갔다. 보통은 높게 분출할 때까지 45분에서 120분까지 걸린다고 하는데 우리는 1시간 동안 기다렸다가 보는데 성공했다. 10층 건물을 넘는 높이의 물기둥이 솟아올랐고, 마치 거대한 원뿔과 고래 숨이 동시에 나오는 것 같은 모습이었다. 진짜 기다린 보람이 있는 환상적인 풍경이었다.

웨스크 떰브 온천에 갔다. 하늘색의 온천들과 옐로스톤 호수가 함께 보였는데, 옐로스톤 호수 안을 잘 보니까 간헐천 분화구 같은 게 보였다. 그 구멍에서 물이 나올지 안 나올지 궁금했다. 그 뒤 자세히 보니 호수 가장자리에 온천과 호수가 연결되어 있었는데 솔직히 호수 물의 온도가 차가울지 미지근할지 따뜻할지 궁금했다. 일단 최소한 뜨겁지는 않을 것 같다. 깊은 산속에 있는 호수인데도 불구

▲ 올드 페이스풀 온천

하고 바다가 연상될 정도로 컸다. 여태껏 우리가 국립공원에서 본 호수 중 가장 큰 호수인 것 같다. 그리고 상어도 목욕할 수 있을 정도로 깊은 온천 두 개가 있었다. 블루홀이라는 특수한 지형에는 상어와 문어를 섞은 것 같은 루스카라는 괴물이 산다는 설이 떠올랐다.

미국은 로키 산맥 같은 험준한 산맥과 모하비 같은 거대한 사막, 끝없는 평원 뿐만 아니라 동양적 느낌을 주는 대규모 온천 지역도 있다니 정말 다양한 자연환경을 가진 나라이다.

▲ 데블스 타워

41. 큰바위 얼굴의 대통령, 마운트 러시모어
데블스 타워 국가기념물, 크레이지 호스,
마운트 러쉬모어 국가기념물

어젯밤 숙소에 늦게 도착해서 완료하지 못한 일기쓰기를 차 안에서 마무리하면서 3시간을 달려 데블스 타워 국가기념물에 도착했다. 이동 중 들판에서 원통모양 건초 꾸러미를 보는데 그 모양이 순대처럼 보였다. 진이는 순대 안 먹은 지 오래되었다고 순대 먹고 싶다고 했다.

높이 389m 해발고도 1,558m의 데블스 타워의 정체는 용암석이다. 약 6,000만 년이 걸려 형성돼 지각을 뚫고 올라온 용암이 사암 밑에 응고됐다가 장구한 세월이 흐르면서 지층의 온도 변화로 여러 조각의 석주로 갈라져 지금의 모습이 된 것이다. 이 기념물에는 이름과는 어울리지 않게 인디언 부족의 전설이 있다. 아주 옛날에 어떤 소녀들이 밖에서 뛰어놀다가 곰을 만나 언덕 위로 도망을 쳤는데 곰이 계속 쫓아오자 소녀들은 무릎을 꿇고 구원의 기도를 올렸는데 그러자 갑자기 소녀들이 앉아있던 바위가 하늘로 솟아오르기 시작했다고 한다. 이에 곰은 안간힘을 쓰고 바위 위로 기어오르게 됐는데 결국 바위는 하늘까지 올라와서 소녀들은 별이 되었다고 한다. 그리고 당시 곰의 발톱자국이 너무 깊어서 계속 남아있는 것이라고 한다.

우리나라의 전래동화인 '해와 달이 된 오누이'가 떠오른다. 비슷한 점은 맹수를 피해 도망치다가 하늘로 올라가서 무언가가 된다는 점이다. 다른 점은 여기는 오누이가 아닌 소녀들이고, 오누이는 동아줄을 타고 올라갔지만 소녀들은 바위가 하늘로 올라갔고, 오누이는 해와 달이 됐지만 소녀들은 별이 되었다는 것이다. 그리고 호랑이는 끝내 죽었지만 곰은 어떻게 됐는지 나오지 않는다.

이런 전설이 전해지는 것을 보면 아메리카 원주민들에게는 친근한 지역인 것 같다. 실제로도 어디에서나 눈에 띄는 모습 때문에 만남의 장소가 됐다고 한다. 처음 멀리서 볼 때는 마치 화산 분화구 같았고 방문자 센터에서 봤을 땐 주름진 나무 그루터기 같이 보였다. 하지만 바로 밑에 가서 위로 올려다 봤을 때는 거대한 바위 절벽이었다. 암벽등반가들이 1년에 천여 명 정도 정상에 오른다고 한다. 절벽을 자세히 올려다보니 중간쯤에 2명, 정상에 몇 명 정도 등반가들이 있었다. 나는 솔직히 그 가파르고 높은 암벽에 오르고 있는 등반가들이 전설에 나온 곰보다 더 대단해 보였다.

틈새를 잘 보니까 마치 바위를 누군가가 사각기둥이나 주름종이처럼 조각한 것 같았다. 틈새의 생성원리도 봤는데 구멍이 생긴 뒤 틈새가 생기고 기둥모양으로 갈라지는 방식이었다. 탐방을 마치고 피크닉 지역에서 점심을 먹으면서 데블스 타워를 바라봤을 때는 마치 수염고래의 수염 같기도 했다.

다음 일정으로 2시간을 달려 크레이지 호스에 도착했다. 이곳의 이름은 인디언 전사의 이름을 땄다. 크레이지 호스는 리틀빅혼 전투에서 커스터 장군이라는 사람이 이끄는 미국군과의 전투에서 미국군을 전멸시킨 아메리카 원주민의 영웅이다. 안타깝게도 그는 다음해에 미국의 공격과 동료의 배신 때문에 젊은 나이에 생을 마감하게 된다.

이 거대 조각상에는 탄생비화가 있는데 1939년 라코타 족의 마지막 추장인 핸리 스탠딩 베어는 그들의 조상이 살았던 땅에 마운트 러시모어 조각이 완성되자 당시 조각가였던 콜작 지올코우스키에게 미국역사의 위대한 대통령을 전 세계에 알렸듯이 인디언들의 위대한 영웅도 백인세상에 알리고 싶다는 내용의 편지를 보냈다. 이에 감동한 콜작은

▲ 크레이지 호스

자신의 일생을 이 크레이지 호스 제작에 바쳤다. 처음에 콜작은 조각하기 좋은 바위가 있는 티턴에 조각을 하려 했지만 아메리카 원주민들은 그들의 성지인 블랙 힐즈에 그들의 영웅이 새겨지기를 고집했고 결국 콜작은 1948년부터 블랙 힐즈에 정착해 살면서 평생을 조각에 전념했는데 그는 죽을 때까지 조각의 일부밖에는 완성시키지 못했다. 그 이유는 콜작이 정부나 그 어떤 이익단체의 후원도 거부했기 때문이다. 그가 죽은 뒤엔 그의 가족들이 작업을 계속 이어가고 있다.

우리는 버스티켓을 끊고 버스를 타고 가까이 갔는데 현재는 얼굴만 완성되어 있고 나머지는 만드는 중이었다. 만일 다 완성된다면 172미터의 세계에서 가장 큰 조각물이 될 예정이다. 크레이지 호스의 얼굴부분을 보니까 마치 진지하게 화내는 사람의 얼굴 같다.

축소된 완공 예정 모형을 봤더니 크레이지 호스가 말을 타는 모습이

었는데 말이 말을 탄다니 왠지 웃기다. 크레이지 호스의 제작과정을 보면 1948년에 제작을 시작했고 1998년에 얼굴 부분을 완성했다. 내가 죽기 전에 완공을 볼 수 있을지 궁금할 정도로 제작속도가 느린 것 같다.

다음에는 마운트 러시모어 국가기념물에 갔다. 거기서 조각 총괄자인 거츤 보글럼의 흉상을 봤다. 그는 조각을 완료하지 못하고 죽음을 맞이했고, 그의 아들이 뒤를 이어 마운트 러시모어 조각을 완료했다. 이곳은 1927년부터 1941년까지 공사를 했는데 거기에 작업자들의 명단이 있었다. 작업자들의 이름은 ABCD순으로 배열이 되어 있었다. 맨 처음 조각을 제안한 것은 역사가였던 도운 로빈슨이다. 그는 사람들이 좋아하는 유명인들을 산에 조각할 것을 제안했는데, 점차 계획이 수정되어 최종적으로 네 명의 대통령을 새기는 것으로 마무리됐다. 거츤 보글럼의 아들의 이름이 링컨 보글럼인데 마운틴 러시모어 조각에 링컨 대통령이 있다는 것은 기가 막힌 우연의 일치이다.

▲ 마운트 러시모어

입구 앞에서 미국의 50개 주 국가들이 있었고, 각각의 조각은 조지 워싱턴, 토마스 제퍼슨, 시어도어 루즈벨트, 에이브러햄 링컨이었다. 다들 눈동자가 생생하게 조각되었고 루즈벨트는 구석에 몰려있고 링컨은 떨어져 있었다. 그리고 워싱턴만 상반신이 있는데 원래는 전부 다 상반신을 조각할 예정이었지만 자금부족으로 인해서 워싱턴만 상반신을 조각하게 됐다. 4명 중에서 워싱턴이 가장 인상이 좋아보였다. 전망대에서 산책로를 따라가면서 조각을 봤는데 콧구멍이 쓸데없이 잘 보였다. 하루 일정을 마치고 숙소가 있는 래피드(Rapid) 시티에 도착했다. 최근 한국에는 너무 빠르게 산다며 여유 있게 살자는 슬로우 시티 슬로건이 유행인데 왜 이 도시의 이름은 래피드 시티일까?

▲ 배드랜드스 국립공원

42. 미·소 냉전의 흔적, 대륙간 탄도 미사일 격납고
배드랜드스 국립공원, 미닛맨 미사일 국립사적지

우리가 처음으로 간 곳은 배드랜드스 국립공원인데 여행책에는 나오지 않아서 인터넷으로 알아냈다. 매표소를 통과하면서 주변이 초원인데 국립공원이 맞나라는 생각이 들었다. 그러나 들어와 보니 절벽 아래로 수많은 퇴적된 계곡들이 만들어 내는 그랜드 캐니언과 유사한 풍경과 끝없는 황량한 황무지가 펼쳐져 있었다. 이름 그대로 악조건의 대지, 나쁜 땅이었다. 미국 원주민을 소재로 유명한 케빈 코스트너 주연의 '늑대와 춤을'을 이곳에서 촬영했다고 한다.

좀 가다 파키케팔로사우루스 두개골 같은 바위를 봤다. 그리고 프레리 독 마을에서 프레리 독 떼 수십 마리를 봤는데 프레리 독은 마치 몽구스처럼 바로 선 햄스터 같았다. 프레리 독은 굴을 파고 수많은 개체들이 단체생활을 하는데 이와 비슷한 습성을 지닌 미어캣하고도 잘 지낸다고 한다.

험준한 산맥형 계곡에서 기념사진을 찍었는데 양쪽이 낭떠러지고 가

파른 길이어서 마치 무시무시한 살얼음판을 걷는 기분이었다. 그리고 산이 잘린 것 같은 산맥도 있었고, 마치 무지개 떡을 연상시키는 지층을 가진 계곡도 있었다. 칼로 썬 것 같이 깨끗한 지층 절벽도 있었다. 돌 위가 평평하고 주변이 절벽처럼 썰리고 잔디가 앙금처럼 있는 떡케이크같은 돌도 보았다.

안내판에서는 동물의 진화에 의한 변화로 생기는 시체가 만드는 지층의 색과 성분차이에 대해 나왔다. 이걸 통해 최근에 쌓인 지층마저 최소 2천 8백만 년 전에 쌓인 것이고 지층 하나가 쌓이는 데 최소 수천만 년이 걸린다는 것을 알게 됐다. 지구가 정말 오래되었다는 것을 실감할 수 있었다.

지층을 보니 수많은 띠가 시간을 기록하고 색이 다른 것이 마치 나이테 같았다. 차이점이라면 나이테는 띠 하나가 1년인데 이거는 지층 하나가 최소 수천만 년이 걸리는 것이다. 그동안 그랜드 캐니언 등의 협곡을 방문했을 때는 그 규모가 하도 커서 내려가 보지 못하고 협곡을 멀리서 볼 수만 있었는데 이곳은 이곳저곳 봉우리에 올라가 봤다. 힘들고 위험했지만 계곡모양이 아기자기하고 경치가 좋았다. 그리고 피크닉 지역에서 계곡을 등지고 점심식사를 하니 마치 한 폭의 그림 같은 풍경이었다.

다음 일정으로 미닛맨 미사일 국립사적지의 방문자 센터에 가서 자세한 정보에 대해 들은 뒤 델타 9라는 곳으로 가서 미사일 격납고를 봤다. 냉전시대 때 미국과 소련은 서로를 견제하기 위해 미사일을 많이 만들게 됐다. 전쟁은 양쪽의 전투력이 똑같은 때 일어나는 게 아니라 양쪽의 전투력이 큰 차이가 날 때 벌어진다는 말이 있다. 그래서 양국은 경쟁적으로 핵 미사일 기지를 건설했는데 이곳도 그 시설 중 하나였다. 델타 9는 핵무기를 탑재할 수 있는 대륙간 탄도미사일

이 격납되어있었다. 대륙 간 탄도미 사일이란 대륙과 대륙 사이를 횡단하 는 미사일을 말하는 것이다. 줄여서 ICBM(InterContinental Ballistic Missile) 이다. 실제 크기의 대륙 간 탄도미사일 을 봤는데 마치 로켓이 떠올랐다. 그 리고 수납실은 유리덮개로 덮고 있었 고, 보기에는 발사실 역할도 할 수 있 는 것 같지만 실제로는 그냥 수납실일

▲ 대륙간탄도미사일 지하 격납실

뿐이다. 냉전이 끝나고 나니 미사일 격납고가 이렇게 관광지로 이용되 고 있는 것을 보니까 우리나라의 남북관계도 하루 빨리 적대관계를 끝 내고 비무장 지대가 관광지가 되었으면 좋겠다는 바램을 가져봤다.

오늘 투어 일정을 마치고 숙소까지 도착하는데 4시간이 지났지만 시 간 변경선을 넘어서서 시계상으로는 5시간이 지났다. 노스 케롤라이나 에서 출발해 서부로 이동하면서 3번, 다시 서부에서 동부로 이동하면 2 번으로 5번째로 시간선이 변경됐다.

▲ 공원에서 2인용 자전거를 타고

43. 안전사고 조심 또 조심, 하인리히 법칙
미니애폴리스 : 미네하하 공원

　사우스다코타 주에서 4시간을 달려 미네소타 주의 미니에폴리스에 도착하는 사이에 차 안에서 어제 마무리 못한 일기를 마무리했다. 이 도시는 미술관, 아트센터, 조각공원, 과학관 등 박물관으로 유명한 곳이어서 그런 곳에 가려고 했는데 하필이면 오늘이 월요일이어서 전부 휴관했다. 이런 경우를 나타내는 우리나라 속담으로 "가는 날이 장날이다"라는 말이 있는데, 옛날에는 5일에 1번 간격으로 시장이 열렸는데 지방마다 장이 서는 날이 달라서 친구 집에 찾아갔는데 그 날이 하필이면 장날이라 친구가 장에 가고 없어 만나지 못하고 그냥 집에 돌아올 수밖에 없는 것에서 유래됐다.

　서양에서의 비슷한 표현으로는 머피의 법칙이 있는데 여러 가지의 방법 중 나쁜 1가지의 방법이 있으면 그것이 자주 나온다는 뜻이다. 그런데 우리가 일상에서 머피의 법칙이라고 생각하기 쉬운 것들은 사실 수학적으로 꼼꼼히 따져 보면 어떤 면에서는 당연한 것이다. 예를 들어 잼 바른 면이 바닥에 떨어지는 것은 떨어지는 높이와 잼 바른 쪽이 더 무겁다는 것을 생각하면 잼 바른 쪽이 떨어질 확률이 더 높고, 자기가 찾는 곳이 지도의 접힌 부분이나 가장자리에 나오는 경우는 지도의 가장자리 부분이나 접힌 부분의 면적이 나머지 부분의 면적보다 넓기 때문이고, 자기가 선 줄이 빨리 안 줄어드는 것도 줄이 4개일 때 자기가 선 줄이 빨리 줄어들 확률은 1/4밖에 안되기 때문이다.

그래서 우리는 휴관시설 대신 미네하하 공원으로 갔다. 공원 한가운데 폭포가 있었는데 이런 규모의 폭포가 국립공원도 아니고 도심 한가운데에 있다니 정말 신기했다.

공원 내를 다닐 수 있는 2인용 4발 자전거

▲ 미네하하 공원의 폭포

를 진이와 둘이서 탔다. 그런데 내리막길에서 예상보다 갑자기 속도가 빨라져서 길을 벗어나자 당황해서 브레이크를 잡을 생각을 못하고 반사적으로 자전거에서 뛰어내렸다. 다행히 내가 뛰어내리면서 핸들을 꺾어서 폭포쪽으로 가지 않고 숲으로 들어가 넘어졌다. 진이는 무사했지만 위급 시 나 혼자만 뛰어내렸다고 아버지에게 엄청 혼이 났다. 아버지의 꾸중도 꾸중이지만 동생에게 미안했다.

아버지는 하인리히 법칙에 대해 설명해 주셨다. 하인리히 법칙이란 1:29:300의 법칙이라고도 하는데 1은 사상자, 29는 경상자, 300은 부상

미수자이다. 이는 작은 일이라 할지라고 원인을 그대로 방치하면 큰 사고가 된다는 뜻이다. 내가 이번 여행 중 폭포에서 내려오면서 가볍게 다친 적이 있고, 루지를 타면서 사고 난 적이 있다. 이번 사고로 세 번째인데, 다행히 큰 사고는 아니었지만 앞으로 주의하지 않으면 큰 사고가 날 수 있다고 하신 말씀이었다.

스카이스크레이퍼(마천루)을 보러 영화관에 갔다. 박물관을 못 가니까 꿩 대신 닭으로 영화를 보러간 것이다. '꿩 대신 닭'이란 속담의 뜻은 어떤 좋은 것이 없으면 그와 비슷한 다른 것으로 대체한다는 뜻이다. 이는 원래 떡국에는 꿩고기를 넣어 먹었는데 꿩은 사냥해서 얻어야 해서 구하기 힘드니까 그 대신 닭고기를 넣은 것에서 유래되었다.

영화의 내용은 다음과 같다. 주인공은 FBI출신인데 과거 어느 한 테러범을 잡으려다가 테러범의 자폭 테러에 의해 다리 하나를 잃고서 의족으로 교체해야 했다. 현재 시점에서 주인공은 세계에서 가장 높은 건물의 보안 당담자가 됐다. 사장은 주인공에게 홀로그램 시설을 선보이고, 주인공의 가족은 96층에 머무르게 된다. 그러나 주인공은 어느 한 누군가에게 기습받고 테러범들은 백린탄을 사용해서 건물에 불을 붙이고 주인공의 패드에 보안시스템이 입력돼있다는 것을 이용해 보안시스템을 해킹하고 건물을 습격한다. 그래서 주인공이 테러범을 도왔다고 오해받고 주인공은 자기 가족을 구하기 위해 나서고 결국 사장과 협력하여 홀로그램실을 이용해서 테러범 대장을 속여서 죽인다. 대략 이런 내용인데 홀로그램을 이용하는게 진짜 대단하다.

그리고 영화 내에서 건물에 내장된 정교한 보안시스템을 돌파하는 테러범들의 전략이 대단했다. 보통 고층건물에 발생한 재난을 다루는 영화는 건물 관리자 측의 판단 실수로 발생한 재난을 다루는데 이 영화는 테러에 의한 재난을 다루니 신선했다.

▲ 박물관 입구에서 오토바이 시승

44. 고급 오토바이의 대표주자 할리 데이비슨
밀워키 : 할리 데이비슨 공장 & 박물관

아침 7시로 알람을 맞춰놓고 잤는데도 불구하고 우리 모두 8시 40분에야 일어났다. 9시 30분에 출발하고 이동하는 사이에 차 안에서 일기를 완료했다. 미네소타 주에서 밀러맥주와 오토바이 공장으로 유명한 위스콘신 주의 밀워키 시로 6시간이나 달려서 이동했다.

3시 30분에 세계 최고의 오토바이 회사인 할리-데이비슨 공장&박물관에 도착했다. 늦은 기상과 긴 이동시간 때문에 오늘은 이곳만 들르기로 하고 박물관으로 들어갔다. 박물관 입구 관람객이 시승해볼 수 있는 멋진 오토바이 3대가 나란히 서 있어서 우리가족 3명이 나란히 타고 기념사진을 찍었다.

박물관 안으로 들어가 보니까 1900년대 초부터 현재까지 시대별로 생산된 실제 오토바이 수백 대가 시대별로 차례로 전시되어 있었다. 이 회사는 아서 데이비슨과 윌리엄 S. 할리가 설립했는데 이 회사의 이름

▲ 할리 데이비슨 내부

    는 컴퓨터 하드웨어 회사도 개발자 휴렛과 팩커드의 이름을 따서 지었다. 할리는 제작을, 데이비슨은 판매를 담당했다고 한다. 그리고 본래 이 회사는 처음에는 자전거를 만드는 회사였다는 것을 알게 됐다.

    사람이 두 명 이상 탈 수 있는 사이드카 오토바이를 보고 3륜 오토바이도 봤다. 사이드카 오토바이의 경우 아예 옆에 사이드 부분을 하나 더 설치해서 3명이 탈 수 있게 할 수 있다. 그리고 아예 바퀴가 4개인 오토바이도 있다. 그리고 군대용 무기장전(라이플을 장전할 수 있다) 사이드카 오토바이를 봤는데 아버지 말씀으로는 2차 세계대전을 다룬 영화에서 독일군이 이런 것을 많이 탔다고 한다.

    엔진의 원리에 대해서 설명해놓은 전시물도 있었다. 엔진은 피스톤이 점화에 의해 발생한 상하 수직운동을 크랭크로 인해 회전운동으로 바꿔서 기동한다. 피스톤의 수에 따라서 2기통, 4기통 엔진 등으로 나누어지는데 오토바이에는 2기통을 주로 사용하고 자동차는 4기통 또는 6기통을 주로 사용한다. 오토바이의 작동원리를 체험하고 다양한 엔진의 소리를 들었고, 오토바이를 중요부품으로 분해해 전시하고, 다시 조립하는 과정을 재현하는 과정도 볼 수 있었다.

그리고 여러 색과 여러 무늬의 기름통들을 구경했다. 이걸 다 모은 집념이 대단하다. 3층에서 오토바이 수리시설을 보고, 1층에서 뛰어넘을 장애물을 정한 뒤 속도를 조절해서 그것들을 뛰어넘는 오토바이 점프 시뮬레이션을 했는데 나는 빈번히 실패했다. 그리고 고대의 자전거를 봤는데 현대의 자전거들과 달리 앞바퀴가 매우 컸고 뒷바퀴는 매우 작았다. 진짜 타고 주행하기 불편할 것 같다.

레저용 오토바이들도 봤다. 그리고 터미네이터 2:심판의 날에서 T-800역을 맡은 아놀드 슈왈제네거가 탔던 오토바이 기종도 있었는데 영화에서 보던 오토바이를 실물로 보니 더욱 멋있어 보였다. 쓸데없이 화려한 오토바이도 있었는데 보석들로 장식한 양철 장난감 같았다.

▲ 어니스트 해밍웨이 저택

45. 교과서에 나오는 거장들의 미술품을 만나다
시카고 1 : 해밍웨이 생가, 시카고 불스 경기장, 윌리스 타워, 시카고 미술관

먼저 어니스트 해밍웨이 저택에 갔지만 아쉽게도 공개 시간이 아니어서 내부에는 들어가지 못했다. 해밍웨이는 시카고(그가 태어나고 잠든 곳), 플로리다 키웨스트, 쿠바(아쉽게도 쿠바혁명이 일어나서 그는 쿠바를 떠날 수 밖에 없었다. 참고로 그 유명한 『노인과 바다』는 쿠바에서 썼다)에 거주해서 3곳에 생가와 기념관이 있다고 한다. 그는 2차 세계대전 당시 종군기자로 참여했고 그가 쓴 유명한 소설로는 『노인과 바다』, 『누구를 위해 좋은 울리는 가』, 『서부전선 이상 없다』가 있다. 그 중 『노인과 바다』는 마누엘이라는 어부가 큰 물고기를 낚았다가 상어 때 때문에 허탕치는 실화를 바탕으로 쓰인 소설이다. 줄거리는 한 노인이 젊은 낚시꾼에게 낚시를 가르치는데 노인은 바다를 이익의 수단으로 보지 않고 친구로 보고 있었다. 어느 날 노인은 바다에 나가서 티뷰론이라는 청새치를 낚게 되지만 상어 떼가 뼈만 남기고 다 먹어치우고, 결국 노인은 거의 빈손으로 돌아왔다. 그러나 노인은 좌절하지도 포기하지도 않고 계속 낚시꾼으로 살아가는 내용이다. 이 작품의 교훈은 비록 삶이 괴롭고 허무해 보일지라도 끝없이 계속 필사적으로 살아가라는 것이다. 그는 이 작품으로 노벨 문학상을 수상했다. 그러나 헤밍웨이는 우울증에 시달리다 자살로 불행한 최후를 맞이했다.

다음에는 시카고 불스 경기장 및 방문자 센터에 갔다. 거기에는 세계 최고의 농구선수인 마이클 조던의 청동상이 있었다. 그는 시카고 불스에서 1984년에서 1993년까지 활약했다가 2년간 공백기간을 거쳐 1995년부터 다시 복귀해 4년을 더 뛰었다. 공백기간 동안 그는 프로야구 마이너리그에 출전했다가 이렇다할 성적을 내지 못했다. 이는 한쪽 분야에서 최고의 성과를 내고 아무리 뛰어난 재능을 가지고 있다고 해도 축적된 노력이 뒤따르지 않으면 최고가 될 수 없다는 것을 우리에게 가르쳐준다.

다음 장소로 윌리스 타워에 갔는데 이 건물은 1973년에 건립돼서 1996년까지 세계에서 제일 높은 건물이다. 놀라운 것은 45년 전에 이런 초고층 빌딩을 지었다는 것이다. 20년 사이에 12위로 뒤처졌다는 것은 초고층 마천루에서 최고의 자리를 유지하는 것은 어렵다는 것을 증명한다. 그리고 놀라운 것은 우리나라의 롯데 타워가 세계에서 5번째로 높다

▲ 윌리스타워 스카이데크

는 것이다. 현재 최고의 고층빌딩은 부르즈 칼리바라는 건물인데, 영화

'미션 임파서블' 시리즈에도 등장했다.

스카이데크라는 전망대에 올라갔다. 전망대는 103층에 있었다. 지하 1층(지하 1층에서 매표한다)에서부터 103층까지 60초만에 가는 초고속 엘리베이터가 있는데 이 건물은 110층까지 있었고 엘리베이터는 지하 1층에서 103층 전망대까지 올라갔다. 망원경으로 시카고 시내를 구경하는데 과연 미국에서 손꼽히는 대도시답게 마천루가 즐비해 있었다. 마천루 너머로 바다를 연상시키는 미시간 호가 수평선을 드러내고 있었다. 그 뒤 강화유리 발코니에서 기념사진을 찍었는데 바닥을 보니 도심 허공에 떠있는 것 같아 무서워서 매우 조심스럽게 한발 걸어가 가부좌 자세로 공중부양 포즈를 취해 사진을 찍었다.

마지막으로 시카고 미술관에 갔다. 2층에 올라가서 처음에는 성경을 바탕으로 한 그림을 봤는데, 꽤 상당수가 세례 요한을 주제로 다루고 있었다. 그런데 재미있는 건 영국과 미국의 존이라는 이름과 프랑스의 잔느(잔이라고도 읽는다)는 세례요한에서 비롯된 이름이었다. 유명한 잔다르크의 잔도 마찬가지라는 것이다.

이 미술관에는 교과서에도 실리는 세계의 유명한 화가들의 작품들이 수록돼 있다. 여기서 쇠라의 대표적인 점묘화 작품인 '그랑자트 섬의 일요일 오후(점묘화란 점 여러 개가 모여서 하나의 그림을 이루는 방식이다. 쇠라가 주로 사용했다)'를 봤고, 빈센트 반 고흐의 '자화상', '침실' 등을 봤다. 고흐는 말년에 심한 우울증을 앓았고, 고흐의 작품들이 전체적으로 노란데, 이는 단순히 그의 화풍만이 아니라 실제로도 약간 그렇게 보여서 그런 것일 수도 있다. 고흐는 압생트라는 술을 자주 마셨는데, 이 술은 서양 쑥으로 만들어서 약간 독성이 있기 때문에 실제로도 살짝 노랗게 세상이 보였을 가능성도 있다. 그리고 '침실'을 그렸을 때 고흐는 폴 고갱과 같이 살고 있었는데, 폴 고갱과 그는 결국 그림에 대한 의견 대립

▲ 시카고 미술관에서

이 일어나자 고흐는 자기 한 쪽 귀를 자르고 결별하게 됐다. 그래서 그 런지 고흐 그림 근처에는 폴 고갱의 그림도 있었다.

　그리고 중세 기사의 갑옷과 무기를 다룬 곳도 있는데 높은 신분의 사람들이 사용하는 예식용 갑옷이나 무기도 있었다. 그리고 아머 포 맨 앤드 호스라는 말 탄 기사를 나타내는 작품도 있었다.

　3층으로 올라가서 피카소의 청색시대 작품인 '늙은 기타리스트'를 구경했는데 피카소의 화풍에는 3가지가 있었다. 그 중 하나는 피카소 가 가난했을 당시의 화풍인 '청색 시대'인데 이때 피카소는 가난해서 자 기 주변에 돌아다니는 가난한 사람들을 모델로 그림을 그렸는데 전체 적으로 푸른 분위기여서 청색 시대라고 부른다. 피카소가 여유가 생겼 을 때의 화풍은 '장밋빛 시대'라고 부르는데 그 이유는 전체적으로 주황 빛 분위기이기 때문이다. 그리고 피카소가 슬슬 유명해졌을 때의 화풍 은 '입체파(큐비즘) 시대'라고 부르는데 이 때부터 우리가 피카소하면 떠 올리는 그림을 그렸다. 우리는 피카소의 입체파 시대 작품 2개를 본 뒤 추상화의 대표주자인 몬드리안의 작품 2개를 봤다. 유명한 거장들의 그 림을 한꺼번에 보다니 좋은 경험이었다.

▲ 애들러천문관 초기 망원경

46. 망원경의 역사: 고대부터 현대까지
시카고 2 : 애들러 천문관, 필드 박물관, 익스트림 보트 체험

　오늘 첫 방문지인 애들러 천문관에 도착했다. 입장하기 전에 시내 쪽을 바라보니 웰리스 타워가 눈에 띄었다. 어제 타워에서 이 천문관이 보였는데 오늘은 그 반대였다. 먼저 2층의 '망원경: 응시경 너머로'라는 관에 갔다. 처음에 스톤헨지 사진이 있었다. 이 사진이 있는 이유는 스톤헨지는 천문 관측대로도 사용됐다는 설이 있기 때문이다. 스톤헨지에 대한 그 이외의 가설로는 일종의 거대 달력, 고대의 의식용 콘서트 장, 또는 영혼과 만나는 영적인 장소라는 등의 가설이 있다. 실제로 켈트족의 드루이드들은 스톤헨지를 영적인 장소로 많이 활용했다.

　차례로 망원경에 대한 전시내용을 둘러봤다. 초기 망원경은 2가지 방식이 있는데 하나는 갈릴레이 식이라는 오목렌즈와 볼록렌즈를 이용한 방법이다. 또 하나는 케플러 식이라는 볼록렌즈와 볼록렌즈를 이용한 방법인데 이 방법으로는 물체가 뒤집혀 보인다. 좀 더 멀리 보려면

렌즈의 품질을 높이거나 망원경의 길이를 늘릴 수밖에 없었다.

청동설과 지동설, 브라헤의 지구 주위를 태양과 달이 돌고 있고, 태양 주위를 다른 행성들이 돌고 있다는 혼합설을 그려놓은 것이 있었다. 옐로스톤 공원 캠핑장에서 봤던 북두칠성과 북극성, 카시오페이아의 모습을 재현한 것도 있었다. 박물관에 있는 걸 우리가 직접 봤다니 감회가 남다르다.

약 5미터는 넘을 것 같은 초기 망원경이 있었다. 거울망원경은 오목 거울을 이용해서 빛을 모은 뒤 그것을 볼록렌즈로 보는 형식이다. 거울망원경의 장점은 렌즈망원경의 근본적인 한계인 색수차(사물이 흐리게 보이는 현상)를 해결할 수 있고, 렌즈는 크게 만드는 게 어렵지만 거울은 크게 만들기가 쉬운 것이다. 그래서 천문대에 사용되는 대형망원경은 거의 거울망원경이다.

남극의 천문관측소를 설명한 관도 있었는데 남극의 천문관측소는 관측을 방해하는 인공적인 불빛과 오염된 공기가 없어서 관측이 좀 더 편하다는 장점이 있다. 이 남극 천문대에서 오존층에 구멍이 난 현상을 처음으로 발견했다. 그리고 현재 세계에서 가장 큰 망원경인 하와이의 캐크 망원경 모형도 있었다.

4층의 돔 극장에서 영상 2편을 봤는데 1번째는 태양계 주위를 도는 7개의 행성들에 대한 설명이었다. 2번째는 행성들과 왜소행성들의 궤도와 이들의 궤도 밖에 있을 거라 추정되는 9번째 행성(명왕성을 8번째 행성으로 가정했을 때)에 대한 추적을 다룬 영상이었다. 과연 얼마나 멀리 있을지 궁금했다.

미시간 호수를 바라보면서 공원의 잔디밭에서 점심을 먹었다. 미시간 호수의 면적은 우리나라(남한) 면적의 1/2이나 되고, 5대호를 다 합치면(미시간 호수는 5대호에 포함된다) 우리나라의 2.4배나 된다. 특히 5대호 중의 하나인 슈피리어 호는 세계에서 2번째로 큰 호수이다. 진짜 미국은 땅도 호수도 산도 넓었다.

▲ 필드 박물관

다음 방문지인 필드 박물관에 갔다. 중간에 용각류 화석을 봤는데 그동안 직접 본 화석 중에서 가장 컸고, 이상하게 발가락뼈가 보이지 않았다. 그 뒤 진화의 별 관에 가기 전에 실러캔스 모형과(살아있는 화석이라고 하며 그 이유는 고대생물인데도 불구하고 진화 없이 그대로 생존해 있기 때문이다) 실제 공룡화석 복원작업을 봤다. 실제 공룡화석 복원현장을 본 건 처음이다.

40억 년 전 지구 최초의 생명이 탄생한 시기(단세포 단위의 생물이 탄생했다)를 구경한 뒤 5억 4천만 년 전의 캄브리아기를 구경했는데, 이 시기에는 수많은 바다 생물이 생겨났다. 거기서 우리는 수많은 삼엽충 화석들과 암모나이트 및 고대 오징어 화석들을 봤다.

4억 4천만 년 전 고생대에서는 갑주어류(머리 부분에 갑옷 같은 게 둘러진 물고기) 화석과 물고기 턱의 변화 과정(초기에는 그저 입을 계속 벌리는 턱이 없는 상태였다)에 대한 설명과 지느러미다 다리로 변하는 과정을 설명한 것이 있었다. 그 예인 걸어 다니는 물고기인 틱타알릭 모형이 있었다. 그리고 진이 키 만한 고대 벌레 모형도 있었다. 이렇게 고대 지구의 곤충들이 컸던 이유는 산소가 풍부하고 천적이 적었기 때문이다.

그리고 애다포사우루스와 디메트로돈처럼 등에 볏이 있는 페름기 때의 파충류들도 봤다. 이 볏은 체온은 조절하는 역할을 하는데 엔진의 주름도 이와 비슷한 역할을 한다. 페름기 말기에는 생물의 90%가 멸종하는 전무후무한 대멸종이 일어났는데 원인은 화산 폭발로 추정된다.

그리고 2억 4천만 년 전의 중생대 관에서는 수각류, 스테고사우루스(스테고사우루스의 골판은 체온 조절을 위해 있음), 트리케라톱스, 파라사우롤로푸스 골격 등을 봤다. 수장룡과 어룡에 대한 설명과 거대한 물고기 화석을 구경했다. 수장룡은 엘라스모사우루스처럼 목이 긴 형태와 모사사우루스처럼 목이 짧지만 입이 큰 형태가 있고, 어룡은 이크티오사우루스처럼 몸이 물고기와 유사한 구조인데 트라이아스기가 끝나면서 멸종했다.

중국관은 특별전이라 요금을 내야 했지만 그동안 자연사 박물관에는 없었고 중국에 관심이 있어서 요금을 지불하고 들어갔다. 은나라시대의 용 벽화, 주나라 시대의 청동그릇, 은나라 시대의 도자기와 갑골문자(은나라에는 거북 등딱지나 뼈에 글자를 세기고 불에 구워 갈라지는 모양으로 운을 확인하는 풍습이 있었는데 그 때 세긴 문자를 갑골문자라고 한다. 한자도 갑골문자가 변형되면서 생긴 것이다), 춘추전국시대 때 어느 한 나라의 문자(춘추전국시대는 주나라의 힘이 약해져서 수많은 나라로 나뉘어 서로 전쟁을 벌이던 시절이다), 춘추전국시대에 사용한 화폐와 청동기를 봤다.

청나라 관리의 물품과 당나라 왕조와 5호 16국 시대의 부장용 토우, 중국여인의 신발을 봤는데 신발의 크기가 작았다. 왜 그러냐면 중국에는 작은 발이 예쁘다고 어릴 때부터 엄지를 제외한 나머지 발가락을 꺽은 뒤 끈으로 동여매서 계속 작은 발을 유지하는 전족이라는 악습이 있었다. 오죽하면 태평천국의 난이라는 청나라 말기의 반란에서 전족

폐지를 내걸 정도였다. 문방사우, 즉 벼루, 붓, 연적, 종이 등의 중국 필기구도 봤고, 천수관음 청동상과 굉장히 자세한 배 모형도 보고 진나라, 송나라 시대 도자기도 봤다. 중국 관련 유물들을 잔뜩 둘러볼 수 있는 시간이었다.

▲ 미시간호에서 바라본 시카고 전경

마지막으로 내비 피어에 가서 익스트림 보트를 탔다. 탈 때 비옷을 입을 것을 권유해서 배를 타는데 왜 필요하지 하고 의심을 하며 일단은 비옷을 입었다. 처음 배가 출발해서 멀리 나가기 전까지는 평범한 유람선 같았는데 갑자기 속력을 내며 좌우 급회전을 반복하니까 배가 기울고 호수물이 튀어들어왔다. 마치 후룸라이드와 롤러코스터를 합친 것 같았다. 다시 피어로 돌아올 때 바라본 시내전경을 어제 웰리스 타워에서 보는 것과는 또 다른 풍경을 연출했다. 그 뒤 일리노이 주에서 미시간 주로 이동했는데 5시에 출발해서 10시에 도착했다. 또 시간변경선을 넘어서 우리가 살던 노스케롤라이나 때의 시간으로 돌아왔다.

▲ 헨리 포드 박물관의 역대 대통령들이 탔던 실물 자동차

47. 자동차 산업과 운명을 같이하는 도시, 디트로이트

디트로이트 : 헨리 포드 박물관, 제너럴 모터스 월드

　어제 숙소에 늦게 도착해서 12시 경에 잠들어 오늘은 평소보다 늦은 오전 8시에 기상했다. 진이는 아침식사로 지난번에 사온 호박죽을 전자레인지에 데워서 먹었고 아버지와 난 숙소식당에서 간단히 식사를 하고 디트로이트의 헨리 포드 박물관에 갔다.

　디트로이트 시는 미국 3개 자동차 회사의 본사가 있는 자동차 도시인데 미국 자동차 산업이 호황일 때는 미국 4대 도시였던 적도 있었지만 자동차 산업이 침체되자 실업자 증가로 인한 인구 감소와 범죄율 상승으로 도시가 어려움을 겪었다. 지금은 조금씩 나아지고 있지만 아직 여행책자에는 다운타운을 벗어나면 치안이 불안하니 주의해야 한다고 안내하고 있었다. 금융업에만 집중하다가 금융위기가 닥치자 나라 경제가 큰 어려움을 겪은 아이슬란드와 함께 한 가지 산업에만 집중하면 그 사업이 위기를 맞을 때 국가 또는 도시가 큰 어려움을 겪을 수 있다는 사례 중 하나이다. 한동안 범죄율이 미국 최고여서 영화 '로보캅'의 배경이 되기도 했다.

먼저 1933년 포드자동차 공장 준공을 기념하는 시멘트 블록을 봤다. 그리고 레이건 대통령이 탄 전용차(지붕 위가 열림), 케네디 대통령이 탄 전용차(지붕과 뒷자리 창문을 수납할 수 있다), 드와이트 D. 아이젠하워 대통령이 탄 버블톱, 프랭클린 엘리노 루즈벨트 대통령이 탄 선샤인 스페셜을 봤는데, 전부 링컨이라는 차종이었다. 그리고 시어도어 루즈벨트는 자동차 개발 전의 인물이어서 브라우암이라는 마차를 타고 다녔다.

1904년의 팩카드 모델 L의 경우 한 사람이 주문하면 여러 사람이 힘을 합쳐 만드는 주문제작 방식이었기 때문에 일부 부자만 살 수 있었다. 현재의 전용 비행기와 비슷하다 보면 된다. 그러나 핸리 포드가 컨베이어를 이용한 대량 생산을 도입하면서 값이 싸져 많은 사람들이 살 수 있게 된 것이다. 이러한 생산 방식을 포드주의라고 한다.

경주용 자동차중 하나인 포뮬러는 오직 달리는 데만 특화했기 때문에 자동차라고 하지 않고 머신이라고 한다. 그리고 포뮬러들은 보통 차보다 훨씬 빨리 움직이지만 엔진이 3000킬로미터 이상을 달리면 이상이 생긴다. F1경주에서 주행거리가 3000킬로미터이기 때문이다. 더군다나 보통 차의 엔진보다 같은 속력에 더 많은 연료를 소모하기 때문에 보통 차에 포뮬러의 엔진을 달면 기름값에 시달려야 할 것이다.

작은 자동차는 싸다는 편견을 깨고 출시된 소형 고급 승용차, 오토바이 같은 2기통 공랭식 소형자동차도 있었다. 독일의 폭스바겐 사의 자동차 비틀(딱정벌레)도 있었는데 비틀은 2차 세계대전 도중에 히틀러가 작고 튼튼하고 값싼 차를 요구해서 만들어진 차종이다. 차를 제작하는 시뮬레이션도 있었다. 초기의 자동차는 마차를 개조해서 만들었기 때문에 거의 마차와 유사했다.

전시관을 보고 나서 버스를 타고 공장투어에 갔는데 거기서 영상을 2개를 봤다. 1번째 영상은 포드사의 탄생과 발전, 위기, 극복을 다루고 있었고, 포드 시스템의 도입과정을 옛날 영상으로 생생히 봤다. 2번째 영상은 제작과정을 다뤘는데 이 때 차 모형에 영상을 비추어서 재현했다. 그리고 로봇팔이 진짜로 움직이고, 자동차 제작과정 하나하나를 홀로그램과 음향으로 재현해내서 현장감이 있었다.

공장의 벽과 천장에는 식물이 자라는 녹색지대가 조성되어 있었다. 원래 1930년에는 평범한 공장이었다가 1980년에 공장이 침체되기 시작하면서 그때부터 식물을 기르기 시작했다고 한다. 벽면이나 천장에서 식물을 기르면 식물이 이산화탄소를 흡수해서 매연도 줄어들고 식물이 내부를 시원하게 유지하기 때문에 난방비도 줄어들게 된다. 친환경적이고도 경제적인 방법이며 미관상 보기에도 아름다워서 1석 3조인 것 같다.

현재 자동차를 생산중인 공장 내부를 직접 가서 내려다 봤는데 로봇 팔이 작업하는 구간과 사람이 작업하는 구간이 있었다. 그런데 지금은 로봇과 인간이 공존하고 있지만 로봇기술이 발전하면 전부 로봇으로 대체돼 인간의 일자리가 사라지고 실업자가 대량으로 발생할 수 있는데 인간의 편리함을 위해 만든 게 인간의 일거리를 빼앗다니 아이러니하다. 한국은 대개 공장에서 작업복을 착용하지만 미국은 작업복 대신 각자의 개성대로 평상복을 입고 있었다. 미국의 중, 고등학교도 대개 교복을 입지 않는 것과 같은 문화인 것 같다.

제너럴 모터스 본사 건물에 있는 제너럴 모터스 월드에 갔다. 거기에는 다양한 종류의 차들이 있는데 어떤 것은 타 볼 수 있어서 신기했

▲ 제너럴 모터스 본사 전시 자동차 시승

　미국에서 유명한 자동차 브랜드의 본사에 가보다니 귀중한 경험이다. 미국 자동차 산업의 대표 기업들이 디트로이트의 성장에 기여한 동시에 디트로이트를 위기에 빠트렸다니 아이러니했다.

　디트로이트에서 캐나다로 국경을 넘어야 했는데 이 때 최초로 호수 아래의 지하터널을 지나서 국경을 통과했다. 캐나다 온타리오 주의 런던시의 숙소에 도착했다.

IV. 캐나다 동부

나이아가라 폭포, 토론토, 오타와, 몬트리올, 퀘벡시, 코우치부곽
국립공원, 마그네틱 힐, 핼리팩스,
케이프 브레톤 고원 국립공원, 쉐디악, 호프웰 바위 공원,
뉴브런즈위크 박물관, 캄포벨로섬

뉴펀들랜드
래브라도

퀘백

온타리오

코우치부곽
국립공원

마그네틱 힐
퀘벡시

뉴브런즈위크

몬트리올

쉐디악

오타와

케이프 브레톤
고원 국립공원

미네소타

핼리팩스

위스콘신

노바스코샤

미시간

토론토
나이아가라 폭포

호프웰 바위 공원
뉴브런즈위크 박물관
캄포벨로 섬

아이오와

인디아나

오하이오

펜실베니아

뉴저지

일리노이

미주리

캔터키

버지니아

델라웨어

메릴랜드

아칸소

테네시

노스캐롤라이나

앨라배마

미시시피

조지아

루이지애나

사우스캐롤라이나

플로리다

▲ 나이아가라 폭포

48. 나이아가라 폭포를 완벽하게 즐기는 4가지 방법

나이아가라 폭포

아침식사는 푸짐했다. 고기페티, 달걀요리, 감자튀김, 요플레에 콘플레이크 넣은 것, 잼을 넣은 빵. 요플레, 토스트, 바나나를 먹었다. 오늘은 점심을 식당에서 먹을 예정이어서 간식거리를 챙겨갈 필요가 없는데 정작 챙겨갈 만한 게 꽤 많았다. 그야말로 월요일에 이어 가는 날이 장날, 머피의 법칙이었다.

오늘의 목적지는 그동안 큰 기대를 하고 있었던 나이아가라 폭포이다. 세계 3대 폭포로 꼽히는 나이아가라 폭포는 이리 호수와 온타리오 호수을 이어주는 53km의 나이아가라 강이 뚝 떨어지면서 만들어내는 폭포다. 나이아가라는 '천둥소리가 나는 물'이란 의미이다. 이 나이아가라 폭포를 완벽히 보는 4가지 방법이 있다. 1번째는 높은 곳에서 보는 방법, 2번째는 폭포 옆에서 보는 방법, 3번째는 터널로 들어가서 폭포 안에서 보는 방법, 4번째는 배를 타서 떨어지는 폭포 곁으로 가서 보는 방법인데 우리는 오늘 이 4가지 방법을 다 체험하기로 했다.

한 때 나이아가라 폭포를 괴상한 방법으로 건너려고 한 사람들이 있었는데 그 중 하나로 테일러라는 이름의 선생님은 드럼통 속에 들어가서 폭포를 건넜는데 놀랍게도 몇 군데 타박상을 입은 것 외에는 큰 부상이 없었다고 한다. 그 외에도 '위대한 블롱뎅'이라는 별명의 외줄타기꾼이 사람을 등에 업고 나이아가라 폭포를 외줄타기로 건너는 묘기를 성공했다. 그러나 등에 업힌 사람은 블롱뎅이 5번이나 균형을 잃을 뻔했다며 절대로 다시는 외줄타기에 참여하지 않겠다고 했다.

우리는 호수부분만 봤을 때 올라오는 미스트가 아예 구름이 되는 정도의 캐나다 쪽 폭포를 봤는데 미스트만 해도 지금까지의 폭포와는 비교가 안 되는 수량을 간접적으로 느낄 수 있었다. 미국 쪽 폭포를 보니까 물이 떨어지는 과정에서 눈처럼 하얀 부분과 아래 있는 바위가 어우러져 마치 바위에 빙하가 흘러내리는 것 같았다.

▲ 스카이론 타워에서 내려다본 나이아가라

먼저 폭포 안으로 들어가는 투어인 '폭포 너머로의 여행'을 갔다. 물이 튄다고 입장할 때 우비를 받고 내려갔다. 폭포 옆을 봤는데 그야말로 물이 세차게 튀었다. 그리고 터널 안에서 폭포를 봤는데 떨어지는 물 밖에 안보이고 물보라가 몰아치는 하얀 장막 같았다. 나이아가라 폭포는 수량이 엄청나서 그 수량을 이용해서 수력발전을 한다는 설명문을 봤다. 수력발전은 물로 터빈을 돌려서 발전기를 돌리는 방식이다. 나이아가라의 기적이라는 설명판을 봤는데 그 내용은 1960년에 7살 어린이가 나이아가라 폭포에서 떨어졌는데도 살아남은 것이다. 진짜 기적이라고 불릴 만 한 일이다.

하늘에서 나이아가라 폭포를 보는 방법은 헬리콥터에서 보거나 전망타워에서 보는 방법이 있다. 그러나 헬리콥터는 비싸고 탈 수 있는 사람의 수도 적어서 우리는 스카이론이라는 전망타워에 올라가서 점심도 먹고 폭포도 내려다 봤다. 한국에도 전망타워에서 점심을 먹는 곳이 있긴 하지만 우리는 가보지 못했는데 캐나다에서 나이아가라 폭포를 바라보며 뷔페를 먹으니 진짜 황홀했다. 그리고 전망대에서 캐나다 쪽 폭포와 미국 쪽 폭포를 바라봤는데 위쪽 호수와 떨어지는 미스트, 아래의 호수를 동시에 바라볼 수 있어서 좋았다. 캐나다 쪽 폭포는 지금까지 본 폭포와 달리 큰 곡선면을 이루고 있었고, 미국 쪽 폭포는 일자형인데 밑의 돌 때문에 물이 신기하게 퍼졌다.

▲ 보트를 타고 폭포 가까이

보트를 타러 가서 터널 투어처럼 우비를 지급받았다. 보트를 타고 폭포 가까이로 다가가니 물이 후룸라이드나 지금까지의 폭포의 미스트와는 비교가 안 될 정도로 많이 떨어졌다. 폭포와 미스트가 멋진데다가 쌍무지개를 봤다. 지금까지 폭포에서 무지개를 본 적은 몇 번 있었지만 쌍무지개를 본 적은 처음이고 내가 지금까지 본 무지개 중 가장 선명했다. 아버지께서 미스트로 인한 물이 쏟아지는 와중에도 우리모습을 찍은 게 대단하시다는 생각이 들었다. 마치 폭풍우 속을 지나가는 것처럼 물이 많이 쏟아졌다. 이게 얼마정도냐면 우비를 입었는데도 옷이 꽤 젖을 정도였다. 그리고 미국 쪽 폭포를 보니까 우리와 달리 사람들이 파란색 우비를 입고 있었는데 수천 명이 관람테크를 따라 이동하는 모습이 푸른 물감이 실개천처럼 흐르는 것 같았다. 그 동안 우리가 한 폭포를 7시간동안 관람한 적은 없었는데 그만큼 이 폭포가 거대하고 볼거리가 많다는 것을 말하는 것이다.

투어를 마치고 5시에 출발해서 토론토 숙소에 도착하는 사이에 우리는 영어선생님께 드릴 엽서 4장을 다 작성했다. 그 동안 사두기만 하고 쓰지 않은 엽서를 다 쓰고 나니 숙제를 다 한 기분이었다.

▲ 토론토시청

49. 캐나다 최대의 도시, 토론토

토론토 : 토론토 시청, 토론토 대학교 , 카사 로마 성,
온타리오 과학센터

오늘 첫 방문지로 토론토 시청에 갔다. 토론토는 캐나다 최대의 도시
이지만 캐나다의 수도는 아니다. 한마디로 캐나다의 뉴욕이라고 할 수
있는 곳이다. 이렇게 가장 큰 도시이면서도 수도가 아닌 경우는 터키의
이스탄불, 호주의 시드니. 브라질의 리오데 자네이루 등이 있다.

보통 현 시청이 지어지면 구 시청은 허물어지는데 토론토는 구 시청
과 현 시청이 나란히 있다. 아직도 구 시청이 남아있는 것은 구 시청이
예술적 가치를 인정받았던 것이다. 그리고 시청 앞에 많은 관광객이 와
서 사진을 찍다니 정말 특이했다. 한국에서 시청이 관광지인 곳이 거의
없었던 것 같은데 여기는 시청이 관광지니 신기하다. 그리고 두 건물

다 건물이 아름다웠는데, 옛날 시청은 전통미가 있는 고대 건축물 같고, 현 시청은 디자인을 살린 최신식이어서 전통과 혁신이 공존하는 느낌이었다. 현 시청은 둥근 기왓장 2개가 원반을 감싸면서 마주보고 있는 것 같았다.

다음으로 토론토 대학교에 갔다. 이 대학은 캐나다의 명문대학인데 세계 20대 대학 안에 들어가고 많은 캐나다 인재를 배출했다. 본관은 국가 사적지로 지정할 만큼 역사와 전통이 있는 건물이고 중세 대성당을 연상시키는 모습이었다. 벽에 담쟁이 덩굴이 있어서 아이비 리그라는 미국의 동부 명문 대학 모임이 떠올랐다.

다음 일정으로 카사 로마 성에 갔다. 이 성은 1991년 핸리 펠라트가 건축가 E.J.레녹스의 도움을 받아 건설했고, 완공까지 3년의 시간과 300명의 인원 그리고 그 당시 돈으로 350만 달러가 소요됐다고 한다. 펠라트 부부는 이 집에서 10년간을 살다가 재정파탄으로 인해 이 집을 경매에 내놓았다고 한다.

▲ 토론토대학, 카사 로마 성

건물의 외관은 블록으로 쌓은 마법의 성 같았다. 먼저 내부에 들어가서 도서관에 갔는데 본래 이곳은 손님을 맞이하는 방이었지만 지금은 옛날 책들이 책꽂이에 가득 꽂혀있었다. 식당천장이 스테인드글라스로 만들어진 돔형 유리천장이었고, 실내에 꽃과 분수가 있어서 마치 실내정원 같았다. 예전에 유럽여행 때 베르사유 궁전을 가본 적이 있는데 그 때의 베르사유 궁전과 비교하면 성이라고 하기에는 소박하지만 개인 저택치고는 정말 호화로웠다.

이 집 주인이 장군이었는데 나폴레옹을 존경해서 책상을 나폴레옹이 쓰던 모양으로 만들어서 개인서재에 놓았다고 한다. 심지어 집을 경매할 때도 이 책상만은 절대 팔지 않았다고 한다. 손님용 방 여러 개가 있었고, 중국풍으로 꾸며졌다. 이 건물이 내빈실을 만들어 놓을 정도로 방이 많은 것에 대해 놀랐다. 아름다운 분수가 정원에 있었고 마치 공원분수같은 크기였다. 헨리 펠라트가 이 집에서 10년밖에 못 산 것을 생각해 보면 아무리 부자라도 이런 호화로운 저택을 유지하기는 힘든 것 같다.

마지막 장소로 온타리오 과학관에 갔다. 영어와 불어의 공존이 제목 간판에서도 나타났다. 과학관에 들어가서 먼저 간 곳은 로봇관이다. 거기서 '스타워즈'와 '터미네이터'에 등장한 R2-D2와 T-800모형을 실물크기로 봤는데 특히 T-800은 한 번도 전신이 어떤지는 보지 못했기 때문에 신기했다. 그리고 로봇팔로 공룡 알 모형 옮기기를 했다.

그 뒤 '서부가족혁신센터'에 가서 태양전지로 움직이는 물고기 로봇들을 봤다. 우리나라도 로봇물고기 '로피'가 있는데 보통 로봇 물고기들은 몸통을 두세 개로 나누지만 로피는 골격에 생선뼈의 원리를 적용해

▲ 로봇 팔로 공룡 알 모형 옮기기 체험

서 몸체가 하나다. 그리고 눈의 근육운동을 재현한 실험기구가 있었다. 이러한 체험기구들은 그 전에는 보지 못한 것들이었다.

종이 재활용 설명 강의를 들었는데 거기서 찢어진 종이를 물에 넣고 갈아서 건더기만 꺼내서 틀에 넣은 뒤 말려서 종이를 만드는 실험을 관찰했다. 닥나무 껍질로 우리나라의 전통한지를 만드는 것과 유사했다. 조선시대 실록을 만들 때 실록을 만드는데 참고한 사초는 증거인멸을 위해 없애는데 이 때 종이가 귀하니 사초를 물에 넣어서 글씨를 제거하고 종이는 다시 사용했다는 내용이 떠올랐다.

'에너지 쇼'를 하는 극장에 갔는데 거기서 정전기를 발생시키는 기계를 이용해서 관객 중 한 명의 머리가 쭈뼛 서는 실험이 있었다. 실험을 마친 뒤 화석연료는 온실가스를 발생시키고 재사용이 불가능하다며 신재생 에너지에 대해 설명을 했다. 태양광 발전의 약점은 지속성이 없고 효율이 떨어진다는 건데 대안은 태양전지판 성능 향상 및 저장장치 활용이 있다. 풍력발전의 대안은 바람이 잘 부는 장소에 설치하고 회전날개를 더 잘 돌아가게 계량하는 것이다. 그 뒤 쇼를 마치고 발전기를 잡고 머리가 서는 실험을 했다. 뭔가 만화 주인공이 떠오르는 삐죽삐죽한 머리스타일이 됐다. 전기에 대해서 이렇게 많이 체험한 쇼는 처음이었다.

▲ 천 개의 섬중 하나

50. 섬 하나에 집 하나, 천 개의 섬
천 개의 섬, 오타와 : 리도 폭포, 리도 운하 갑문, 국회의사당,
캐나다 국립 미술관, 노트르담 대성당

   천 개의 섬을 항해하는 배인 가나노크 보트 라인이 있는 항구에 갔다. 천 개의 섬은 미국과 캐나다의 국경을 이루는 세인트 로렌스 강에 자리 잡고 있는 섬으로 두 나라의 백만장자들이 섬마다 개인별장을 지어 더 유명해졌다. 이 강에 최초의 문명을 꽃피운 원주민들은 '위대한 강'이라는 뜻인 '맥도구악'이라고 불렀다고 한다. 섬의 개수는 무려 1,864개이다. 3면이 바다인 우리나라 바다에 있는 섬의 개수가 약 3천 6백여 개인데 이 강에 우리나라 섬 개수 반 이상의 섬이 이곳에 있다는 것이다.

   배의 맨 앞 갑판에서 타이타닉 포즈로 사진을 찍고 유람선 투어를 시작했다. 섬 하나에 집 하나가 세워진 섬들이 많았는데 마당이 거의 없고 동화 같은 분위기였다. 섬 사이를 배가 지나갈 때마다 하늘과 강과 섬들의 풍경이 시시각각 달라져 한 폭의 그림들을 차례로 감상하는 것 같았다.

   뱀 두 마리가 먹이 하나를 두고 서로 노려보는 것 같은 섬 풍경도 있었고 지붕이 건물의 외관의 대부분을 차지하는 주택도 있었다. 두 개의 주택이 연결된 성 같은 분위기의 주택, 초가집 같은 지붕의 주택도 있었다. 몇몇 섬 주택에는 사람들이 거주하는 모습을 볼 수 있었는데 우리 배가 지나가자 반갑게 손을 흔들어주셨다. 등대만 있을 크기의 작은 섬에 세워진 주택도 봤다.

다음 일정으로 캐나다의 수도인 오타와로 이동해서 먼저 리도 폭포에 도착했다. 리도는 프랑스어로 커튼이란 뜻이다. 이 폭포는 본래 자연폭포인데 댐을 세우면서 인공폭포가 됐다. 그 뒤 리도 운하에 갔다. 리도 운하는 갑문(갑문이란 운하에서 선박을 통과시키기 위해 수위를 조절하는 문이다)이 49개나 되는데 우리는 이 중 8개를 봤다. 길이는 202킬로미터이고, 1826년에서 1832년까지 건설되었고 오타와 강에서 온타리오 강까지 이어진다. 갑문의 기동방식은 두 개의 갑문 중 위 쪽에 배가 정박한 뒤 위쪽 갑문에서 물이 빠지면서 아래쪽 갑문에 물이 채워져서 수위가 같아지면 중간 갑문을 열어서 배가 아래로 한 칸 이동한다. 이런 과정을 반복해 수위가 다른 높이의 강에서 배가 이동하는 것이다. 마침 갑문에 배들이 이동을 하고 있어 갑문의 기동 방식을 눈 앞에서 생생히 바로 볼 수 있었다. 정말 행운이었다.

캐나다 국회의사당에 갔다. 전에 갔던 워싱턴 DC의 미국 국회의사당은 고대 그리스와 로마의 신전 같았고 색은 하얀색이었는데 캐나다 국회의사당은 중세와 르네상스의 대성당 또는 성 같고 색도 갈색이었다. 정문에는 유니콘과 사자의 부조가 새겨져 있었는데 무슨 의미인지 궁금했다. 그리고 ㄷ자 배열로 양옆으로도 웅장한 건물이 있었다. 아버지는 우리나라에 저것 중 하나만이라도 있었으면 좋겠다고 하셨다.

캐나다 국립 미술관에 갔다. 입구에 거미동상이 있었는데 다리가 우리 키의 6배나 됐다. 마침 인상주의 특별전이 있어서 추가 요금을 내고 인상주의 작품을 보러 갔다. 그곳에서 인상주의의 거장인 마티스, 폴 고갱, 마네, 모네 등의 작품들을 볼 수 있었다. 그리고 그림이 전체적으로 사실재현보다 질감, 색체, 명암을 중시했는데 이게 바로 인상주의의 특징이다. 이러한 인상주의는 1860년대 프랑스에서 시작됐다. 우리는 그런 인상주의 작품 중에서 액소틱 플라워라는 작품을 봤는데 꽃들의 모양이 색과 어우러져 기괴하면서도 강인한 이미지를 주었다.

인상주의 특별전의 관람을 마친 뒤 우리는 르네상스 관과 바로크 관을 봤다. 바로크는 일그러진 진주라는 뜻을 가진 바로코라는 단어에서 유래됐는데 이유는 르네상스는 균형을 추구했지만 바로크는 삐딱한 멋을 추구했기 때문이다. 그리고 르네상스 관에서 피와 눈물을 흘리는 듯 한 예수 그림이 있었는데 진짜 눈물과 피를 흘리는 것 같았다. 바로크 시대의 경우 강렬한 감정이 느

▲ 한칸 아래 갑문으로 내려가기 위해 기다리고 있는 배들, 노르트담 대 성당

껴지고 르네상스 시대의 경우 조화로운 고전미가 느껴졌다.

마지막으로 노트르담 대성당에 갔다. 사실 노트르담은 성모 마리아를 뜻하는 말이라서 세계 각지에 많은 노트르담 대성당이 있다. 그중 가장 널리 알려진 것은 그 유명한 소설 '노트르담의 꼽추'의 배경인 프랑스 파리의 노트르담 대성당이다. 이 건물은 1839년에 건립됐고 풍은 프랑스풍인데 지붕이 은빛 철갑으로 돼 있어서 현대적인 느낌과 고전적인 느낌이 동시에 났다. 그 천장이 마치 별이 뜬 밤하늘 같고 우리가 간 성당 중에서 가장 천장이 아름다웠다. 아치구조가 플라네타리움을 연상시켰다.

▲ 공원에서 내려본 몬트리올 시내 전경

51. 드림웍스 애니메이션 영화 제작에 숨겨진 비밀들

몬트리올 1 : 몽 후와얄 공원, 지하도시, 몬트리올 과학센터, 노트르담 대성당

　오전 8시 30분에 출발해 2시간을 달려 온타리오 주에서 퀘벡 주 몬트리올에 도착했다. 몬트리올은 캐나다 제 2의 도시이고 파리 다음으로 프랑스어를 많이 쓰는 도시이다. 나는 몬트리올 의정서 때문에 이 도시 이름을 알고 있었다. 원래 캐나다에는 프랑스 인들이 먼저 왔는데 영국인들이 프랑스 인들을 퀘벡 주로 몰아내서 몬트리올은 프랑스어를 많이 쓰는 것이다.

　먼저 시내가 한눈에 내려다보이는 몽후와얄 공원에 도착했다. 프랑스어 이름이어서 발음도 어렵고 어색했다. 공원의 전망대에 올라가는 산책로에 백호줄무늬 같은 지층바위가 있어 아름다운 공원이란 느낌이

▲ 상가에 위치한 인공연못

들었다. 전망광장에서 시내를 내려다보니 대부분의 건물에 예술성이
가미돼 있어 마치 유럽의 고풍스런 도시이미지가 느껴졌다.

다음 장소로 지하도시에 갔다. 몬트리올에는 지상과 지하로 나누어
진 2개의 도시가 있다는 말이 있을 정도로 유명한 곳이다. 1966년부터
지하도시를 만들기 시작했는데 총 32km의 통로가 200개가 넘는 레스
토랑과 1700개의 옷가게, 30개의 극장, 박물관, 공공시설, 호텔 등이 10
개의 지하철역, 대학 등 지상의 주요 시설과 연결되어 있다.

우리는 실제 땅을 파고 들어가 사람들이 비밀리에 생활했던 터키의
데린쿠유(가본 적이 있고, 최근 연구에 따르면 다른 지하도시와 연결돼있다고
한다)같은 지하도시를 예상했는데 주로 상가와 지하도의 연결망이라서
다소 실망했다. 상가에서 아이스크림을 사먹은 뒤 상가 한가운데 자리
잡은 인공연못을 봤다. 천장과 벽면의 모습이 비쳐서 연못인 줄 몰랐고
물이 맑아서 거울처럼 깨끗하게 비쳤다.

몬트리올 과학관에 갔다. 과학관으로 이동하면서 길가의 건물들을
보니 바로크 풍이 많았다. 마침 드림웍스 특별전을 하고 있어서 추가 요
금을 내고 봤다. 거기에는 슈렉, 마다가스카, 장화신은 고양이, 가디언
즈, 드래곤 길들이기, 쿵푸팬더 등의 다양한 컨셉아트들이 있었다. 그

리고 캐릭터(스키퍼, 포, 아스트리스, 히컵, 타이거리스)들의 얼굴을 변형시켜보는 체험이 있었는데 모든 표정수치를 최대치로 해서 변형시키니 얼굴이 괴물처럼 바꿨다. 마다가스카 캐릭터들의 얼굴을 아프리카 풍 가면으로 바꾼 것도 있었다.

▲ 캐릭터 얼굴 표정 만들기

그리고 쿵푸팬더 스토리 스크립트에 대한 영상도 있었는데 시푸가 포와 만두먹기로 대련하는 것이었는데 이 때 시푸는 젓가락과 그릇들을 이용해서 방해했다. 나중에 포는 타이렁과의 대결에서 타이렁이 용문서를 얻는 것을 방해하려고 장대를 젓가락 삼고 냄비를 그릇삼아 그 전술을 재현했다. 그리고 스토리의 전개 과정에 대한 것도 봤는데 누가, 어디에서, 어떤 짓을, 또 다른 누군가가, 어떻게 행동하고, 결말 같은 요소이다. 왠지 기승전결이라는 이야기의 기본 구조가 떠올랐다.

드래곤 길들이기의 드래곤 모형들도 있었고, 드래곤 길들이기의 배경 영상도 훑어봤다. 배경이 덧칠해지는 과정이 세세하게 묘사됐다. 마지막 코너에 자신만의 캐릭터그림 그리기 체험이 있어서 진이와 내가 지어낸 이야기에 등장하는 캐릭터를 서로 협력해서 그렸다. 눈과 손을 그리기가 힘들었다. 그러나 애니메이션 방과 후 공부를 한 게 도움이 되어 무사히 완성할 수 있었다. 애니메이션에 대해서 보고 그림까지 그리다니 좋은 체험이었다.

그 뒤 우리는 노트르담 대성당에 갔는데 어제 봤던 것보다 훨씬 크고 바깥 중앙에 성모 마리아 상이 있었는데 머리 주변에 별이 둘러져 있었다.

▲ 망원경으로 둘러본 시내

52. 몬트리올 의정서가 체결된 환경도시
몬트리올 2 : 올림픽 공원, 몬트리올 식물원, 환경박물관

　오늘 첫 방문지로 올림픽공원을 선택했는데 그 이유는 이곳에서 열린 1976년 몬트리올 올림픽에서 우리나라 정부 수립 이후 최초로 양정모 선수가 레슬링 종목에서 금메달을 땄기 때문이다. 사실 1936년 베를린 올림픽에서 손기정 선수가 마라톤에서 금메달을 딴 적이 있었지만 그때는 일제강점기라 우리나라 국적으로 참가하지 못했다.

　공원 내 있는 전망대 건물은 기울어진 건물 중에서 가장 높기 때문에 기네스북에 올라가 있다. 건물의 기울어진 각도는 45도이고 높이는 165미터였다. 건물 특성상 엘리베이터가 수직 상승하는 게 아니라 비스듬하게 올라가서 마치 모노레일이나 케이블카를 타는 것 같았다. 전망대에 올라 전시관에서 다른 기울어진 건물과 비교 현황판을 보니 이 건물 이외의 기울어진 건물 중 가장 기울어진 건물의 각도가 5.19도였다. 망원경으로 시내를 둘러 봤더니 전체적으로 도시 숲이 넓었다. 과연 몬트리올 의정서가 작성됐던 도시답다.

전망대에서 내려와 올림픽 전시관에 갔다. 그 당시 올림픽에 사용했던 출발 신호용 총과 야구공 등 선수들이 사용한 스포츠용품이 전시되어 있었다. 냉전시대의 긴장이 남아있을 때 몬트리올이 모스크바와 로스앤젤레스를 제치고 올림픽 개최 장소가 됐다는 설명도 있었다. 그리고 몬트리올 올림픽 참여 선수 중 가장 유명한 선수였던 루마니아의 코마네츠의 업적과 사진이 있었다.

▲ 기울어진 제일 높은 건물로 기네스북에 오른 올림픽전망대

운동장 옆 광장에는 금메달을 딴 선수들의 이름을 세긴 여러 개의 동판이 있었다. 우리는 동판에 새겨진 이름을 하나하나 보면서 우리나라 선수의 이름을 찾기 시작했다. 운 좋게도 2번째 동판에서 영어로 이름과 KOR이라고 표시된 부분을 찾았다. 우리나라 정부 수립이후 최초로 올림픽에서 금메달을 딴 양정모 선수의 이름을 여기서 보다니 뜻깊다.

다음으로 몬트리올 식물원에 갔다. 일본 정원에서 모래에 돌을 꾸며놓은 것은 마치 바다에 돌섬이 있는 것 같았다. 그리고 일본식 다다미가 깔린 방을 봤는데 일본은 사면이 바다라서 습기가 심해서 습기를 막기 위해서 다다미를 쓰는데 따뜻함을 추구하는 우리나라의 온돌과는 달랐다. 또한 일본 문화는 정원이 있는데 우리나라는 그 대신 정자에서 자연을 구경한다는 등의 차이가 있다.

연못에서 잉어 떼를 보는데 도망가기는커녕 잉어 떼가 몰려오면서 먹이를 달라는 눈빛을 했다. 하도 사람들이 먹이를 많이 줘서 익숙해진 것 같다. 대나무 같은 재질을 사용한 고치같이 생긴 쿠션이 있는 휴식공간도 있었다. 덩굴식물을 이용해서 만든 공간에도 가봤는데 여유 있게 앉을 수 있는 공간 같은 느낌이었다. 나뭇가지를 모아서 만든 방 형태의 터널과 신전같이 생긴 휴식공간도 있었다. 그리고 꽃으로 만든 큰 아치도 있었고, 의자가 3개 있는 꽃밭에서 다 같이 꽃밭을 보면서 기념사진을 찍었다.

오늘 마지막 일정으로 환경박물관에 갔다. 이 건물은 1967년 환경박람회를 위해 건축됐다. 몬트리올은 1989년 1월에 발효된 몬트리올 의정서를 체결한 환경도시인데, 몬트리올 의정서는 프레온 가스 등 오존층을 파괴하는 기체의 제조와 사용을 규제하는 의정서이다. 입장하기 전에 공원

▲ 환경 박물관

에서 점심을 먹고 있었는데 비버 닮은 동물이 다가왔다. 사과 한 조각을 던져주니 서서 앞 두발로 잡고 먹었다. 귀여워서 사과를 통째로 주니 잽싸게 물고 자기 집 쪽으로 쏙 들어갔다.

기후 유지 시뮬레이션을 했는데 3가지 기후를 제시하고(사막, 숲, 극지방) 온도를 변화시키거나 이산화탄소를 추가하는 방식으로 정해진 기후를 유지하는 체험이었다. 지구의 총 온도가 1도 올라가면 발생하는 문제에 대한 영상을 봤다. 거기서는 지구의 총 온도가 1도만 올라가도 바다 생태계가 파괴되고 5도만 올라가도 메탄가스 폭팔이 일어나서 지구가 생명이 살기 어려운 땅이 된다고 한다. 나는 '과학소년'이라는 과학잡지에 이런 지구온도 변화에 관한 특집기사를 읽어 본 적이 있어 이해가 잘 됐다. 그리고 빙하기 때의 지구 전체온도도 고작 -5도 밖에 현재와 차이 나지 않았다고 한다. 사소하게 보이는 온도차도 지구에게는 큰 영향을 끼칠 수 있다는 것을 배웠다.

그 뒤 환경도시 시뮬레이션을 체험했는데 거대한 도시를 축소모형으

로 재현해서 그 도시의 환경요소를 조작하는 체험이다. 그 외에 자연을 듣고 만지고 보고 냄새를 맡는 체험이 있었다. 옷의 재질에 따른 환경의 변화체험도 있었는데 옷의 재질이 어떻게 환경에 영향을 미치냐면 옷의 재질에 따라 폐기물로 버려지는 옷의 수명과 버려진 옷이 환경을 얼마나 오염시키는 지가 다르기 때문이다. 그런데 최근은 패스트 패션이라고 옷이 쉽게 버려지니 걱정이다.

그리고 온갖 신재생 에너지를 직접 체험할 수 있는 곳이 있었다. 풍력은 바람의 힘으로 프로펠러를 돌리고 그 프로펠러에 연결된 터빈이 돌면서 전기를 생산하는 방식이다. 파력발전은 파도에 의해 파력발전기가 수직운동을 하게 되고 그 수직운동을 회전운동으로 바꿔 전기를 생성하는 방식이다. 수력발전은 떨어지는 물로 터빈을 돌려서 전기를 만드는 방식이고 조력발전은 조수간만의 차를 이용해서 터빈을 돌려서 전기를 만드는 방식이다. 태양광 발전은 태양빛을 받으면 전기를 만드는 태양전지판으로 전기를 만드는 방식이다. 태양열 발전은 태양열을 모아 물을 끓이고 그 물에서 나오는 증기로 터빈을 돌려서 전기를 만드는 방식이다. 바이오매스 발전은 식물이나 동물의 부산물에서 에너지를 추출해서 그걸 연료로 사용해 태워서 물을 끓여 발생하는 증기로 터빈을 돌리는 건데 바이오 에탄올은 옥수수를 소재로 해서 식량난이 발생할 수 있기 때문에 식용으로 쓰지 않는 식물이나 동물 부산물에서 연료를 얻는 연구가 이어지고 있다.

바깥에서 환경박물관을 구경했다. 이곳은 1976년에 지구모형 시설을 덮고 있던 시설이 불타 현재는 외골격만 남아있는 상태이다. 마치 지구를 축소한 것 같았고, 철 구조로 지구를 표현하다니 신기했다. 그리고 삼각형을 이용해서 구를 만들었는데 이 방식은 벅스민터 풀러라는 건축가가 정20면체에서 힌트를 얻어서 창시했다. 몬트리올 의정서가 작성된 도시에서 환경박물관을 보다니 뜻깊은 경험이었다.

53. 캐나다 속의 프랑스, 퀘벡
퀘벡시 : 주의회 의사당, 구가지 도보 투어

퀘벡 주 주의사당에 갔다. 퀘벡은 90%이상의 인구가 프랑스어를 사용하는데 그 이유는 본래 퀘벡은 프랑스령이었다가 영국령으로 바꿨기 때문이다. 그래서 그런지 표지판과 상점 간판들이 프랑스어로 적혀 있었다. 주의사당의 모습은 마치 성당같았고 의사당 앞 광장에 자리 잡은 3층 모양 분수의 1, 2층에는 사람모양 청동상들이 있어서 분수보다는 탑 같은 분위기가 났다.

주의사당에 들어가서 먼저 본의회장에 갔다. 이곳은 의장과 의원들이 법을 제정하거나 집행부가 일을 제대로 하는지 감시하고 평가하는 곳이다. 위에서 의원들이 앉는 좌석 수를 세어보니 72석이었는데 의원들의 수는 아마 72명일 것 같다. 뒤쪽에는 집행부 공무원이 참석해서 답변하고 의견을 말할 수 있는 자리가 배치돼 있었다. 회의내용을 적는 속기사 자리가 의장석 앞에 있었는데 좌석이 3개였고 그 많은 회

▲ 샤토 프롱트낙호텔 배경으로 대포 위에서

의 내용을 다 받아적는 속기사가 대단했다. 다음으로 위원회 회의실에 가보니 자리는 20여 개가 배치되어 있는 규모였다. 이곳은 의원들이 분야별로 법률안을 예비 심사하고, 집행부를 감시하고 평가하는 곳이다.

차를 시내 주차장에 세워놓고 5시간 정도 걸어서 시내를 탐방했다. 퀘벡시는 성벽으로 둘러싸인 옛 도심 전체가 유네스코 세계문화유산으로 등재되어있을 만큼 전통거리와 건물들이 보존된 곳이다. 먼저 노트르담 대성당에 갔는데 예배당 위에는 예수 그리스도, 아래에는 성모 마리아 조각이 있었는데 전부 금으로 도금돼 있었다. 다운타운 거리를 산책하는 길가에는 프랑스 파리 거리처럼 그림을 파는 가게들이 있었다.

루나얄 광장에서는 길거리 색소폰 연주자가 아름다운 곡을 연주하고 있었는데 열정적인 연주모습이 보기 좋아서 팁을 줬다. 호텔이라기 보다는 고대 웅장한 성 같은 분위기로 유명해 퀘벡하면 떠오르는 샤토 프롱트낙 호텔이 루나얄 광장에서 한 눈에 들어왔다. 이곳에서 1943년 2차 세계대전 당시 영국의 수상 처칠과 미국의 루즈벨트 대통령이 전략을 의논했는데 이때 결정된 것이 그 유명한 노르망디 상륙작전이었다고 한다.

다음 장소로 뒤포랭 테라스에 갔다. 이곳은 옛날에 미국의 침략을 막기 위한 요새였는데 현재 역사적 의미를 살리기 위해 대포를 전시해 놓고 있었다. 우리는 대포 위에 올라앉아 기념사진을 찍었다. 가버너 산책길을 산책했는데 이 때 361계단을 따라서 올라가 전망대에서 세인트 로렌스 강을 내려다 봤다. 이 지역은 세인트 로렌스 강의 강폭이 좁아진다고 해서 강폭이 좁은 곳이라는 뜻의 퀘벡으로 이름을 지었다고 한다. 진짜로 잘 보니 그 전 까지는 강폭이 넓다가 바로 이곳에서 좁아졌다. 도중에 비가 와서 나이아가라 폭포에서 받은 비닐 우비를 입었다. 성벽 위를 지나갔는데 중간 중간에 아직 복원 공사 중인 곳도 있었다. 완전히 복원됐을 때 내가 이곳에 다시 올 수 있을지 궁금하다.

▲ 골목의 하늘을 가득 채우고 있는 색색의 우산들

　브랙 넥 계단을 내려가 낮은 다운타운으로 이동하던 중 계단 주위의 식당 중 한 곳에 들러 이번 여행 중 최고였던 나이아가라 폭포전망타워 뷔페 이후로 점심을 풍성하게 먹었다. 야외탁자에서 시원하게 식사를 하고 있는데 갑자기 소나기가 쏟아져 식사 도중에 접시를 들고 야외에서 실내로 자리를 옮겨야 했다.

　이 도시의 근대 생활을 재현해놓은 배트리에 로얄이라는 곳에 갔다. 입구에는 옛날 배들과 선원복을 재현한 코너가 있어서 우리는 옛날 배 모형 위에서 선원복장을 한 사람과 기념사진을 찍었다. 레이피어에 대한 설명을 듣고 레이피어를 봤는데, 끝에 고무 덮개가 달려 있었다. 레이피어는 주로 귀족사회에서 결투용으로 사용된 검이었는데, 검날이 가늘고, 손잡이 위에 손 보호대와 손가락 보호대가 있는데 일부 귀족들은 이 손 보호대와 손가락 보호대에 장식을 가미해서 사용하기도 했다. 나중에 레이피어 결투의 규칙과 검의 모습이 상대를 다치게 할 수 없는 안전한 것으로 바뀐 것이 바로 현대의 펜싱이다.

　골목 위를 우산이 덮고 있는 구간도 있었는데 멋지고 아름다운 설치예술작품이었다. 건물 하나하나가 고풍스러워서 마치 프랑스 파리의 골목을 거닐고 있는 것 같았다. 그리고 공원에서 묘기를 하는 사람이 있었는데 높이 60센티미터의 작대기 신발을 신고 무려 줄넘기까지 했다. 퀘벡에서 일정을 마치고 3시간을 달려 리모스키에 숙소를 잡았다.

▲ 높은 곳으로 굴러 오는 물병

54. 오르막이 내리막 같고
내리막이 오르막 같은 마그네틱 힐
코우치부곽 국립공원, 마그네틱 힐

　오전 8시 퀘벡 주에서 출발해서 뉴브런즈위크 주로 이동하는데 총 4 시간 30분이 소요됐지만 시간 변경선을 넘어서 도착한 시간은 13:30이 었다. 시간대가 우리가 사는 노스캐롤라이나 주보다 한 시간 더 빨라 졌다. 이동 중 도로 밖으로 보니 젖소를 많이 키우고 목초지가 많았다. 그래서 이 지방은 우유와 유제품이 유명하다고 한다. 도로변에 아이스 크림 전문점이 많이 눈에 띄었다.

　코우치부곽 국립공원에 도착해 제일 먼저 켈리 비치에 갔다. 입구에 설치된 안내 지도를 보니 육지에서 약간 떨어져서 활 같은 모양으로 섬 처럼 배열돼 있는 지형의 모래섬이었다. 그 활 같은 섬을 인도교로 건너 가보니 모래해수욕장이 펼쳐져 있었다. 우리는 저곳이 호수인지 바다 인지 궁금해서(수평선이 보일 정도로 넓은 호수를 수번 봤기 때문이다) 맛을 살짝 봤는데 짰다. 내일이 외할머니 생신이어서 저번에 밴프 국립공원의 만년설에서 겨울 풍경으로 찍은 것처럼 이번에는 시원한 해수욕장에서 여름 풍경으로 할머니 칠순 생신 축하 동영상을 찍었다. 그러나 여름이지만 높은 위도에 있어서 그런지 날씨가 서늘해서 그다지 수영할 의욕이 안 났다.

해수욕하기엔 날씨가 서늘해 카약을 타기 위해 다른 곳으로 이동했다. 카약 매표소 근처에서 야생토끼를 봤는데 야생토끼는 야생에서 자라서 그런지 동물원 울타리에서 본 토끼들보다 뒷다리가 더 굵고 튼튼했다. 한국에 있을 때 진해만에서 아버지 뒤에서

▲ 일인용 카약타기

2인용 카약을 타본 적은 있지만 이렇게 1인승 카약을 타는 것은 처음이라 긴장이 됐다. 하지만 설명을 잘 듣고 지시대로 하니까 크게 어렵지 않았다. 지난번에 레이크 루이스에서 카약을 타려고 했지만 줄이 길어서 못 탔는데 여기에서는 여유가 있어서 실컷 탈 수 있었다. 밑의 해초가 자주 보이는 걸 봐서 수심이 얕은 곳이 많은 것 같다. 풀밭 위로가는지 바다 위로 다니는 것인지 구분이 잘 안될 정도로 해초가 잘 걸렸다. 물새들이 수십 마리 있어서 가까이 보려 한 5미터까지 다가가니까 도망쳤다. 카누를 탈 때는 진짜 전진 자체가 잘 안됐는데 카약의 경우는 노가 양방향이어서 그런지 방향조절과 전진이 잘 됐다.

공원 일정을 마치고 마그네틱 힐로 가는 길에 야생 새끼곰과 야생사슴가족을 봤다. 야생 새끼 곰은 어려서 그런지 개를 연상시킬 정도로 작고 사람을 보고도 도망가지 않았다. 그리고 줄무늬가 예쁜 야생

사슴가족은 로드킬 당할 뻔했다. 진짜 겁이 없는 가족이다.

마그네틱 힐을 쉽게 표현하자면 내리막으로 올라가고 오르막으로 내려가는 기분이었다. 원리는 경사진 길이 정말 길면 사람은 그게 경사진지 잘 인식하지 못하고 거리에 그 경사진 길에 그보다 경사가 완만한 길이 있으면 사람 눈에는 오르막으로 보이지만 실제로는 내리막이라서 물건을 놓으면 굴러간다. 우리도 차에서 내려 실험을 해봤다. 오르막으로 보이는 곳의 위에 서서 아래쪽에 생수병을 놓으니까 높은 곳에 서있는 우리 쪽으로 굴러왔다. 신기했다. '눈에 보이는 것처럼 사람을 잘 속일 수 있는 건 없다'라고 셜록 홈즈가 말했는데 이걸 보니 실감났다. 우리나라 제주도에도 이와 같은 원리의 도로가 있는데, 이곳에는 오르막으로 오르도록 자석이 끌어당긴다고 해서 마그네틱 힐(자석 언덕)이라 부르고 우리나라에서는 도깨비가 장난쳐서 벌어지는 일이라고 해서 도깨비도로라고 부른다. 둘 다 재미있는 표현이다.

▲ 해양박물관

55. 타이타닉의 비극이 떠오르는 핼리팩스 항

핼리팩스 : 해양박물관, 유람선 투어,
핼리팩스 시타델 국가사적지, 시청

숙소 근처에 월마트가 있어서 소고기 등 식품을 구입한 뒤 오전 9시 30분에 출발했다. 3시간을 달려 뉴브런즈위크 주에서 노바코샤 주의 핼리팩스에 도착했다. 우리는 3시에 출발하는 유람선 탑승권을 예매했다. 해양경관 감상과 함께 제법 먼 바다로 나가 고래를 보기 위한 목적이었다. 탑승시간까지 2시간이 남아서 1시간은 해양박물관을 구경하고 1시간은 점심식사를 하기로 했다.

먼저 애틀란틱 해양 박물관에 갔다. 해양박물관의 많은 전시실 중에서 타이타닉(타이타닉이라는 이름은 그리스 신화의 거신족 티탄에서 유래됐다)관부터 먼저 갔다. 핼리팩스에 타이타닉관이 있는 이유는 타이타닉 호의 승객들을 구조하러 갔던 구조선들이 핼리팩스에서 출항했고 사망자들의 묘지가 대부분 핼리팩스에 있기 때문이다. 타이타닉 호는 1911년 건조될 때 세계에서 가장 큰 증기선이었다. 1912년 4월 2일부터 운항을 시작했다. 타이타닉 호가 출항할 때 어떤 귀부인이 이 배가 안전하냐고 묻자 승무원은 이 배는 신도 침몰시키지 못한다고 단언했다고 한다. 그러나 알다시피 이런 오만은 빙산이라는 자연의 힘에게 무너졌다.

그 당시의 타이타닉 탑승 홍보지도 있었다. 건저낸 의자 재현 모형도 있어서 앉아보니 기분이 묘했다. 타이타닉 호는 1912년 4월 15일에 침몰했는데 유품전시실에 그 당시 타이타닉 호 기둥 조각, 의자 등이 있었다. 성인남자. 성인여자, 어린이로 구별한 사망자, 생존자 수를 나낸 원형그래프가 있었는데 어린이와 여성을 우선해서 구출했다는 것을 알 수 있었다.

▲ 타이타닉호 모형

타이타닉 호가 침몰한 원인에 대해서 여러 가지 이야기가 있다. 타이타닉 호의 선장은 미관을 위해 높은 관측대를 포기하고 구명보트도 배의 외관을 망칠까봐 승객의 절반만 태울 수 있을 정도로만 실었다. 더군다나 타이타닉 호는 빙산이 많은 지역을 지나가고 있었는데 주의를 받았는데도 불구하고 전속력으로 달리다가 빙산과 충돌했다. 사실 충돌하더라도 그냥 배가 찌그러진 정도로 견딜 수 있었는데 배에 구멍이 뚫린 이유는 금속을 제련할 때 지나치게 경도를 올린다고 탄소를 잔득 넣어서 오히려 잘 부서지기 쉽게 됐다고 한다. 괴담으로는 배에 난파자라는 별명을 가진 미라가 실려 있었는데 그 미라는 원래 어떤 이집트 공주의 미라였고 그 공주는 죽을 때 자신의 시체를 이집트 밖으로 옮기면 저주를 내릴 거라 유언을 남겼고 그 저주 때문에 배가 침몰했다는 이야기도 있다. 타이타닉

호 모형을 둘러보니 영화 '타이타닉'의 침몰장면이 떠올랐다.

타이타닉호 사건 이후 모든 여객선들은 망보는 사람을 시력이 좋은 사람으로 뽑고, 망보는 데를 설치하고, 구명보트는 모든 사람을 태울 만큼 실었다. 그리고 그 당시 타이타닉 호의 생존자를 구출하려고 했던 배의 모형도 전시되어 있었다. 타이타닉 호에 대해 이렇게 자세하게 관람한 것은 처음이다.

증기의 시대 관에 갔는데, 증기선 엔진의 2가지 기동방식 체험모형을 체험했다. 둘 다 수직운동을 회전운동으로 변경하는 방식이었다. 그리고 각종 침몰한 배의 항해물품과 각종 요트들이 있었다. 대항해 시대부터 현대까지의 대포들을 봤다. 대항해 시대는 미지의 나라들과 교역을 하게 되는 시기로 중세에서 근대로 넘어가는데 결정적인 역할을 했다. 이 시점부터 서양의 기술력이 동양을 능가하기 시작했다. 등대에 사용되는 등도 봤는데 주변에 렌즈가 둘러싸여 있어서 신비한 느낌을 줬다. 박물관의 분위기와는 다르게 말하는 앵무새가 있었는데 해적과의 연관성으로 연결되어 있는 것 같다.

관람을 마치고 랍스터 맛집으로 유명한 식당을 찾아가서 이번 여행 처음으로 랍스터를 주문했다. 랍스터를 먹었는데 대게 같은 것과는 비교하기 힘들 정도로 완전 붉고, 크고, 왕발에 살이 가득했다. 꼬리도 살이 엄청 푸짐하고 내장에 찍어 먹으니 입에서 살살 녹는 느낌이 들었다. 게다가 친절하게도 먹기 좋게 가공되어 있어서 그야말로 기대를 배신하지 않는 맛이었다.

▲ 가게에서 먹은 랍스터

유람선을 타고 먼 바다로 나갔다. 해변 경관이 아름다웠지만 고래를 볼 수 있다는 기대감에 경관이 눈에 들어오질 않았다. 하지만 결국 고래는 보지 못하고 대신 물개만 몇 번 봐서 아쉬웠다. 배 안에서 꽃게와 모습은 비슷한데 크기는 훨씬 큰 살아있는 게를 보고 만져봤다. 저 수평선 너머 어디에선가 타이타닉 호가 침몰했다는 생각을 하니 안타까운 마음이 들었다.

핼리팩스 시타델 국가사적지에 가서 요새를 보고 박물관 내부에서 핼리팩스의 창설과 미국과의 전쟁, 세계 1, 2차 대전에 핼리팩스가 했던 역할, 초기에 사용한 포탄과 대포모형을 봤다. 성벽이 이중 구조로 돼 있어서 방어에 유리해보였다. 떠날 때 안내판에 나온 옛 시가지와 현 시가지의 모습을 비교해 봤다. 시청을 봤는데 며칠 전에 본 퀘벡 주 의사당처럼 고풍스러웠고 문화유산으로 지정되어 있었다. 핼리팩스 항은 타이타닉호의 애환이 서려 있었고 도시는 역사와 전통이 있는 고풍스런 건물로 가득 찬 아름다운 항구였다.

▲ 스카이라인 산책로

56. 고사리의 천국
케이프 브레톤 고원 국립공원 1

이번 여행 처음으로 아침식사하는 곳이 없는 숙소여서 싸온 컵라면
과 팥죽을 먹었다. 오전 7시에 출발해서 캐나다에서 제일 동쪽에 자
리 잡은 국립공원인 케이프 브레톤 고원 국립공원을 향해 5시간을 달
렸다. 그 사이에 차 안에서 다 못한 일기를 마무리하고 도로변의 푸드
트럭에서 킹크랩도 샀다. 국립공원에 입장하자마자 캠핑장을 예약하지
못해서 자리 마련을 위해 캠핑장에 갔다. 정말 운이 좋게도 딱 한자리
가 남아있었다. 내일도 야영할 예정이어서 국립공원 내 반대편의 캠핑
장도 예약했다.

먼저 스카이라인 산책로에 갔다. 가는 길 좌우마다 고사리 천지였
다. 이 근처에 한국 사람이 산다면 어린 고사리 일 때 다 채취할 것 같
다는 생각이 들었다. 그런데 세계에서 고사리를 즐겨 먹는 나라는 한
국 외에 드물다고 한다. 그 이유는 고사리에는 프타퀼로사이드라는 독

소가 있기 때문이다. 그러나 그 독소는 끓는 물에 삶은 뒤 말리면 무해한 수준으로 거의 사라진다. 우리나라에서 이 방법을 터득한 경로는 흉년 때 이것저것 먹어보다가 고사리를 안전하게 먹는 법을 터득한 것 같다. 실제로 먹성 좋기로 유명한 소도 고사리는 먹지 않는다고 한다.

이렇게 우리나라는 먹는데 서양에서는 먹지 않는 식품으로 쑥이 있는데 서양 쑥은 독성이 강하기 때문이다. 그래서 프랑스에서 압생트라는 술의 재료로만 쓰인다. 압생트는 워낙 독성이 강한 술이지만 가격이 싸서 돈이 없는 예술가들이 많이 마셨다고 한다. 유명한 고흐의 그림이 노란 이유 중 하나도 압생트 중독으로 실제로도 사물이 약간 노랗게 보였던 것일 수도 있다. 그러나 우리나라 쑥은 쑥뜸에도 사용하기도 한다.

고사리는 공룡이 존재하기 전부터 존재하던 살아있는 화석(살아있는 화석이란 고대부터 현대까지 별다른 진화를 하지 않고 그 형태 그대로 살아있는 생물을 말한다)이기도 하다. 이 같은 살아있는 화석 중 식물로는 은행나무가 있다. 은행나무는 중생대 백악기에 탄생했지만 지금까지 형태가 변하지 않았다. 그러고 보니 쥐라기 공원에 고사리를 갖다놓으면 딱 좋을 것 같다. 왜냐하면 공룡시대부터 변하지 않고 있었으니까.

그리고 낮은 구름 때문에 바다와 하늘의 구별이 가지 않는 곳이 있었는데, 아무리 자세히 쳐다봐도 어디가 지평선인지 수평선인지 경계를 알 수 없었다. 구름이 바다의 어둠을 끌고 가는 듯한 풍경도 있었는데, 근두운 또는 유령선으로 거대한 고래를 끌고 가는 것 같은 느낌이었다. 도중에 비가 와서 나이아가라 폭포에서 챙겨온 우비를 입고 갔다. 준비가 있으면 걱정이 없다는 유비무환(有備無患)이라는 사자성어가 있는데, 우리는 우비 때문에 비 걱정이 없어서 우비무환이다. 우비 때문에 습해서 그 때 내 얼굴에 흐르는 게 땀인지 비인지 구별이 안 갔다. 해안도로가 스테이크처럼 깔끔하게 썰어서 만들어진 것 같이 깔끔했다.

다음 코스로 콜니 브룩 계곡에 갔다. 그곳에는 이름 없는 폭포가 있었다. 우리는 각자 폭포에 이름을 짓기로 했다. 나는 폭포가 가늘어서 실개천폭포라고 했고, 진이는 강을 세운 것 같다고 해서 세운 강 폭포라고 했고, 아버지는 나이아가라보다 소박해서 소박폭포라고 했다.

캠핑장에 도착해 날씨 때문에 고민하다가 밤에 비가 많이 오지 않는다고 해서 가늘게 내리는 빗속에서 텐트를 펼쳤다. 저녁으로는 킹크랩과 킹크랩 육개장 떡라면을 먹은 뒤 캠프파이어도 했다. 이 캠핑장은 그동안 우리가 갔던 캠핑장 중에서 가장 시설이 좋았다. 화장실은 수세식이고, 샤워실과 설

▲ 빗속에서의 캠핑과 식사

거지실이 있었다. 이런 쾌적한 캠핑장에 캠핑을 하다니 기분이 무척이나 좋았다.

57. 먼 바다에서 야생의 고래를 직접 보다
케이프 브레톤 고원 국립공원 2

아침에 일어나 텐트 밖으로 나와 보니 밤에 비가 와서 신발이 젖어 있었다. 그리고 바깥기온이 안 기온보다 낮아서 생긴 성에 때문에 텐트 내부에 물이 고였고, 그 때문에 동생 진이의 일기장과 노트가 물에 젖었다. 앞으로 비오는 날 캠핑을 할 때는 짐을 가방에 넣어 차에 실어 놓아야겠다. 그동안 햇반으로 먹었는데 이번에는 화장실에 플러그가 있어서 캠핑 최초로 전기밥솥으로 밥을 지어먹었다. 식사 후 야영 장비를 정리하는데 텐트는 습기가 차서 힘들게 접었다.

해안변 도로를 따라 이동하다가 몽돌 해변이 보여 잠시 주차하고 아래로 내려갔다. 몽돌의 색깔이 백색, 황색, 회색 등 다양했다. 해안 절벽은 침몰하는 타이타닉 호를 연상시키는 45도로 기울어진 황, 백, 회색의 지층을 이루고 있었다. 그동안 휘어지거나 평평한 지층을 봤지만 이런 기울어진 지층은 거의 보지 못해서 많이 신기했다. 푸른빛을 띠는 돌들, 화석처럼 겉의 회색돌이 둘러싸고 있는 흰 돌, 회색돌이 흰 돌을 하트모양으로 덮는 것 등 다양한 색과 모양의 돌이 지천으로 널려 있었다. 어제와 달리 날씨가 맑아서 해안선과 수평선이 뚜렷하게 보였다.

다음에는 1900년대 초까지 사람이 살았던 해변마을도 갔다. 돌로 만들어진 부두 외에는 사람이 살았던 흔적은 전혀 찾을 수 없었다. 그런데 그곳에서 멀리 앞바다에 어렴풋이 고래 3마리를 봤다. 저번에 핼리팩스의 항구에서 비싼 돈 주고 배를 타고 가도 못봤는데 오늘은 부두에서 공짜로 우연히 고래를 보니 정말 행운이었다. 그 해변에는 돌탑들과 돌탑 재료인 평평한 돌들이 많아서 우리는 진이 하반신쯤의 높이의 돌탑을 쌓았다.

다음으로 세인트 로렌스 만에 갔다. 먼저 근처의 바닷가에서 수영하러 갔

▲ 야생고래를 실컷 본 보트투어

는데 물이 너무 투명해서 없는 것처럼 보였다. 바다 근처와 바닥에 갖가지 색깔의 조약돌이 깔려있어서 울산의 주전 해변이 떠올랐다. 그러나 수심이 금방 깊어지고 바닥은 너무 미끄러워서 수영은 못하고 물놀이만 했다.

그리고 이번에는 반드시 고래를 볼 수 있다는 기대감으로 고래관람 보트를 탔다. 처음에는 허탕치는 게 아닐까 했지만 1시간 뒤부터 고래가 나타나기 시작해 약 1시간동안 10회 이상 고래를 봐서 본전 이상을 뽑는 데 성공했다. 고래 두 마리가 짝을 이뤄서 가기도 하고, 배 근처에서도 자주 보였다. 체형이 돌고래 같지만 크기가 돌고래보다 훨씬 크고 색도 검어서 범고래라고 추정했는데 가이드가 범고래라고 했다. 범고래는 영어로 킬러 웨일 또는 오르카라고 부르는데 오르카는 라틴어로 살인자라는 뜻도 있다. 범고래는 1대 1로도 상어를 이길 수 있는데다가 단체로 무리를 지어서 사냥하고 머리까지 좋다. 하얀색과 검은색 컬러의 조합이라는 점이 판다와 유사하다.

오늘 저녁은 야영장에서 먹을 계획이었지만 야영장으로 가는 길가에 있는 식당에 랍스터 그림이 있어서 혹시나 싶어서 갔더니 진짜 랍스터 요리가 있어서 저녁식사를 거기서 했다. 크기와 맛살의 양이 전보다는 살짝 떨어졌지만 맛있는 편이었고, 바로 삶은 상태여서 먹기가 전보다 좀 힘들었다. 그래도 맛살 부분을 제외한 왕발은 컸다.

▲ 끝이 보이지 않는 등산로

58. 이번 여행 최악의 강행군: 14km
케이프 브레톤 고원 국립공원 3

아침식사 시간에 텐트 고정시키는 핀에 2조각씩 소고기를 꽂아서 꼬치구이를 해 먹었는데 색다른 체험이었다. 캠프파이어를 할 기회가 다시 찾아오면 꼬치구이를 다시 하고 싶다. 오늘은 야영 장비를 챙기는데 어제와 달리 비도 안 왔고 텐트 창문을 연 상태로 자서 안에 습기가 없어서 정리하기 편했다. 짐을 싸고 오전 9시에 출발했다.

먼저 이 공원의 가운데 자리 잡은 산 정상 부근에 있는 브랜치 저수지로 갔다. 산 아래에서 출발하여 경사도가 높진 않지만 왕복 14km에 달하는 긴 등산코스였다. 가는 길에 코요테가 싹 지나갔다. 미국 와서 처음으로 야생 코요테를 본 것이다. 코요테는 개과의 생물이다. 문득 시튼이 쓴 소설집인 『시튼 동물기』(시튼 동물기는 시튼이 듣거나 직접 체험한 실화에 살을 붙여서 만든 실화소설이다. 시튼은 시튼 동물기를 통해서 동물들도 자신들만의 삶과 감정이 있고 그들의 삶과 감정을 존중해야 한다는 이야기를 전했다)의 작품 중 하나인 '코요테 티토'가 떠올랐다. 거기서 주인공인 코요테 티토는 어릴 때 꼬마에게 학대를 받은 것 때문에 독이 든 고기를 먹으면 재빨리 토해내고 재빨리 약초를 찾아서 먹는 방식을 터득하고 나중에 야생 코요테 무리의 우두머리가 됐다.

우리가 산을 오르면서 사람을 한 번도 못 봤던 것을 봐서 아마도 사람이 안 다녀서 관리를 안 해 숲이 우거진 것 같다. 아쉬운 대로 멀리서 저수지를 배경삼아 사진만 찍고 돌아섰다.

돌아오는 길에 이 산에서 가장 높은 전망대에서 풍경을 내려다 봤는데 지금 우리 눈앞에 보이는 게 산인지 들판인지 구별이 전혀 안 갈 정도로 우리 주변을 셀 수 없이 많은 산들이 평평하게 둘러쌌다. 저 멀리 크레이터 같은 호수와 바다가 껴 있어서 특이한 분위기를 줬다. 우리가 그동안의 모든 여행을 통틀어서 제일 많이 걸은 콩가리 국립공원이 약 30킬로미터인데 그것의 약 절반쯤인 14킬로미터를 걸었지만 전망대에서 풍경 한 번 둘러본 것 이외에는 제대로 된 볼거리가 없어서 이번 여행의 최악의 가성비 코스였다. 솔직히 내려올 때 그냥 실컷 물마시고 쉬고 싶었다.

다음 일정으로 웨랜 호수에 갔다. 고진감래(苦盡甘來)라는 속담이 있는데 원래 뜻은 쓴 맛이 다하면 단 맛이 온다, 즉 고생이 끝나면 복이 온다는 뜻이다. 우리는 브랜치 저수지에서 전자의 의미인 고진감래를 맛보았다. 호수를 바라보며 맛있고 운치 있게 점심을 먹었기 때문이다. 그리고

▲ 잉고니쉬 해변에서 파도타기

가는 길에 살아있는 랍스타 2마리를 샀는데 서로 싸우거나 사람을 꼬집지 못하도록 집게가 묶여 있었다. 오늘 저녁 랍스타 요리가 기대된다.

다음으로 잉고니쉬 해변에 갔다. 영어단어인 잉글리쉬와 글자형태와 발음이 비슷해서 많이 신기했다. 이는 캐나다가 영국이 식민지였기에 생긴 일인데, 캐나다가 독립한 큰 이유는 영국이 더 이상 식민지를 유지하기는커녕 자기 나라 일에만 신경써야할 수준이 되었기 때문이다. 최근에도 브렉시트니 유럽연방 탈퇴니 뭐니 논란이 있었고, 탈퇴결과에 따라 여러가지 문제가 생긴다고 한다. 그러나 '해가 지지 않는 나라'라는 타이틀은 유지하고 있는데, 핏케넌 제도라는 영국 영토가 영국 너머 지구 건너편에 있기 때문이다.

우리는 수영을 하다가 보드를 빌려서 파도타기를 했다. 파도가 높게 꽤 자주 쳐서 재미있었다. 파도타기의 감각은 마치 루지를 타고 물 위를 주행하는 것 같았다. 이 해변의 지형은 해변 위쪽은 몽돌이고 바다쪽은 모래였는데 어제 해변이 위는 모래이고 아래는 몽돌이었던 것과는 반대되는 형태이다. 같은 국립공원 내의 해변이 이렇게까지 다르다니 많이 신기하다.

이걸로 케이프 브리튼 고원 국립공원 야영 2박 3일 일정을 마쳤다. 이 공원은 캐나다 제일 동쪽에 있는 국립공원이자 우리 여행을 통틀어 가장 동쪽에 있는 여행지이기도 하다. 앞으로는 남서쪽으로 갈 길만 남았고, 점점 우리 집에 가까워질 것 같다.

오늘 숙소는 가족이 운영하고 있는 방이 다닥다닥 붙어있는 형태였는데 그 때문에 소음에 주의해야 했다. 식사 준비는 방에서 하면 안 된다고 해서 바깥으로 나가 아직도 살아 움직이는 랍스터를 버너에 넣고 삶았다. 하도 커서 한 냄비에 한 마리 씩 넣었다. 별다른 양념이나 반찬이 없었지만 싱싱한 랍스터 그 자체로 최고의 만찬이었다.

▲ 세계에서 가장 큰 랍스터 조형물

59. 세계 최고의 조수간만의 차가 만들어내는 해안절경

쉐디액 자이언트 랍스터, 호프웰 바위 공원

가정집을 이용해 숙소로 제공하는 곳이라서 특이하게 식당이 아니라 거실에서 식사했다. 우리 가족을 포함해서 8명이 타원형 식탁에 앉아서 서양식 만찬을 하는 분위기였다. 식기도 플라스틱 식기가 아닌 가정에서 쓰는 금속, 도자기, 유리 식기였다. 처음에는 여러 가지 종류의 빵이 제공됐고 포도, 블루베리, 딸기, 키위, 메론, 주황 메론 등 여러 과일로 이루어진 과일 샐러드도 먹었다. 생과일주스인 오렌지 주스와 자몽주스도 있었다. 우리는 베이컨, 스크램블 에그, 치즈 얹은 토마토, 감자튀김을 시켜서 먹었다. 같이 앉은 분들이 우리가 한국에 와서 여행 중이라고 하니까 대단하다고 놀라워하시며 격려해 주시고 남은 여행의 행운을 빈다고 하셨다.

출발한 뒤 여행 중에서 3번째 엔진오일을 교환하러 자동차 정비소에 들렀다. 이것으로 우리는 1만 5천마일 이상을 갔는데, 이는 24,375킬로미터를 주행한 셈이고, 서울부터 경남 창원의 우리 집까지 총 30번 왕복한 셈이다.

먼저 세계에서 가장 큰 랍스터 조형물이 있는 쉐디액에 갔다. 보통 동물을 바탕으로 제작한 상은 어떤 부분을 변형시키거나 과장하는데 이것은 실제 랍스터와 똑같은 모습으로 만들어지고 왕발의 집게부분의 크기가 내 키보다 살짝 큰 정도여서 만일 이게 살아있다면 인간을 집게로 잡을 수 있는 크기였다. 표지판을 보니 내일부터 4일까지 해산물 축제가 열리는데 내일 왔다면 좋았을 것 같았다. 큰 랍스터를 보니 랍스터가 먹고 싶어져서 정보센터에 가서 랍스타를 어디에서 파는지 문의한 뒤 가게에 가서 살아있는 랍스타 2마리를 샀는데 어제 샀던 것보다 조금 더 컸다.

▲ 공룡 머리와 닮은 바위

호프웰 바위 공원에 갔다. 이곳은 조수간만의 차이가 최소 14미터에서 최대 17미터나 될 정도로 조수간만의 차가 큰 곳이다. 뻘밭에 물이 빠지고 나니 물속에 있던 해초들이 땅 위에 덮여 있었는데 마치 잔디밭 같았다. 뻘이 넓어서 드러난 부분만 보면 마치 강 같았다.

그리고 지금은 가장 얇은 썰물 때로 밀물 때는 물속에 잠겨 있었을 해안 절벽 바위의 모양이 모두 드러나 있었는데 하나하나 독특한 모양을 가지고 절경을 지어내고 있다. 머리에 털난 티라노사우루스 머리같은 바위, 파도에 한참 깎여서 아랫기둥이 얇아 똑 부러질 것 같은 바위 등이 있었다. 갯벌에서 안킬로사우루스 등 골격 같은 게 해안선과 직각으로 나서 바다를 향해 뻗어난 것 같은 바위들도 있었다. 목을 쭉 뻗은 테리지노사우루스의 머리 같은 바위도 있었다. 그리고 진흙바닥, 해초, 물이끼, 흙, 식물의 순서대로 층층이 쌓인 것 같은 5층 바위기둥들도 있었다.

공원 내의 박물관에 갔다. 조수간만의 차를 발생시키는 달과 태양의 중력의 영향에 대해 설명하고 있었다. 이처럼 달은 태양을 제외하면 지구에 가장 많은 영향을 끼치는 천체이다. 그리고 삭(음력 초하루) 또는 보름일 때 조수가 가장 높은데 이유는 달과 태양과 지구가 일직선상에 놓여 중력이 합쳐져 강력한 작용이 일어나기 때문이다. 반대로 상현 또는 하현일 때에는 조수가 가장 낮은데 이는 달, 태양, 지구가 직각으로 놓여 중력이 분산돼 힘이 약해지기 때문이다.

고대인들은 이런 조수간만과 바위가 깎인 지형이 고래 때나 거대한 바다괴물, 신에 의해 발생한 줄 알았다고 한다. 그 당시 고대인들의 생각이 묘하게 재미있다. 고대 이 지역에는 마스토돈이라고 불리는 코끼리의 조상이 살았다. 그 증거로 실제로도 마스토돈의 다리 화석이 전시돼 있었다. 박물관에서 영상으로 물이 꽉 찼을 때, 물이 절반만 찼을 때, 물이 다 빠졌을 때를 봤는데 진짜 그 차이가 어마어마했다. 여기에 조력발전소를 세운다면 어마어마한 전기를 생산할 수 있을 것 같은 장소였다. 우리가 물이 다 빠졌을 때 온 게 볼거리가 많아 행운이었다. 물이 다 찼을 때는 카약 타는 재미가 있을 것 같았다.

저녁 식사로는 쉐디악에서 사온 랍스터를 삶아 먹었는데 육질이 꽤 단단했다. 이것으로 우리는 랍스터를 4일째 먹는 셈이다.

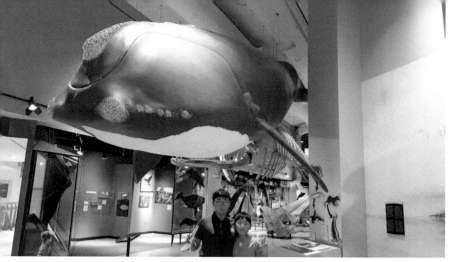

▲ 남극고래 모형

60. 하루에 두 번 국경넘기
뉴브런즈위크 박물관, 캄포벨로섬 : 루즈벨트 대통령 별장

　본래 오늘 일정은 캄포벨로섬에 바로 와서 섬에서 야외활동으로 하루 일정을 보낼 예정이었다. 그러나 아침부터 비가 오고 일기예보를 보니 하루 종일 비가 온다고 해서 날씨와 관계없이 볼 수 있는 세인트존에 있는 뉴브런즈위크 박물관에 갔다.

　먼저 2층의 '큰 고래'관에 갔는데 입구에 남극고래 모형이 있었다. 사실 고래나 물개는 원래 육상생물이었다. 그 증거로 고래와 물개의 지느러미 뼈는 동물의 발 뼈와 유사하다. 수많은 고래 뼈들이 있었는데 그 중에 항유고래 머리뼈가 있었다. 최초로 고래수염을 구경했는데 고래수염은 물과 함께 크릴을 들어마신 뒤 물만 걸러내려고 존재한다. 우리는 병에 담긴 실제 크릴도 봤는데 최근 크릴을 사용한 요리들이 개발되고 있다.

　여러 동물의 절대적인 두뇌크기와 인체에서 두뇌가 차지하는 비율의 표가 있었다. 절대적인 두뇌크기는 항유고래가 8.9킬로그램으로 가장 크지만(사람의 두뇌크기는 1.4킬로그램이다) 인체에서 두뇌가 차지하는 비율은 사람이 제일 크다. 이는 절대적인 뇌의 크기보다는 인체에서 두뇌가 차지하는 비율이 얼마나 되는지가 지능에 더 큰 영향을 미친다는 것을 증명한다.

'우리의 변화하는 지구'관에 갔다. 35억 년 전에 지구 최초의 생물인 시아노박테리아가 발생했다는 것을 관람했다. 지구는 45억년 동안 대륙이 이동했는데, 언젠가 대륙이 다시 합쳐져서 초대륙이 탄생할 수 있다는 윌슨 사이클이라는 가설이 있다. 물론 그때까지 인류가 살아남아 있을지는 누구도 장담할 수 없다.

▲ 국경을 넘는 다리의 국기

캄포벨로섬으로 가는 길에 캐나다에서 미국으로 건너갈 때 작은 다리를 건너갔는데 다리 중앙에 미국과 캐나다의 국기가 있었다. 이번에는 지난번 미국으로 갈 때 안경을 벗어 여권사진과 같은지 꼼꼼히 확인한 것과 달리 검사가 덜 엄격했다. 특이하게 그동안과는 다르게 국경선 근처에 캐나다와 미국 둘 다 마을이 있었는데 그 둘 사이에 그다지 큰 차이가 없었다. 아마 거리가 몹시 가까워서 그런 것 같다.

캐나다의 뉴브런즈위크 주에서 미국의 메인 주로 갈 때 시차가 바뀌었고 1시간 뒤 다리를 건너 다시 캐나다 뉴브런즈위크 주의 캄포벨로섬에 들어갈 때 또 시차가 바뀌었다. 오늘은 하루에 2번 시차가 바뀌고 미국, 캐나다를 번갈아가며 2번이나 국경을 넘은 아주 특별한 날이었다.

캄포벨로섬의 루즈벨트 캄포벨로 국제 공원에 갔는데 특이하게도 국립공원이 아니라 국제공원이었다. 알고 보니 미국과 캐나다가 공동으로 관리하기 때문에 그렇게 부르는 것이라 한다. 보통은 두 나라 사이에 국립공원이 있으면 서로 반씩 담당하는데 어째서인지 이곳은 내가 본 유일한 국제공원이다.

▲ 루즈벨트의 별장

먼저 방문자 센터에서 루즈벨트 별장과 그의 삶에 대한 영상을 본 뒤 별장으로 갔는데 별장은 가이드 투어 방식이었다. 별장을 구경하는데 100년 전의 방인데도 불구하고 전자제품을 빼면 현대식 방 구조와 똑같았다. 기술을 계속 발전시키는 나라와 기술을 발전시키지 않는 나라에서 얼마나 많은 기술차가 나는지를 이 방을 보고 깨달을 수 있었다.

왜냐하면 그 당시 우리는 초가집 또는 기와집에 사는 형편이었기 때문이다. 따지고 보면 세계 4대 발명품인 종이, 인쇄술, 화약, 나침반은 동양에서 먼저 만들었지만 동양은 그것을 그다지 많이 발전시키지 않았다. 그러나 서양은 이것을 습득한 뒤 계속 발전시켜서 결국 동양을 능가하게 된 것이다.

루즈벨트 대통령은 이곳 별장에서 지내던 중 1921년 39세에 차가운

물에 빠져 소아마비에 걸렸는데 그래서 걷지 못하고 통증에 시달렸다. 그래서 그는 대통령이 됐을 때 손으로만 움직일 수 있는 자동차를 고안했다고 한다. 보통 사람이 이런 상황에 처한다면 좌절하고 낙담할 텐데 그는 낙담하지 않고 십여 년 뒤 미국 대통령이 됐다. 그의 업적으로는 경제 대공황 극복과 세계 2차 대전 극복이 있다. 그는 미국에서 가장 긴 13년간 대통령을 했다. 그리고 그는 유일하게 조지 워싱턴 이후 대통령은 2번만 할 수 있다는 미국의 불문율을 깬 사람이다. 그 이후 미국은 헌법을 개정해서 대통령 임기를 2번 연임만 가능하도록 제한하고 있다.

방문자 센터의 열린 국경관에 갔는데 그곳에 역대 미국 대통령과 역대 캐나다 수상의 얼굴 사진들이 있어서 흥미로웠다. 전체적으로 미국과 캐나다의 우호 협력관계를 나타내는 자료들이 많이 전시되어 있다. 계속 비가 내려 야외활동을 하기 힘들어서 우리는 랍스터 전문 가게를 찾

▲ 냄비 하나에 랍스터 한마리씩 삶기

아서 살아있는 랍스터 두마리를 구입한 뒤 숙소에 도착했다. 이곳은 유일하게 숙소에 에어컨이 없고 선풍기가 대신 있는데 아마 이 지역이 시원해서 에어컨이 필요 없는 것 같다. 랍스터를 삶는데 크기가 너무 커서 한마리가 우리가 가진 냄비에 겨우 들어갈 정도였다. 저녁식사로 5일 연속으로 랍스터를 먹었다.

V. 미국 동부

아카디아 국립공원, 보스턴, 마크 트웨인 박물관, 해리엇
비처 스토 방문자센터, 예일대학교, 뉴욕, 필라델피아,
부시 가든 윌리엄스버그,
워터 컨트리USA, 요크타운 국립역사공원,
콜로니얼 윌리엄스버그

온타리오　　　　　　　　　　　　퀘백

뉴브런즈위크

노스다코타　　미네소타

　　　　　　　　　　　위스콘신　　　　　　　　　　　메인

사우스다코타　　　　　　　　　　　　　　　　　　　　　노바코샤

네브래스카　　아이오와　　　미시간　　　　　　　　　뉴욕　○○ 보스턴
　　　　　　　　　　　　일리노이 인디애나 오하이오　　　　메사추세츠
　　　　　　　　　　　　　　　　　　　　　　　　　　　　뉴욕 ○○　　로드아일랜드
캔자스　　미주리　　　　　　　　　　　　　　　　필라델피아 ○　커네티컷　아카디아 국립공원
　　　　　　　　　　　　　　　　웨스트버지니아　　　뉴저지
　　　　　　　　　　　　　　　　버지니아　　　델라웨어
오클라호마　　아칸소　　　　　테네시　　　　　　　　마크 트웨인 박물관
　　　　　　　　　　　　　　　　　　　콜로니얼 윌리엄스버그 ○　　헤리엇 비처 스토우 방문자센터
　　　　　　　　　미시시피　　노스캐롤라이나　　　　　　예일대학교
텍사스　　　　　앨라배마　　　　　　　　　부시 가든 윌리엄스버그
　　　　　　　　　조지아　　사우스 캐롤라이나　　워터 컨트리USA
　　　　　　　　　　　　　　　　　　　　요크타운 국립역사공원

플로리다

▲ 모세의 기적같은 등대섬 가는 길

61. 다양한 지형의 식물들이 공존하는 야생정원
아카디아 국립공원 1

5시 40분에 기상해서 일출을 보러 해변에 갔다. 그러나 우리는 시차 착오로 인해 실제로는 5시 20분에 일출인 것을 6시 20분으로 잘못 알고 있었다. 그래서 도착해보니 이미 해가 떠 있었다. 해변 입구에 간판이 있었는데, 1시간마다 조수가 1.5미터(5피트)상승하기 때문에 등대로 갈 때는 조수가 가장 낮은 때 가야 되며, 잘못하면 물이 빠질 때까지 8시간 동안 등대섬에 갇힐 수 있으니 조심하라는 내용이었다. 그 말은 최대조수가 12미터쯤 된다는 뜻이고 그렇게 물이 찼을 때는 수영하거나 물에서 걷지 말라는 충고도 있었다. 저번에 갔던 호프웰 바위 공원의 조수와 약 2미터 가량밖에 차이나지 않는다는 소리이다. 그리고 가로지를 때 발생하는 문제는 자신이 책임지라는 글도 있었다.

이렇게 우리가 간 길은 때마침 썰물이어서 충분히 등대섬으로 건너

갈 수 있었다. 밀물일 때 바다여서 그런지 해초가 많고 돌이 미끄러웠다. 등대는 많이 각지고 중간에 빨간색 십자가가 있는 형태였다. 오는 길에 자세히 보니 모세의 기적처럼 바다 중앙에 길이 나있었다.

숙소에 아침식사하는 곳이 없어서 우리가 챙겨온 소고기 넣은 육개장을 먹었다. 아침식사를 끝마친 뒤(어제 이동경로 상 잠시 1시간 미국으로 갔다온 걸 제외하면) 무려 13일 만에 캐나다 동부에서 미국으로 국경을 넘어갔다. 여기도 처음 미국으로 넘어갈 때에 비해 검사가 엄격하지 않았다. 주마다 검사기준이 달라서 그런 건지 궁금하다.

메인 주의 아카디아 국립공원에 갔다. 아마도 이번 여행의 마지막 국립공원이 될 것 같다. 미국 내 국립공원이기 때문에 4학년 동반 가족 무료통과권을 썼다. 먼저 방문자 센터에서 남은 선착순 캠핑장이 있는지 찾은 뒤 등록을 했다. 때마침 자리가 딱 하나 남았던 상태에서 얻었다. 정말 운이 좋았다.

▲ 아카디아 국립공원

먼저 아카디아 야생정원에 갔는데 거기에는 온갖 야생지형에 사는 식물들이 있었다. 대표적인 지형으로 산, 초원, 해변에 사는 식물이었다. 초원에서 사는 식물은 초원이 건기 때 저절로 발생하는 화재에 적응해 생장점이 밑에 있어서 불에 타도 다시 자라날 수 있다고 한다. 갯벌에 사는 식물들은 갯벌의 염분이 강해서 염분에 강한 식물들이 자란다. 대표적인 게 칠면초다.

조던 호수에 갔다. 호수둘레는 5.1킬로미터(3.2마일)이었고, 호수산책을 하던 도중에 통나무 데크로드를 건넜는데 아마 진흙이 많아서 만든 것 같다. 국립공원 같은 데에서 이런 것을 본 건 처음이라 신기했다. 그리고 돌다리 아치에 누워서 하늘을 봤는데 이런 경험은 처음인데다가 물소리와 맑은 하늘이 정말 좋았다. 그 동안의 호수 산책과 달리 호수를 한 바퀴 돌아서 출발지로 돌아왔다.

▲ 장작불에 고기굽기

다음으로 카약을 타러 갔다. 이번에는 본인이 격납돼 있는 카약을 출발지까지 스스로 들고 와야 했다. 나는 카약의 앞부분에 있는 줄을 각각 한손에 쥐고 진이는 뒤쪽 부분에 있는 줄을 각각 손에 쥐고 두 개의 카약을 동시에 들고 갔다. 카약으로 항해하는 도중에 물이 많이 튀었고, 저번에 카약을 탔던

것에 비해 많은 거리를 이동했다. 그 뒤 캠핑장에 도착한 뒤 캠프파이어를 했는데 처음으로 캠프파이어 장작불에 소고기와 돼지고기를 구워서 햇반과 상추와 같이 먹었다. 역시 기구가 별로 없어서 그런지 식당이나 집에서 구워먹은 것보다는 맛은 떨어졌지만 고기를 장작불에 직접 굽는 것은 즐겁고 색다른 경험이었다. 자연과 함께하는 국립공원에서의 멋진 하루였다.

▲ 정상에서 내려다 본 바다와 섬들

62. 천둥소리를 부르는 파도, 썬더 홀
아카디아 국립공원 2

아침식사로 김치, 참치, 소고기, 베이컨, 계란을 넣은 육개장을 먹었다. 맛이 달면서도 얼큰해서 진짜 맛있었다. 부대찌개 같은 느낌이 들었다. 처음으로 꼬치고기구이를 먹었는데 고기가 크고 두툼했고 전과 달리 미디엄 웰던 같은 느낌이 나서 맛있었다. 그 뒤 후식으로 사과를 먹음으로써 캠핑장에서 풀코스로 아침을 먹었다.

처음 방문지인 캐딜락 만에 갔다. 어떤 자동차 기종인 캐딜락과 같은 이름이어서 신기했다. 엘비스 프레슬리는 생전에 자동차를 많이 가지고 있었는데, 그의 가족이나 친구에게는 자동차를 공짜로 선물했지만 그와 생판 남인 사람에게는 1달러를 받고 팔았다고 한다. 그러나 그러한 그도 캐딜락 자동차만큼은 절대 내주지 않았다고 한다. 지난번 등반했던 최악의 가성비 코스였던 프랜치 저수지보다 거리는 짧지만(프랜치 저수지보다는 왕복 14킬로미터, 이곳은 왕복 7킬로미터) 경사가 높은 지형인데다가 바위로 된 길이어서 힘든 정도는 거의 비슷했다. 그러나 나중에 느낀 보람은 프랜치 저수지와는 비교가 안 될 정도로 좋았다.

처음에는 길을 잘못 들어서 꽤 헤맸고, 진이가 중간에 자주 쉬자고 했다. 꽤 힘들었나 보다. 산행 도중에 바다를 내려다보니 징검다리 같은 5개의 섬이 있었다. 그중 하나를 다른 4개와 연결하면 다시 돌아오는 것 같은 징검다리 형태가 됐다. 정상에 올라와서 주위를 둘러보니 빛의 실로 구름을 만든 것 같았고, 바다와 섬들이 멋지게 보였다. 그리고 뜬금없이 정상에서 갈매기를 발견했는데 갈매기가 왜 산에 있는지 바다만 보는 게 지겨워서 산 좀 보러온 건지 궁금했다. 진이는 저 갈매기가 더위를 먹어 정신이 혼미해졌다고 했는데 솔직히 말해서 근처에 바다가 있으니까 아주 불가능한 것은 아니다.

▲ 썬더 홀

샌드 비치라는 곳에 갔다. 이름 그대로 모래해변이었다. 처음에는 해수욕을 하려고 했지만 바다에 해초가 많이 떠다녀서 해수욕이 힘들었고 파도가 강하게 치기까지 했다. 그래서 그 대신 모래성을 쌓기로 했다. 처음에는 모래성을 산처럼 쌓으려고 했지만 결국 무너져버려서 다리 모양으로 바꿨다. 모래성에 공들인 게 얼마나 오랜만인지 가물가물했다.

썬더 홀에 갔다. 이곳은 파도가 바위 속 구멍에 부딪치면서 천둥소리 같은 소리가 난다고 해서 썬더 홀이라는 이름이 붙었다. 귀를 기울이고 파도소리를 들어보니 천둥소리까지는 아니더라도 마치 폭풍우 같은 소리가 났다. 참 신비하면서도 웅장했다. 바위들이 칼로 깎아낸 것처럼 많이 각이 져있었고 그 중에는 전함을 연상시키는 바위도 있었다.

딱 암벽등반하기 좋은 발판이 있는 바위도 있었다.

숙소에 도착한 뒤 인근 멕시코 식당에 갔다. 오늘 특별히 외식을 하게 된 이유는 김치와 부식을 다 먹었기 때문이다. 이번 여행에서 김치가 떨어진 것은 이번이 처음이다. 김치가 다 떨어진 이유는 국립공원과 소도시 위주의 코스인 캐나다 극동부에서는 김치보충을 전혀 못했

▲ 부식이 동이 나 멕시코 식당에서 간만에 외식

기 때문이다. 때마침 라면도 완전히 다 떨어졌다. 이번 식당은 뉴멕시코주 때보다도 음식이 푸짐했다. 음식을 또띠야에 싸서 먹어보기도 했는데 진짜 맛있었고 소고기와 닭고기의 맛이 잘 조화됐다. 숙소로 돌아오는 길에 멋진 붉은 노을을 봤다. 내일부터는 도심을 여행하게 될 것이다. 진짜 오랜만에 도심으로 귀환이 기대된다.

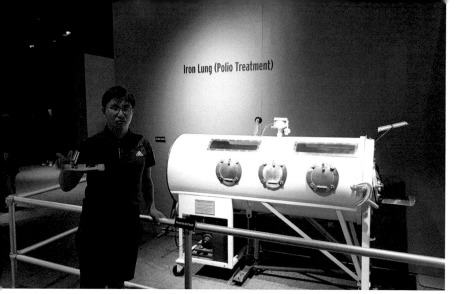

▲ 보스턴 과학관

63. 위대한 철학이 탄생한 연못가 오두막집
보스턴 1 : 보스턴 과학관, 월던 연못

원래 오늘 일정은 월던 호수, 하버드 대학교, MIT공대로 가는 것이었다. 그러나 아침부터 비가 쏟아져서 실내 관람이 가능한 과학관으로 목적지를 바꿨다. 오전 8시 메인 주에서 출발해서 뉴햄프셔 주를 통과해서 매사추세츠 주의 보스턴에 도착했다. 지나가는 중에 뉴햄프셔 주의 포츠머스를 통과했다. 포츠머스는 러일전쟁 말기 미국이 중재해서 러시아와 일본이 포츠머스 조약을 맺은 곳이다. 이로써 막힐 게 없어진 일본은 얼마 뒤 을사늑약을 실행하게 된다. 역사적 장소를 도중에 그냥 지나쳐가다니 뭔가 아쉽다. 나중에 관람할 수 있다면 자세히 관람하고 싶다.

보스턴 과학관에 도착한 뒤 주차 빌딩 4층에서 주차를 하고 차 안에서 점심을 먹었다. 차창 너머로 전망 좋은 고급 래스토랑에서 보는 것처럼 찰스강과 롱펠로 다리가 보였다. 영국풍의 도시여서 그런지 런던의 템즈 강을 연상시켰고, 안개가 자욱해서 고층건물 윗부분이 사라져 보였다.

과학관으로 입장해 먼저 4D극장에 가서 영화 '마션'을 봤다. 내가 한국에 있을 때 학교에서 마션을 본 적이 있는데 여기서 본 것은 본래의 핵심부분만 간추린 것 같다. 줄거리는 다음과 같다. 미래의 화성탐사 때 급하게 지구로 돌아가는 중 마크 앤트니가 조난당하게 되고 그는 화성에서 생존하려 한다. 이때 그의 전공이 식물학인 것을 활용해서 똥을 사용해 감자재배를 하는 등 식료품 재배와 물 생성, 패스파인더 호를 이용한 교신, 다른 기지로 위치를 옮겨서 비상 탈출선을 타는 등 수많은 노력을 하고 끝내 화성에서 지구로 돌아가는 우주선에 탑승하게 되는 내용이다. 제법 과학적인 고증이 많이 되어있었다(패스파인더를 이용한 교신, 연소를 이용한 물 생성, 태양전지판). 나사가 그의 행동방침을 바탕으로 구출 계획을 짜는 것도 매우 인상적이었다.

마션을 본 뒤 극복한 질병 관에 갔다. 거기서 말라리아(모기로 인해 전염되는 병), 메디나충(오염된 물을 마시는 것으로 기생하는 기생충인데 길이가 무려 2미터이다), 천연두(현재 연구용으로 보관된 바이러스를 빼고 완전히 멸종했고, 예방법인 종두법을 지석영이 우리나라에 보급했다), 소아마비(루즈벨트 대통령도 걸렸고, 현재 미국에서는 멸종했다)에 대해 다뤘다. 철 인공호흡 장치라는 소아마비 치료용 기계도 봤다. 여기서 다루는 질병은 주로 아프리카 지역에서 발병하는데 이러한 질병들을 자세히 보는 건 귀중한 경험이다. 돈이 부족해서 위생에 신경 쓰지 못하는 그들의 처지가 슬펐다.

장기를 조립해서 만드는 인체모형을 봤다. 이걸 통해 책에서만 보던 남자와 여자의 장기의 차이를 직접 볼 수 있었다. '인간의 생명'관에는 피부 색상으로 멜라민 색소의 농도를 확인하는 기구가 있었다. 발이 땅에 닿은 모양을 통해 평발인지 높은 아치 발인지 정상 발인지 확인하는 기구도 있었는데 내 발은 평발에 가까운 정상 발이었다. 그리고 보니 그 유명한 박지성 선수도 평발이었지만 노력으로 극복했다고 한다. 신체조건이 불리해도 노력으로 극복할 수 있다는 사례이다.

무갈 옴니 극장에 가서 그레이트 베리어 리프에 대한 영상을 봤다. 그레이트 베리어 리프는 거대한 산호초 지대인데 거기에서 수많은 생물들이 살기 때문에 자연학적 가치를 인정받은 곳이다. 그리고 산호는 겉보기는 식물처럼 보이지만 사실은 수많은 생명체들이 합쳐져서 만들어진 군체 생물이다. 그러나 현재 해양오염과 쓰레기 투기 때문에 산호는 위기에 처해있다.

뉴잉글랜드 서식지관에 갔다. 거기에서 뉴잉글랜드의 메인 주, 뉴햄프셔 주, 매사추세츠 주, 버몬트 주에서의 흑곰, 힌꼬리사슴, 무스, 비버 등의 수많은 야생동물 모형을 봤다. 한 지역의 동물들만으로 관 하나를 만들 생각을 한 게 대단하다.

그리고 만들어진 모형 관에 갔다. 피라미드 건축 과정을 모형으로 나타낸 것이 있었는데 그 모형은 나선형 비탈길로 돌을 옮기는 이론을 따랐다. 이것 말고도 꼭대기까지 바로 올라가는 비탈길 등 다양한 추측이 있지만 현재는 이 이론이 가장 유력하다. 피라미드는 세계 7대 불가사의 중 하나이자 다른 불가사의와는 비교조차 안 될 정도로 오래됐고, 유일하게 현재까지 남아있는 불가사의이기도 한다. 그리고 세계 7개 불가사의 중에서 그나마 미스터리가 풀린 불가사의이기도 하다.

골드버그 장치 그림도 있었다. 그려진 것은 냅킨으로 입을 닦는 기계였는데 진짜 그냥 손으로 냅킨을 잡아 입을 닦으면 될 걸 쓸데없이 많은 단계를 거쳐서 단순한 행위를 했다. 즉 최대비용으로 최소효과를 낳는다는 것인데 이는 경제의 원칙인 최소비용으로 최대효과를 낳는 것과 반대된다. 루드 골드버그는 이러한 골드버그 장치를 통해 목적도 없이 쓸데없이 지식과 기술만 쌓으려는 현대 사회를 풍자했다. 이러한 골드버그 장치는 영재원이나 우주인 시험에도 등장하는 과목이다.

때마침 비가 그쳐서 우리는 월던 연못에 갔다. 헨리 데이비드 소로가 여기서 2년 2개월을 오두막집을 짓고 연못 주변을 산책하며 자연과 더불어 살았다. 그는 오두막집에서 정리한 생각으로 '월던'이라는 책을 썼다. 임마누엘 칸트도 매일 규칙적으로 산책을 해서 마을 사람들이 그것을 보고 시간을 맞췄다고 한다. 그가 시간을 어긴 건 딱 2번밖에 없는데, 하나는 프랑스 혁명이 일어났다는 소식을 들어서 충격을 먹은 것이고, 또 하나는 루소의 '에밀'을 읽느라 시간 가는 줄 모른 것이다. 하이데거도 말년에 자연에서 살았다고 한다. 이렇게 철학자들 중에는 자연에서 여생을 보내거나 산책을

▲ 소로가 2년 2개월 살았던 오두막집

자주 하는 사람들이 있다. 아마 이러면서 사색에 잠겼기 때문에 위대한 철학적 이론이 나온 것 같다.

소로는 멕시코 전쟁 때 텍사스의 획득은 노예제도의 확대를 부른다고 생각해서 세금을 안내는 것으로 저항했다가 감옥에 하루 간 갇힌 적이 있다. 결국 그의 고모가 세금을 대신 내서 풀려났다. 그는 감옥에서 자신이 자유롭고 저들이 오히려 감옥에 갇힌 것 같다는 생각이 들었다고 한다. 그 뒤 그는 그 경험을 바탕으로 '시민불복종'이라는 책을 썼는데 마하트라 간디와 마틴 루터 킹이 그 책에서 영향을 받았다고 한다. 우리나라에서도 촛불시위로 대통령이 탄핵된 일이 있었는데 이러한 시민 불복종 운동의 시초가 된 철학자가 살았던 곳에 방문하다니 뜻깊다. 기념품점에서 소로 노트 3권을 샀다.

▲ 도로위를 달리는 보스턴 덕, 강위에 떠 있는 보스턴 덕

64. 미국 독립의 발단이 된 보스턴 차 사건
보스턴 2 : 보스턴 덕투어, 프리덤 트레일,
보스턴 차 사건 박물관

　보스턴에서 둘째 날은 오전 10시 보스턴 덕 투어로 일정을 시작했다. 이 투어는 시내와 강을 관람하는 수륙양용 투어였는데, 차는 배에 바퀴를 단 것 같은 모양새였다. 우리는 이것을 보고 설마 저것이 물에 뜨겠냐는 생각이 들었다. 그리고 한국어 안내 지원이 돼서 들었는데 알고 보니 보스턴은 최초 타이틀이 많았다. 최초로 자전거 공장이 세워진 곳도 보스턴, 최초로 여자가 자전거를 탄 곳도 보스턴이다. 그리고 한 때 탱크가 터져 당밀이 쏟아져 나와 대참사가 난 적도 있다고 하는데, 피해복구까지 6개월은 걸렸다고 한다. 그 광경이 제대로 상상되지가 않는다.

　시내 육상투어에 이어 차는 찰스 강으로 들어갔는데 우리의 예상과는 달리 잘만 떠다니는 진짜 수륙양용이어서 놀랐다. 찰스 강은 미국에서 도시를 흐르는 강 중에서 깨끗한 곳으로 유명한 곳이다. 그러나 과거에는 쓰레기 처리장으로 사용했기 때문에 미국에서 제일 더러웠다고 한다. 이렇게 깔끔해지기까지 얼마나 노력을 들였을지 상상이 되지 않는다. 영국의 템스 강도 한 때 더러웠다가 대대적인 정화운동을 벌여서 깨끗해졌다고 한다. 그러고 보니 어제는 과학관 주차 빌딩에서 우리가 이 강을 바라봤는데 이젠 이 강에서 과학관을 바라보니 신기했다. 진이가 직접 운전석에 앉아 핸들을 잡기도 했다.

　수륙양용자동차로 멋진 여행을 끝마친 뒤 우리는 프리덤 트레일의 1번째 여행지인 보스턴 커먼 공원의 지하주차장에 주차하고, 방문자 센터에서 여행 지도를 3달러 주고 사서 프리덤 트레일 여행을 시작했다. 보스턴 커먼은 미국 독립군과 영국군이 첫 교전을 할 때 영국군이 모였던 장소이자 미국 최초의 공원이고 유명한 연설들이 펼쳐진 장소이다.

　이어서 매사추세츠 주청사에 갔는데 황금색 돔 지붕이 인상적이었고, 그리스식과 로마식과 영국식을 섞은 것 같기도 했다. 그 뒤 그래너리 묘지에 갔는데, 벤자민 프랭클린의 아버지가 여기에 묻혀 있다. 그 뿐만 아니라 미국 독립선언서 서명자 중 3명도 매장되어 있다.

▲ 그래너리 공동묘지

　다음 장소로 킹스 채플에 갔다. 이 교회 이름이 킹스 채플인 이유는 그 당시 영국의 왕인 제임스 2세의 명령으로 지어졌기 때문이다. 그러나 청교도인이었던 보스턴 시민 중 누구도 성공회 교회에게 땅을 제공하지 않아서 어쩔 수 없이 공동묘지에 지었다고 한다. 사실상 이곳이 미국 최초의 성공회 교회이다. 성공회는 헨리 8세가 앤 불린과의 결혼을 위해 세운 종교이다. 아이러니하게도 그 전에 헨리 8세는 가톨릭의 수호자라고 불렸다.

1935년에 세워진 최초 공립학교 터에 갔는데 지금은 완전히 허물어져 구 시청 건물이 들어섰다. 최초 공립학교의 모습은 어땠을지 궁금했다. 이어서 옛 골목 서점 터에 갔는데 지금은 문을 닫고 식당이 됐다. 아마 인터넷 서점 발달로 인해 망한 것으로 보이는데, 사실 책은 인터넷 상거래 초기에도 가장 판매가 쉬운 물품이었다. 그 유명한 장난감 매장이자 내가 어릴 때 파워레인저 장난감을 샀던 토이저러스도 현재 오프라인 매장은 문을 닫고 있는 것처럼 말이다.

올드 사우스 미팅 하우스에 갔다. 500명의 미국 식민지인들이 이곳에 모여 차 세금을 반대하는 시위를 펼쳤다고 한다. 내부에 박물관이 있었지만 우리는 그냥 지나쳤다. 보스턴 학살 현장에 갔다. 이 사건은 차 세금 때문에 서로 감정이 안 좋던 상황에서 1770년 3월 5일에 미국 시민이 던진 눈덩이에 화난 영국군이 총을 쏴서 시민 5명이 죽은 사건이다. 미국인들에게는 우리나라의 3.1운동 같은 의미인 것 같다. 식당에 가서 점심식사로 랍스터를 6번째로 먹었는데 진이는 아예 이제는 맛이 없다고 했다. 한계효용체감의 법칙이 적용된 것 같다. 나는 진이와는 다르게 느끼는 맛은 떨어졌지만 그래도 여전히 먹을 만 했다.

보스턴 차 사건 박물관에 갔다. 보스턴 차 사건의 개요는 다음과 같다. 영국은 나라에 돈이 부족하자 영국령 동인도 회사의 차만 살 수 있게 하고 차에 비싼 세금을 물었다. 이에 보스턴 시민들은 분노해서 인디언으로 변장한 뒤 동인도 회사의 배에 실려있던 차를

▲ 바다로 차 던지기 체험

바다에 부었다. 이를 다룬 '보스턴 티 파티'라는 시도 있었는데 거기서는 영국을 나이 든 귀부인, 미국은 그 귀부인의 딸로 묘사했다.

맨 처음은 가이드 투어여서 그 당시 배를 재현한 곳에서 차 모형 박스던지기 체험을 했다. 그 많은 차를 아무렇지 않게 던질 정도라니 그 당시 보스턴 주민들이 얼마나 화났을까 라는 생각이 들었다. 그 뒤 도르래 2종류를 이용한 실제 무게 박스를 들어보기도 했다. 들어보니 상자가 꽤 묵직했다. 박물관에 들어가서 그 당시 상황소개 영상을 보고 실제 그 당시 차 상자를 봤다. 그림인 줄 알았더니 알고 보니 영상이어서 크게 놀랐다. 미국과 영국의 첫 격전에 대한 영상을 봤는데 처음에는 제복 입은 쪽이 영국군인 줄 알았는데 나중에 알아보니 제복 입은 쪽이 미국군이었다. 그 뒤 우리는 기념품점에서 깃털 펜을 샀고 그 뒤 나머지 트레일을 탐방하러 갔지만 비가 와서 몇 군데는 못 봤다. 나중에 프리덤 트레일을 좀 더 탐방할 기회가 온다면 미국 독립의 역사가 시작된 곳인 만큼 좀 더 자세히 탐방하고 싶다.

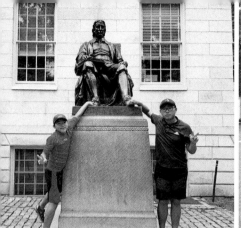

▲ 하버드 동상 발 만지기, MIT 공대의 그레이트 돔

65. 동부의 명문대 하버드와 MIT
보스턴 3 : 하버드 대학교, MIT 공대, 보스턴 도서관

　동부의 역사와 전통을 가진 명문대들의 모임인 아이비리그의 8개의 대학 중 하나인 하버드 대학에 갔다. 하버드 대학의 이름은 존 하버드에서 따왔는데 설립자는 아니지만 가지고 있는 책 대부분을 하버드 대학에 기증했기 때문이다. 제일 먼저 방문자 센터에 가서 한국어로 된 투어지도를 사서 투어를 시작했다. 빌 게이츠나 마크 주커버그, 스티브 잡스는 IT산업의 대표자들이지만 하버드 대학을 다니다가 중퇴한 공통점이 있다. 우리는 입구에 들어가서 워즈워드하우스에 먼저 갔는데, 이곳은 하버드에서 지금까지 남아있는 건물 중 두 번째로 오래됐다. 조지 워싱턴이 독립전쟁 당시 이곳을 사령부로 사용한 적이 있었다.

　존 하버드 동상에 갔다. 존 하버드의 초상화가 남아있지 않아서 동상은 하버드 대학의 어느 한 학생을 모델로 해서 만들어졌다. 이 동상의 왼발을 만지면 3대 안에 하버드 대학에 들어갈 수 있다는 말이 있어서 그런지 많은 사람들이 왼발을 만지며 사진을 찍고 있었다. 우리도 줄을 서서 기다렸다가 진이와 나는 오른발과 왼발을 각각 만지고 자리를 바꿔서 다시 찍었다. 여기서 동생 진이는 왼발을 만지면 들어간다는 이유는 왼발은 밖에 나와 있고 오른발을 안에 있어서 오른발은 키가 작은 사람은 만지기 어려워서 그런 것 같다고 그랬다. 그래서 그런지 왼발만 유난히 황금처럼 반짝거렸다.

매사추세츠 홀을 봤는데 이 건물은 하버드대학에 남아있는 건물로서는 가장 오래되고 미국의 대학교 건물 중 남은 것으로는 가장 오래된 건물이다. 기숙사인 홀리스 홀에 갔다. 헨리 데이비드 소로가 그 기숙사에서 살았다고 한다. 우리가 월던 연못에서 본 그 유명한 철학자의 기숙사에 가보다니 뜻깊었다.

메모리얼 홀에는 남북전쟁 당시 북군에 참여해서 전사한 하버드 출신 군인들의 이름과 학과가 건물 내벽에 써져있었다. 라몬트 도서관에 갔는데 두 명의 하버드 졸업생이 기증한 헨리 무어의 조각품인 '4개의 누워있는 조각상'이 있었다. 그런 걸 기증한 졸업생 둘이 대단하다. 와이드너 도서관에 갔는데 이 도서관 설립에는 기부자가 타이타닉 호 사고에서 죽은 자기 아들을 기리는 의미로 하버드 학생들이 수영시험을 필수로 하는 것을 조건으로 기부해서 지었다고 한다.

역시 아이비리그 대학 중 하나인 MIT공대에 갔다. 먼저 그레이트 돔이라는 곳에 갔는데 한 때 한 경찰관을 추모하기 위해서 경찰 순찰차를 돔 위에 헬기로 얹은 이벤트도 있었다. 건물 외관이 마치 그리스풍 신전에 돔을 얹은 것 같았다. 우리는 5층의 도서관에 가서 니콜라 테슬라의 흉상을 봤다. 니콜라 테슬라는 발명왕 에디슨의 라이벌이었다. 그는 교류전기를 고안했지만 에디슨은 교류전기는 너무 위험하다며 그의 주장을 받아주지 않았다. 결국 웨스팅하우스가 그의 주장을 받아들였다. 그래서 현재까지는 직류가 멀리 보내기 힘든 점 때문에 교류전기를 쓰고 있다. 하지만 대부분의 전자제품은 직류전기를 사용하는데다가 직류전기를 좀 더 효율성 높게 보내는 방법이 개발되고 교류전기의 문제점이 드러나면서 교류전기는 위협을 받고 있다. 그는 교류전기의 전압을 올리기 위한 테슬라 코일을 만들었고, 전기의 사용을 처음으로 고안한 사람이기도 하다.

도서관에서 공부하다 두뇌를 식히기 위한 100조각 퍼즐이 휴식코너로 있었는데 이 퍼즐이 어려워서 어지간해서는 두뇌가 전혀 안 식을 것 같다. 진이는 그것을 맞추고 있었는데, 아버지는 진이에게 계속하고 싶으면 MIT에 입학해서 하라고 하셨다. 크레스지 오디토리움을 봤는데 유명한 건축가가 설계했다고 한다. 마치 수염고래 수염이 사방에 둘러진 것 같은 모양이었다. 그리고 숫자와 수학기호가 모여 만들어진 쭈그려 앉은 사람 조형물 만든 것을 봤는데, 공대답게 숫자와 기호들로 조형물을 만든 아이디어가 진짜 기발했다.

세 번째 방문지인 보스턴 공공도서관에 갔다. 도서관에 들어가기 전 도서관 바깥 인도에서 창문을 통해 안을 들여다보니 서고와 공부하는 사람들이 그대로 보였다. 도서관은 구관과 신관으로 나눠져 있었다. 신관은 현대적이고 예술적인 느낌이 들었다. 신관 쪽으로 들어간 뒤 세계 각국의 언어로 된 책들이 있는 곳에서 한국과 일본 책을 봤다. 일본 쪽에는 내가 알고 있거나 이름은 들어본 바람계곡의 나우시카, 도라에몽 등의 작품이 수록돼 있었다. 한국 쪽에서는 위인전들과 링2-스파이럴의 한국판('링'과 '링2'는 둘 다 영화로 출시됐고, 링 하면 TV밖으로 사다코라는 귀신이 튀어나오는 것이 떠오를 것이다)이 있어서 신기했다. 전체적으로 장편 시리즈는 많이 없었고, 책을 왼쪽에서 오른쪽으로 넘기는 방식인데 이런 구조는 현대의 일본 라이트노벨과 만화에서도 볼 수 있다.

어린이 전용실에 갔는데 이 도서관은 1895년부터 어린이 전용실을 설치하고 1902년 어린이를 위해 책 읽어주는 서비스를 세계 최초로 했다. 이건 무려 100여년 전 일인데, 그 당시 우리나라는 어린이 존중의식 자체가 전무하고 공립도서관도 없던 상황이었다. 어떤 면에서는 씁쓸하기까지 하다. 전체적으로 신관의 분위기를 말하자면 한국 도서관 열람실이라면 일반적으로 설치되어 있는 칸막이가 없고 전체적으로 공개돼 있는데다가 도서실 전체가 트여 있었다.

그 뒤 구관으로 갔다. 그 전까지 도서관은 있었지만 일반인은 사용할 수 없는 특정 계층용이었다. 그러나 이 도서관은 1848년에 지어진 세계 최초의 공립 도서관이었다. 이 도서관 덕분에 일반인들도 자유롭게 책을 읽을 수 있게 됐다. 애당초 우리나라에 공립도서관이 들어선 건 몇 십 년 밖에 안 된다. 건물 내부의 조형과 아름다운 벽화 때문에 마치 도서관이 아니라 박물관 같았다. 도서관 정문 내부에서는 사자상 두 마리가 서로를 마주보고 있었는데 보통 도서관에 이러한 장식이 있는 것은 못 봐서 정말 신기했다. 구관의 외관을 보니 신관과는 달리 마치 르네상스풍의 건물 같아서 도서관이라고는 전혀 믿겨지지가 않았다. 입구 좌우에 과학자들의 이름과 지구본을 든 여자 동상과 예술가들의 이름과 팔레트를 든 여자 동상이 각각 있었다. 아마 과학과 예술을 상징하는 것 같다.

그 뒤 매사추세츠 주에서 코네티컷 주의 주도인 하트워드에 있는 숙소에 도착했다. 우리가 이 도시에 간 이유는『톰 소여의 모험』을 쓴 작가이자 바른 말을 잘 하기로 유명했던 마크 트웨인과 흑인 문제를 널리 알린 작품이자 남북전쟁이 일어나는 계기 중 하나였던『톰 아저씨의 오두막집』을 쓴 해리엇 스토의 박물관이 있기 때문이다.

▲ 마크 트웨인의 생가

66. 『톰 소여의 모험』의 마크 트웨인, 『톰 아저씨의 오두막집』의 스토 부인은 이웃
마크 트웨인 박물관, 해리엇 비처 스토 방문자센터, 예일 대학교

마크 트웨인은 『톰 소여의 모험』과 『허클베리 핀의 모험』, 『왕자와 거지』로 유명하다. 그리고 『허클베리 핀』은 몇 안되는 원편보다 뛰어난 후속편 중 하나로 손꼽힌다. 그리고 마크 트웨인은 바른 말을 잘하기로도 유명했는데 그는 거짓말쟁이나 아첨꾼은 많이 나오지만 진정으로 바른 말을 하는 사람은 나오기 힘들다고 말했다.

이후 마크 트웨인의 생가를 가이드 투어로 들어갔는데 집에 들어가 보니 천장의 벽지가 조금 벗겨져 있었다. 이는 마크 트웨인이 이 집을 떠난 지 115년 뒤 풀이 약해져서 떨어졌다고 한다. 이를 통해 유추하면 마크 트웨인이 최대 1903년 쯤에 이 집을 떠났다는 것이다. 그리고 방과 방을 이어주는 소리관이 있었다. 솔직히 나는 처음에는 전화인 줄 알았다.

그의 집필실에 가서 명함들이 있는 당구대를 본 뒤 벽에 책이 꽂혀

있는 것을 봤다. 가이드의 말로는 마크 트웨인은 담배를 하루에 13개비를 피웠다고 하는데 설마 폐암으로 죽은 게 아닐까라는 생각이 든다. 그리고 세탁물을 세탁실까지 올리는 소형 승강기도 있었고, 웃기게도 계단 벽면에 문이 있었던 것도 있었다. 그래서 그런지 열지 마시오라는 주의문이 있었다. 2층 지붕은 경사지붕이고 얇은 기둥 여러 개가 1층 지붕을 받치는 형태여서 정글 풍이 났다.

박물관에 가서 그의 일생을 봤는데 알고 보니 마크 트웨인은 그의 필명이었다. 원래 그는 톰 소여의 모험을 쓴 뒤 바로 허클베리 핀의 모험을 쓸 예정이었지만 다른 작품 출판 사정으로 집필이 몇 번씩이나 중단돼서 7년 후에야 허클베리 핀의 모험을 출판했다고 한다. 그는 인쇄 작업에서 잠깐 일했던 경험을 바탕으로 20만 달러를 들여서 새로운 인쇄기를 개발했지만 전혀 팔리지 않아서 결국 파산하기도 했다. 그는 교류전기를 고안해낸 니콜라 테슬라의 친구였고 테슬라의 실험실에서 전기를 발생시키는 실험도 했다. 전에 MIT에서 니콜라 테슬라의 흉상을 봤을 때는 마크 트웨인이 테슬라의 친구라는 것을 상상도 못했다. 마치고 나서 기념품점에서 영문판 톰 소여의 모험을 샀다.

다음에는 해리엇 스토 방문자 센터에 갔다. 해리엇 스토 부인은 원래 그녀의 아버지가 남자면 헨리라고 이름을 지으려 했기 때문에 이름이 해리엇이다. 아이러니하게도 그녀의 아버지는 목사인데다가 노예 찬성론자인데 그녀는 노예 반대론자다. 왜냐하면 그녀는 어머니 없이 자란 적이 있어서 노예이기 때문에 부모와 강제로 헤어져야 하는 흑인 어린이들을 가엽게 여겼기 때문이다. 그녀의 아버지가 노예 반대론자들에게 권총을 보내 협박한 것과는 대조적이다. 그녀가 쓴 작품으로는 『톰 아저씨의 오두막집』이 있다. 우리는 방문자 센터를 둘러본 뒤 스토 부인의 위인전을 샀다.

스토 부인의 생가를 둘러봤는데 마크 트웨인의 집에 비해 규모가 작고 깔끔하고 단정했다. 그 시대의 유명한 작가 둘이 이웃이었다니 신기했다. 그러고 보니 그들의 사상은 유사한데가 있었는데다가 둘 다 사회의 문제점을 비판했다. 예를 들어 마크 트웨인은 주입식 교육과 그 당시 절대적이었던 교회와 노예제도를 비판했고, 스토 부인은 노예제도를 비판했다. 그러나 표현에 있어서는 다른데, 마크 트웨인은 비판하고자 하는 자들의 문제점을 우스꽝스럽게 풍자하고 비유해서 비판했고 스토 부인은 비판하고자 하는 자들의 행동과 그들에게 핍박받는 자를 대비시키면서 비판했다. 아마 이런 표현의 차이로 그런 건지 그 당시에는 스토 부인이 더 유명했다. 실제로『톰 아저씨의 오두막집』은 흑인 문제를 부각시킴으로써 남북전쟁의 원인 중 하나가 됐다.

다음 목적지인 예일 대학으로 이동했다. 예일 대학은 아이비리그 8개 대학 중 하나이며, 현재까지 총 5명의 미국 대통령과 20명의 노벨상 수상자(교수까지 포함하면 52명)을 배출했다. 우리나라는 지금까지 1명밖에 노벨상 수상자를 배출 못했는데 이곳은 무려 20명이나 있어서 자존심이 상했다. 예일이라는 이름은 기증자인 엘리후 예일에서 따왔다. 하버드도 책 기증자의 이름을 따서 지었는데 왜 두 명문대가 기증자의 이름을 땄냐면 두 대학 다 개인이 아닌 단체가 설립해서 그런 것이다. 두 학교는 미식축구 교류전을 하는데 이것은 한국의 연고전과 유사하다.

예일대학 가이드 투어를 시작할 때 먼저 예일대학교의 학장인 울시의 동상을 봤다. 이 동상의 왼발을 만지면 행운이 온다 해서 왼발만 반질반질했다. 아버지의 추측으로는 하버드 동상의 왼발을 만지면 3대안에 이 대학에 들어간다는 것은 나이를 든 관광객들도 만지게 하려는 의도가 아닐까라고 했다. 또한 이곳의 왼발을 만지면 행운이 온다는 것은 똑같이 3대안에 이 대학에 들어간다는 것은 식상해서 그런 것 같다.

그 뒤 배이니키 고서 도서관에 갔는데, 온갖 희귀한 고서들이 여러 층에 수많은 책꽂이에 꽂혀있었다. 이곳에는 현재 전 세계에서 15권밖에 없다는 구텐베르크 성경이 있었는데 300년이나 됐는데도 불구하고 현대 책 같았다. 엄밀히 따지면 구텐베르크보다 300년 전 고려시대에 세계 최초로 금속활자로

▲ 예일대학 도서관에 소장되어 있는 구텐베르크 성경

찍은 책인 『직지심체요절』이 있는데 구텐베르크 성경이 세계 최초로 인정받는 것은 두 가지 요인이 있다. 첫 번째는 구텐베르크는 확실하게 금속활자를 만들었지만 직지심체요절에 쓰인 금속활자는 만든 사람이 알려져 있지 않기 때문이다. 둘째는 구텐베르크가 인쇄한 책은 널리 알려져 있지만 우리나라에서 금속활자로 된 책이 대중화 된 경우는 없기 때문이다. 게다가 구텐베르크는 인쇄의 중요성을 알고 인쇄를 편하게 하기 위한 압착기까지 발명했다. 이러한 차이로 인해 우리나라가 세계 최초가 되지 못한 셈이다. 아쉬움을 뒤로하고 우리는 코넷티컷 주에서 뉴욕 주를 거쳐 펜실베이니아 주에 있는 숙소에 도착했다.

▲ 유엔본부 안전보장이사회

67. 세계에서 사람이 몰려오는 도시 뉴욕
뉴욕 1 : UN 본부, 컬럼비아 대학교, 센트럴 파크,
메트로폴리탄 박물관, 브로드웨이, 타임스퀘어, 한인타운

　오늘 뉴욕 첫날 첫 방문지로 유엔본부에 갔다. 가는 도중에 뉴욕 시내를 둘러봤는데 세계 최고 중심도시인 뉴욕답게 처음부터 마천루가 즐비했다. 유엔은 세계 2차 대전을 겪은 뒤 다시는 이러한 끔찍한 일이 일어나지 못하게 세계 질서를 유지하기 위해 만든 단체이다. 유엔 가맹 국가 간에는 모두 평등하기 때문에 유엔의 최고지위는 사무총장이며, 유엔본부는 치외법권 지대이기 때문에 유엔본부에는 국제법만이 적용된다.

　먼저 줄을 서서 방문증을 받았다. 그 뒤 유엔 본부 가이드 투어로 제일 먼저 간 곳은 유엔 안전보장의사회이다. 안전보장의사회는 상임이사국 5개국(미국, 중국, 프랑스, 영국, 러시아(구소련), 일본이나 독일은 전범국이어서 안 됨)과 제비뽑기로 결정된 비상임 이사국 20개국이 하는데 이중 상임이사국 중 하나라도 반대를 하면 의결이 안 된다. 그러나 6.25당시 유엔군참전은 소련이 기권을 했고, 그 당시는 상임이사국에 중국 대신 대만이 있었기 때문에 승인될 수 있었다. 그 뒤 유엔 신탁통치의사회 회의실을 봤다. 우리나라도 광복 후 정부수립까지 3년간 신탁통치를 받았다. 사실상 지금은 거의 활동을 안 한다고 해도 과언이 아니다.

그리고 하루에 지출하는 군비를 금액으로 표시하는 모니터 위에 "세계는 과도하게 군비를 지출하고 평화를 위한 돈은 지불하지 않는다"라는 반기문 전 유엔사무총장(2년 전에 임기가 끝남)의 격언이 있었다. 핵무기를 반대하는 포스터를 많이 봤다. 다양한 형태로 비핵의지를 전하고 있었다. 원폭 당시의 원폭촬영사진과 나가사키 원폭에서 손 하나만 무너진 조각상이 있었다. 이러한 것들은 원폭의 부정적인 면들을 직접 보여줬다. 이러한 원폭을 다룬 일본의 작품 중 손꼽히는 명작이 있는데 그게 바로 내가 예전에 읽었던 『맨발의 겐』이라는 만화책이다. 보통 원폭을 다룬 작품 중 일본의 작품은 대부분 피해자로서의 일본만을 강조하고 일본이 한 잘못은 묘사하지 않지만 이 작품은 주인공의 이웃인 조선인 박 씨와 주인공을 통해 일본의 잘못을 폭로하고 그것을 부끄럽게 여기고 있다는 점에서 명작인 것이다. 이러한 명작이 나올 수 있던 이유는 작가가 직접 원폭을 겪었고 작가의 아버지가 반전주의자였기 때문이다.

다음으로 유엔의 여러 회의 중에 최고 의사 결정이 이루어지는 유엔 총회 회의장에 갔다. 약 130~146개국이 참여할 수 있는 좌석이 있었다(3좌석 당 1국가다). 1층 벽면에는 역대 유엔사무총장 사진들이 있었다. 제일 마지막에 한국인인 반기문 총장

▲ 반기문 전 유엔사무총장 사진 앞에서

님이있어 너무 반가워 사진을 배경으로 기념사진을 찍었다. 그 뒤 본부를 나왔는데 입구에 총구가 묶인 리볼버모양 조형물이 있었다. 무력사용을 그만두고 평화로 나아가자는 의미인 듯하다.

다음으로 컬럼비아 대학교에 갔다. 컬럼비아 대학교는 그 유명한 퓰리처상을 제정하고 수상하는 곳이다. 그리고 컬럼비아 대학은 아이비리그 8개 대학 중 하나이고, 교수와 졸업생을 다 포함해서 101명의 노벨상 수상자를 배출했다. 이는 하버드대학 다음 두 번째로 세계에서 많은 노벨상 수상자 배출이다(교수

▲ 리볼버 모양의 조형물

를 제외하면 세계 8위). 그리고 3명의 미국 대통령과(시어도어 루즈벨트, 프랭클린 루즈벨트, 버락 오바마), 123명의 퓰리처상 수상자를 배출했다.

먼저 조셉 퓰리처가 후원한 언론대학에 갔다. 이 장소에서 그 유명한 퓰리처상을 수여한다. 퓰리처상은 조셉 퓰리처의 유언에 따라 만들어졌다. 알프레드 버너 홀에 갔는데, 거기에는 졸업식 기념사진이 있었다. 미국의 졸업식은 한국과 달리 학생, 학부모, 교직원들이 모두 참여해서 졸업식 날 학교가 꽉 찬다. 미국은 한국과 달리 입학도 어렵지만 졸업도 어려워서 졸업에 큰 의미가 있다. 이와 대비되게 한국은 입학이 어렵지만 졸업이 쉽고 프랑스는 입학이 쉽지만 졸업이 어렵다.

컬럼비아 대학 구경을 마치고 센트럴 파크에 갔다. 공원 전체에 수풀이 우거지고 규모가 광대해서 도시에 있다고는 도무지 믿기지 않았다. 메트로폴리탄 박물관에 갔는데, 이 곳은 세계 4대 박물관 중에 하나로 손꼽힌다. 박물관 근처에는 길거리 미술품 판매점들이 있었다. 미술품

을 취급하는 박물관 근처에서 길거리 미술품을 팔고 있는 것이 오히려 조화로웠다. 박물관 앞에 있는 분수는 그야말로 다채로운 모습을 보여 줬다.

먼저 고대 이집트 관에 갔는데, 고대 이집트의 진짜 파피루스 그림을 봤고, 그 뒤 황금관 덮개를 봤다. 그리고 명계의 신 오시리스의 조각상을 봤다. 오시리스는 원래 이승을 통치하는 신이었지만 그의 동생인 악의 신 세트는 그를 죽인 뒤 그의 몸을 나눠서 버렸다. 그러나 그의 아내 이시스가 그의 시신

▲ 고대 이집트 관

을 맞춘 뒤 미라로 만든 후 부활시켰고 이리하여 그는 명계의 신이 됐다. 그리고 아누비스의 조각도 봤는데 그는 미라의 신이자 오시리스를 부활시킬 때 도움을 주기도 했다. 고대 이집트의 조각들을 봤는데 거의 다리를 모으거나 왼쪽 다리를 앞으로 내밀었다. 그 이유는 고대 이집트에서 파라오는 신이나 다름없기 때문에 그에 대한 경의로 한 것이다.

박물관을 벗어나니 근처에 비눗방울 쇼가 있어서 진이가 체험했다. 만들어진 비눗방울의 최대 크기가 어른이 들어갈 수 있는 크기였고, 비눗방울 표면이 무지개 빛으로 어른거렸다. 그 뒤 브로드웨이를 따라서 걸었는데 각종 뮤지컬 극장이 있었고, 2005년판 킹콩의 뮤지컬 판의 안내가 있었다. 안내를 읽어보니 몇 미터에 달하는 자동인형이 쓰인다고 했다. 그리고 '스쿨 오브 락' 뮤지컬도 있었는데 나는 원작인 동명의

영화를 봤다. 그 내용은 어떤 락 가수가 학교에 위장취업을 해서 학생들과 '스쿨 오브 락'이라는 밴드를 만드는 것이다.

식사를 하기 위해 '그리운 코리아'라는 코리아타운의 한식당에 가서 부대찌개를 맛있게 먹었는데 역시 부대찌개는 다양한 재료가 어우러지는 점이 매력이다. 그 뒤, 그 유명한 엠파이어 스테이트 빌딩을 밖에서 잠시 구경했다. 뉴욕에서 2번째로 높은 건물다운 웅장함과 높이였다.

▲ 인파로 가득찬 타임스퀘어

타임스퀘어에서 옵티머스 프라임, 아이언맨 마크 43 등의 코스프래를 한 사람들과 같이 기념사진을 찍었다. 전체를 둘러보니 과연 세계에서 가장 번화한 도시답게 온통 대형 전광판으로 가득했다. 광장에는 사람들이 웬만한 경기장 저리 가라 할 정도로 오가고 있었다. 한눈에 보이는 사람만 수천 명이었다. '강남스타일'로 유명한 싸이도 이 타임스퀘어에서 공연을 했다. 과연 세계 중심 도시의 광장 다운 분위기였다. 사실상 이번 여행 최초의 야간 투어였다. 내일은 자유의 여신상에 갈 예정이다.

▲ 토마스 에디슨 국립역사공원

68. 발명왕 토마스 에디슨의 위대한 실험실과 생가
뉴욕 2 : 토마스 에디슨 국립역사공원, 자유의 여신상

처음 목적지인 토마스 에디슨 국립역사공원으로 출발했다. 여기가 국립공원이었기 때문에 4학년 동반가족 무료통과권을 사용해서 돈을 아꼈다. 방문자 센터에서 에디슨이 "발명을 위해서, 너는 좋은 상상과 잡동사니의 자료가 필요하다"라는 격언을 했다는 것을 알게 됐다. 실험실에 들어간 뒤 먼저 그의 연구실에 갔는데 책이 진짜 많았다. 여기서 잠을 자면서까지 연구했다는 증거로 침대가 있었고, 그의 발명품인 영사기가 있었다. 그러나 그는 영화로는 성공하지 못했다고 한다.

2층에 올라가서 설계도실에 갔는데 다양한 발명품 스케치들이 탁자 위에 있었는데, 아마 배터리 제조에 썼을 것 같다. 그 뒤 프로토타입 제작실에 갔다. 뛰어난 제품을 만들기 위해서는 수많은 프로토타입을 비교 및 계량해야 한다는 것을 배웠다. 주 실험실에는 사람과 짐을 옮기기 위한 엘리베이터가 있었다. 이 작은 건물에 엘리베이터가 있었다니 신기했다. 그리고 발명품들과 그와 관련된 자료를 소장하는 곳도 있었다. 이렇게 예전 자료를 모아두는 습관이 더 좋은 발명품을 만들게 할 수 있다.

그 뒤 발명품 전시실에 갔는데 거기에는 에디슨이 제작한 축음기와 영사기, 백열전구, 축음기를 넣은 말하는 인형(그 당시는 획기적이었고, 로봇 장난감에도 영향을 줬다), 축전지와 자동차 배터리가 있었다. 나는 그가 축전지를 발명했을 것이라고는 전혀 상상하지 못했다. 애디슨이 발명왕이라고 불리는 이유는 바로 대부분의 발명품이 실용화됐기 때문이다.

그 뒤 주 실험실을 나와서 화학전문실험실에 갔는데 주로 배터리를 제조했다. 화학물질 합성으로 인한 열 때문에 방이 많이 더웠다고 한다. 우리가 쓰는 형태의 축전지가 개발되기까지 수많은 개발이 있었다는 것을 알게 됐다. 애디슨이 죽은 뒤 이 연구실은 폐쇄하고 영구보존에 들어갔다고 한다.

에디슨의 생가에 갔다. 호랑이 2마리와 곰, 치타는 가죽깔개형태로 있었고, 흰 부엉이는 박제로 있었다. 이런 고급품들이 있었던 것을 보면 그는 상당히 부유한 생활을 했던 것 같다. 그는 발명가로서의 능력뿐만 아니라 사업가로서의 능력도 뛰어났기 때문이다. 그의 발명품 대부분이 실용화 된 것도 그의 뛰어난 사업가로서의 능력 때문이다. 건물 외관은 크기와 색이 마크 트웨인의 집과 유사했지만 에디슨이 좀 더 정돈된 것 같은 분위기였다.

다음으로 자유의 여신상을 보러 갔는데 배를 타고 가던 도중 일리스섬에 들러서 일리스 섬 이민 국립공원에 갔다. 초기에는 배를 타고 미국으로 이민을 왔기 때문에 일리스 섬은 이민 검문소 역할을 맡았고, 시대별로 이민 온 나라들을 표시한 그림이 있었다. 초기에는 아일랜드에서 미국으로 대량으로 이민을 왔는데 그 이유는 영국이 대부분의 식량을 수탈해가서 먹을 게 감자밖에 없었는데 하필이면 감자역병이 돌아서 대부분의 감자가 썩어서 먹을 게 없어졌기 때문이다. 남의 나라의 불행이 한 나라의 발전의 요인이 되다니 아이러니하다.

이동 도중 배에서 맨해튼을 바라보니 새로 지은 세계무역센터 건물이 있었다. 9.11 테러 전까지는 쌍둥이 빌딩이었는데 지금은 외빌딩이고 첨탑이 있었다. 자유의 섬에 도착한 뒤 자유의 여신상에 들어가서 내부 박물관에 갔다. 자유의 여신상에는 에펠탑 같은 뼈대가 있는데 사실 그 뼈대를 만든 사람은 에펠탑 건축가인 귀스타프 에펠이다. 자유의 여신상의 디자인을 담당한 건 프레데리크 바르톨디이다. 그는 그의 어머니와 그리스시대 조각상을 바탕으로 여신상을 구상했다. 여신상의 표면은 구리로 만들었으나 바닷바람에 노출돼 지금은 녹색이다. 실제 크기의 여신상 부위 모형이 있었는데 여신상을 얼굴의 코 길이가 내 키의 절반 쯤 됐고 엄지발가락의 길이가 내 키의 절반 쯤 됐다.

왕관까지 올라가는 예약을 안 해서 받침대까지 갔는데 전망대에서 바라보니 맨해튼이 한눈에 들어왔다. 엠파이어 스테이트 빌딩, 세계무역센터를 포함한 마천루들이 빌딩숲을 이루었다. 자유의 여신상은 프랑스가 미국 독립기념 100주년으로 선물한 건데 프랑스에서 조립했다가 다시 분해해서 배로 운송한 뒤 미국에서 재조립했다. 오른손에는 거

▲ 자유의 여신상

대한 횃불을 쥐고 있고, 왼손에 쥐고 있는 건 미국 독립선언서이며 그것에는 미국 독립일이 나와 있다. 그리고 파리의 센 강에도 모습은 비슷하고 크기는 작은 여신상이 있다. 그것은 프랑스혁명 100주년을 기념해서 미국인들이 선물한 것이다. 그렇다면 프랑스와 미국은 서로의 역사적 기념일을 축하해주기 위해 자유의 여신상을 주고 받은 셈이다.

이번에는 자유의 여신상을 밑에서 올려다봤다. 횃불모양 컵에 든 레모네이드를 사먹으면서 섬 한 바퀴를 둘러봤다. 우리는 레모네이드를 자유의 여신상이 든 횃불처럼 들어서 자유의 여신상 앞에서 포즈를 취해 기념사진을 찍었다.

▲ 뫼비우스의 띠 실험모형

69. 희대의 비극, 9.11테러
뉴욕 3 : 국립 수학박물관, 911 기념관, 월스트리트 황소상

　오늘 처음 간 곳은 국립 수학박물관이다. 맨 처음에는 구가 아닌데도 지름이 비교적 일정한 입체도형 위를 미끄러져 가는 체험을 했다. 이러한 도형을 뢸로 도형이라고 하는데, 한 때 소화전 잠금장치에도 이 기술이 적용됐다. 이유는 함부로 소화전을 열지 못하게 하기 위해서이다. 직선들의 배열이 교차되고 바뀌서 전체적으로 곡면이 되지만 선은 여전히 직선인 것 체험하는 체험기구가 있었다. 두 개의 무늬를 놓고 한쪽은 고정시키고 한쪽을 움직이면 특유의 움직이는 무늬가 나타나는 무아레 현상도 체험했다.

　평면도형을 이용해서 입체를 덮는 체험도 해봤는데 축구공이 이 원리를 사용했다. 축구공은 원래 조각수가 32개이지만 현재 가장 최근의 올림픽 공인구인 브라주카는 조각이 곡선형인데다가 조각수가 6개이다. 이렇게 조각 수가 줄어들수록 구에 가까워지고 성능이 좋아진다. 뫼비우스의 띠는 두 번 꼬게 되면 안과 밖이 다르게 되는데, 이것을 특수 자동차 트랙으로 체험했다. 재미있는 건 한번 꼰 뫼비우스의 띠를 세로로 반으로 자르면 2번 꼬인 뫼비우스의 띠가 된다는 것이다. 중심 축의 위치가 잘 변하지 않아야만 바퀴가 덜컹거리지 않고 잘 가는데, 이 때문에 평지에서는 원이 잘 간다. 그러나 곡선이 연이어져 튀어나온 특수지형일 경우에는 정사각형 바퀴도 큰 덜컹거림 없이 지나갈 수 있다는 것을 바퀴가 정사각형인 자전거와 특수지형으로 체험했다.

그리고 농구공 발사기를 이용한 투척각도와 투척높이가 궤도에 미치는 영향을 체험했다. 입체도형을 변형시켜서 특이한 형태의 입체도형을 만드는 컴퓨터 체험도 했는데, 처음에는 조작이 힘들었다가 나중에 어느 정도 해냈다. 몇 번 조작만 해도 기본 도형이 갖가지 형태로 변하다니 특이했다. 그 뒤 처음 부분과 끝부분을 제외한 높낮이를 조종해 트랙을 변형시켜 보다 더 주행기를 빨리 갈 수 있게 하는 체험을 했다. 이런 경우에는 사이클로이드 곡선이 딱이다. 사이클로이드 곡선이란 원이 평면을 구를 때 원의 가장자리의 한 점이 그리는 곡선이다. 이러한 사이클로이드에서 무언가를 굴리면 직선에서 굴릴 때보다 빨리 구르고 가면 갈수록 가속도가 분산된다.

주기적으로 변하는 바닥에 설치된 수학퍼즐이 있었다. 공통점은 일종의 규칙을 따라서 목적을 달성해야 하는 것이다. 한 번 해봤는데 답을 맞추기가 어려웠다. 그리고 어떤 한 수를 제시하고 그 수 미만의 수 중 하나를 지정하면 그 지정한 수에 더하면 제시한 수를 만들 수 있는 수가 표시되고 그것을 몇 번 더해서 제시한 수를 만들면 끝나는 체험을 했다.

피타고라스의 정리를 나타낸 조각체험을 했다. 피타고라스의 정리는 직각삼각형에서 가장 긴 변의 제곱은 나머지 변의 제곱 둘의 합과 같다는 것이다. 이 체험은 직사각형의 세 변과 맞닿은 세 정사각형 중 작은 편인 두 정사각형에 들어가는 조각으로 큰 정사각형을 빈틈없이 맞추는 것으로 피타고라스의 정리를 증명했다.

그리고 모서리 FX라는 체험을 했는데 피라미드형 통로의 위에 구슬을 부었을 때 바닥에 떨어지는 구슬의 분포가 확률을 나타내는 실험이다. 수학적 확률에 따르면 가장자리로 갈수록 구슬이 거기로 떨어질 확률이 낮아진다. 실제로 해보니 대체로 가장자리로 갈수록 구슬 수가 적었다. 이처럼 이론으로 정해진 확률을 수학적 확률이라고 하고 현실에 일어나는 일을 바탕으로 한 확률을 통계적 확률이라고 한다. 통계적 확률은 반드시 수학적 확률을 따르지는 않지만 최대한 많이 할수록 수학적 확률에 가까워진다.

테셀레이션 체험을 했는데 동물형태의 테셀레이션도 있었다. 에서라는 화가는 이런 테셀레이션 기법을 잘 사용했다. 그가 주로 사용한 테셀레이션으로는 천사와 악마모양을 이용한 '천사와 악마'라는 테셀레이션과 도마뱀 테셀레이션이 있다. 레이저 빛을 이용한 원뿔곡선 체험도 했는데 원뿔곡선으로는 원, 타원, 포물선, 쌍곡선이 있다. 이러한 원뿔곡선 이론은 아폴로니우스가 고안했다.

▲ 플렛 아이언

어제 갔던 그리운 코리아라는 식당에서 점심을 먹었다. 거기서 나는 진짜로 오랜만에 냉면을 곱빼기로 먹었고, 진이는 갈비탕을, 아버지는 알탕을 먹었다. 그리고 어제는 센트럴 파크에서 코리아타운까지 브로드웨이를 걸었지만 오늘은 코리아타운에서 맨해튼 끝까지 브로드웨이를 걷기로 했다. 길을 따라 내려가다가 플렛 아이언(구식 전기다리미를 닮아서 그런 이름이 붙었다) 빌딩을 구경했는데 브로드웨이가 사선이었기 때문에 삼각형 모양 땅이 생겨서 삼각형 건물을 지었다. 아마도 삼각형 건물 중에서 세계 최대의 건물일 것 같다. 이 빌딩은 뉴욕 최초의 마천루이기도 하다.

유니언 스퀘어 공원에 가서 링컨 동상과 조지 워싱턴 동상을 봤다. 아마 유니언 스퀘어에 그 동상 둘이 있는 이유는 조지 워싱턴은 미국 연방을 창설했고, 링컨은 분열된 미국을 합쳐서 그런 것 같다. 지나가는 길에 브로드웨이 영화극장에서 '배놈(10월 5일 개봉)'과 '범블비(크리스마스 쯤에 개봉한다고 함)' 포스터를 봤는데 '배놈'은 최초로 마블 영화상 빌런을 주인공으로 다룬 것이어서(아마 이번 영화에서는 안티 히어로겠지만) '범블비'는 트랜스포머 영화니까 개봉된다면 두 작품 다 꼭 보고 싶다.

맨해튼과 브루클린을 연결하는 유명한 브루클린 다리를 봤다. 우리의 일정이 부족해 저 다리를 건너 브루클린에 가지 못하는 게 아쉬웠다. 한 때 이 장소에서 큰 비극이 일어난 9.11 기념관에 갔다. 거기에는 그 당시에 있었던 4개의 여객기 테러 내용이 있었다. 1번째 비행기와 2번째 비행기는 쌍둥이 빌딩에 테러를 했고, 3번째 비행기는 펜

▲ 911기념관 추모 폭포에서

타곤에 테러를 했는데 펜타곤은 높이도 5층 정도로 많이 높지 않고 규모가 워낙 크고 사람이 밀집해 있지 않았기에 여기보다는 상대적으로 인명피해가 적었다. 그리고 4번째 비행기는 워싱턴DC으로 향했는데 그 때 테러범들의 통신내용을 들은 승객들과 승무원들은 만일 워싱턴DC(아마 백악관이나 국회의사당, 대법원 중 하나였을 것이다)에 비행기가 추락하면 어차피 자신들은 죽을 테니 워싱턴DC에 추락하는 것은 반드

시 막자는 생각을 하고 필사적으로 테러범들에게 저항했고 결국 4번째 비행기는 한 들판에 추락했다고 한다. 그들의 희생 덕에 더 큰 테러가 발생하지 않은 것이다.

이 기념관은 쌍둥이 빌딩 터 중간에 지어졌다. 그 비극이 일어난 자리를 잊지 말자는 의미를 담고 있었다. 사고 당일 사고를 애도하기 위해서 모든 경기를 취소한 것을 보여준 사진이 있었다. 그 이후의 경기에는 추모의식을 했다는 것도 알게 됐다. 쌍둥이 빌딩이 있던 자리에 각각 1개씩 있는 인공연못에 갔는데 물이 깊게 2단으로 떨어져 내렸다. 이것이 마치 수많은 희생자의 영혼이 저승으로 돌아가는 길 같았다. 그리고 연못의 둘레에는 희생자 전원의 이름이 새겨져 있었다.

월 스트리트에 위치해 있는 황소 상을 봤다. 월 스트리트는 세계 굴지의 금융기관이 들어서 있는 거리이다. 황소 상은 금융위기 시절 한 예술가가 우리가 해낼 수 있다는 것을 알려주려 미국 금융의 중심지인 이곳에 만들었다. 자세가 이중섭의 '황소'를 연상시켰지만 차이점은 이중섭의 황소는 이것과 달리 비쩍 마른 황소라는 것이다.

그리고 거리에 인파가 너무 많아 우리는 못 봤지만 황소상 앞에 '겁 없는 소녀상'이 있었다. 이 소녀상은 여권 신장의 의미로 황소상 앞에 만들었다. 황소상 제작자는 이에 화가 나서 항의했었다. 왜냐하면 자기 상의 의미를 부여할 의도로 황소상의 취지를 깎아내렸기 때문이란다. 이러한 논란 때문에 겁 없는 소녀상은 다른 곳으로 이전할 예정이라고 했다. 아무리 좋은 의도를 가지고 있어도 자신을 높일 목적으로 상대방을 깎아내리면 안 된다는 것을 배웠다.

70. 미국 독립선언서와 헌법의 탄생
필라델피아 : 미국 혁명 박물관, 독립 기념관, 헌법센터

오늘 우리는 코네티컷주에 서 펜실베이니아주로 이동하 여 필라델피아의 국립 독립 공원 방문자센터에 도착했다. 방문자센터에는 이 도시가 그 유명한 영화인 '록키'의 촬 영지이기 때문에 관광객들이 같이 기념사진을 찍을 수 있 도록 모형이 설치돼 있었다.

독립공원 내 위치한 첫 방 문지로 미국 혁명 박물관에

▲ 록키의 모형

갔다. 독립하기 전까지 150년 이상 영국이 통치했던 미국의 모습을 볼 수 있었다. 초기 미국의 영토는 동부 해안에 한정돼 있다는 것도 알게 됐다. 그 당시 영국 국기의 탄생 과정을 모형으로 나타낸 것이 있었다. 잉글랜드의 국기는 하얀 바탕에 붉은 십자가였고 스코틀랜드의 국기 는 파란 바탕에 하얀 X자였는데 그 둘을 합쳐서 파란 바탕에 하얀 X 자 위에 붉은 십자가가 있는 형태가 됐다. 그 뒤 국기가 하얀 바탕에 붉은 X자였던 아일랜드를 강제로 합쳐서 지금의 국기인 유니언 잭이 된 것이다.

그 당시 차 세금부과로 힘들어하는 미국인의 상황을 풍자하는 삽화 도 봤는데 거기에는 미국인이 학대받는 양으로 묘사됐다. 이러한 차 세 금문제 때문에 보스턴 차 사건이 발생했다. 우리는 예전에 그것과 관련

된 박물관을 가본 적이 있어서 이해가 잘 됐다. "자유가 아니면 죽음을 달라"라는 그 유명한 패트릭 헨리의 명언을 봤다. 우리는 예전에 리치몬드에 있는 패트릭 헨리가 묻힌 교회를 전에 간 적이 있어서 이 말이 더 인상 깊었다.

▲ 미국헌법 서명장면 실물크기 동상들

전쟁 중에 아군 사이에 출신지역에 의한 다툼이 있을 때 워싱턴이 말리는 광경을 재현한 모형이 있었다. 아마 단결이 중요하다는 메시지 같다. 조지 3세의 동상을 무너뜨리는 장면을 재현한 모형이 있었고, 실제 동상의 조각도 전시돼 있었다. 그리고 미국 대표 문양의 변천사를 봤다. 처음에는 13개 주의 상징을 두 사람이 수호하고 있는 모습이었다가 마지막은 독수리와 피라미드 위에 응시하는 눈이었다. 공화국 탄생의 안내문이 있었는데 그것은 세계 최초로 공화정으로 시작한 나라가 바로 미국이라고 소개하고 있었다.

다음 장소로 독립기념관에 갔다. 이곳의 건물들은 영국 식민지 시절 당시부터 사용된 건물이었다. 먼저 독립전쟁 당시 대법원과 헌법작성 회의실에 갔다. 재현된 회의장에 13개의 테이블에 각각 2개의 의자가 있던 이유는 독립선언서 작성 당시 그 당시의 13개의 주에서 2명씩 참가했기 때문이다. 그 당시의 독립선언서, 헌법 기초안, 연방헌법의 인쇄 고문서가 전시돼 있었다. 독립선언서와 헌법 기초안에 서명하는데 사용된 것으로 추정되는 싱 잉크스탠드도 전시돼 있었다. 그리고 한 10년간 사용된 연방의회도 둘러봤다. 연방의회는 1764년 미국 독립전쟁 당시에 13개 식민지주의 대표가 모여 개최한 제 1차 대륙회의를 기원으로 하고 있다. 1층에는 본 회의장이 2층에는 위원회 회의실이 있었다.

다음에는 헌법센터에 갔다. 2층의 시그널 홀에는 그 당시 헌법서명 당시 참석한 사람들 전부가 실물크기의 동상으로 재현돼 있었다. 몇 명은 두 명끼리 서로 대화를 하고 있고, 벤자민 프랭클린은 의자에 앉아서 서명장면을 지켜보고 있고, 조지 워싱턴은 서명탁자 중앙에 있었다. 거기에는 워싱턴이 한 명언인 '나는 우리 후대의 사람들보다 우리가 더 영감이 있고, 더 현명하고, 더 미덕이 있다고 생각하지 않는다. 헌법으로 통제되는 권력은 항상 국민과 함께 할 것이다'가 있었다. 이 뜻은 다음과 같다. '우리가 세운 헌법은 절대적이지 않으며 수정될 수 있다. 권력은 헌법에 통제되면서 국민을 위해 사용돼야 한다.'

1층에는 역대 대통령 사진을 전시하고 기념사진을 찍을 수 있도록 그 앞에 액자모형이 배치돼 있었다. 그래서 거기에 머리를 넣어 기념사진을 찍었다. 그리고 '우리는 국민'이라는 관에서 헌법과 국민의 중요성에 대한 영상을 봤다. 역대 대통령을 민주당과 공화당으로 나눠

▲ 기념사진을 찍을 수 있는 액자 모형

서 가상투표를 해봤는데 케네디와 닉슨의 가상투표에서는 케네디가 81%, 닉슨이 19%인 결과로 나왔는데 아마 워터게이트 사건 때문이 아닐까 한다. 워터게이트 사건은 상대당의 선거 회의 내용을 도청하고 거짓 해명으로 대통령이 탄핵된 사건이다. 그야말로 우리가 본 가상투표

중에서 가장 격차가 컸다. 그리고 미국은 헌법을 고치지 않고 수정헌법이라고 따로 원래 헌법에서 각주를 두는데 13번째 수정헌법에서 노예가 해방됐다. 대통령 선서 연단에서 선서하는 체험도 했다. 잠시나마 마치 내가 미국 대통령이 된 기분이 들었다.

▲ 노예제를 폐지시킨 수정헌법 13조

그리고 프랭클린의 묘지에 갔는데 하필이면 도착했을 때가 이곳이 딱 문 닫는 시간인 4시여서 들어가지 못하고 둘러만 보고 발길을 돌려야 했다. 위대한 위인의 묘지를 가보지 못한 게 많이 아쉽다. 펜실베이니아 주에서 매릴랜드 주를 거쳐 버지니아 주에 있는 숙소에 도착했다. 오는 길에 워싱턴DC를 지나쳤는데 그 이유는 이미 두 번이나 방문한 적이 있기 때문이다. 워싱턴 DC를 지나가는 도로에서 워싱턴 기념탑과 펜타곤, 제퍼슨 기념관 등을 보니 지난 번 방문했을 때의 떠올랐다.

▲ 부시 가든

71. 각양각색의 롤러코스터가 한곳에
부시 가든 윌리엄스버그

윌리엄스버그에 있는 놀이공원인 부시 가든에 도착했다. 오는 길에 리치몬드시가 있었지만 전에 2박 3일로 남부동맹 박물관과 남부 백악관, 남북전쟁센터 박물관, 패트릭 헨리가 묻힌 곳인 세인트존스 교회, 버지니아 주 의사당 등을 방문했기 때문에 이번에는 그냥 지나왔다.

처음에는 4D VR영상을 봤다. 지금까지 VR시설을 갖춘 놀이공원은 이곳이 유일했다. 그리고 360도 방향으로 재현되었다. 보통 VR고글을 바로 쓰는데 여기는 광부 모자 같은 핼멧을 쓴 뒤 VR고글을 붙이기 때문에 안경을 쓴 채로 편하게 볼 수 있었다. 내용 자체는 주인공 진영이 핵심이 되는 비보를 가지고 있고 악당 쪽이 그것을 뺏어서 주인공 쪽이 그것을 되찾으려 한다는 흔한 서양식 판타지다.

그리폰이라는 롤러코스터를 탔다. 제일 높은 곳에서 떨어지기 직전에 멈추는 것이 천장에 매달린 것 같이 아슬아슬했는데 갑자기 추락하니 무서웠다. 속도도 이곳에서 제일 빠른 편이었다. 기상악화로 놀이기구들이 잠시 운행중단이 되자 우리는 식당으로 갔다. 오늘의 입장권은 식사와 음료가 제공되는 입장권이어서 푸짐한 식사를 했다. 이 식사권을 1시간 30분 간격으로 무한 쓸 수 있지만 실제로 그렇게 쓰면 배가 터질 것 같다.

▲ 알펜제스트

다음에는 레스코트라는 후룸라이드를 탔다. 배가 나무통 모양이고 다른 후룸라이드에 비해 낙하구간이 약 두 개나 있어서 좀 더 짜릿하고 역동적인 느낌이었다. 알펜제스트라는 롤러코스터에 탔다. 특이하게 이 롤러코스터는 다른 롤러코스터처럼 레일 위에 롤러코스터가 있는 게 아니라 레일 아래에 롤러코스터가 매달려 있기 때문에 발이 땅에 닿을 것 만 같은 공포감을 줬다. 가는 도중에 바이킹과 나는 양탄자를 봤다. 하도 무서운 롤러코스터를 많이 타서 시시하게 느껴져서 그냥 지나쳤다.

자이로드롭에 탔는데 자이로 드롭은 천천히 올라가다가 멈춘 뒤 갑자기 떨어져서 꽤 공포감이 있었다. 그 뒤에는 아폴로 체리옷이라는 롤러코스터를 탔다. 트랙의 궤도 상승과 하강, 좌우변경이 자유롭기 때문에 이것도 꽤나 스릴감이 있었고 몸이 휘날렸다. 로만 래피드라는 정글 보트를 탔는데 이리저리 흔들리며 회전하고 가던 도중에 물이 흘러들어오거나 갑자기 물이 쏟아지는 등 나름대로의 멋이 있었다. 그래서 휴대폰 등의 짐을 밖에 놔두고 타야했다. 이왕 젖은 김에 또 젖자고 폼페이 탈출이라는 후룸라이드를 탔다. 폼페이 같은 무너진 조각상들이라든가 불 같은 것으로 공포분위기를 조성하고 떨어졌기 때문에 꽤 스릴이 넘쳤다.

진이가 말을 만지는 체험을 했다. 말이 진이 목을 감싸고 비비는 게 마치 강아지 같았다. 인베이더라는 롤러코스터를 탔다. 레일 옆에 나무로 된 길이 있었는데다가 덜컹거려서 속도감이 크게 느껴졌다. 버블탠이라는 롤러코스터를 탔는데, 어두운 구간에 식물 같은 빛나는 것들만 보여주면서 공포 분위기를 조성하고 롤러코스터의 움직임을 파악할 수 없기 때문에 공포감이 커졌다. 게다가 갑자기 멈췄다가 수직으로 아래로 떨어지고 다른 레일로 옮겨가는 것이 공포감을 극대화했다. 여기 부시 가든에서 3대 롤러코스터를 뽑자면 나는 망설임 없이 그리폰, 알팬제스트, 버블탠을 뽑을 거다. 비교하자면 그리폰은 속도가 최고였고 알팬제스트는 위치 감각이 최고였고 버블탠은 공포 조성이 최고였다.

예전에 디즈니랜드의 예티 롤러코스터를 탄 적이 있었다. 그것도 어둠 속에서 예티 관련 모습과 영상을 보여주거나 갑자기 후진하는 것으로 큰 공포를 줬었다. 둘이 정말 방식이 유사하다는 생각이 들었다. 그 뒤 저녁식사를 이 놀이공원에서 했는데 이번에도 식사포함 입장권을 사용해서 푸짐하게 먹었다. 나는 중국풍 비슷하게 먹었고, 진이는 토마토 스파게티를, 아버지는 고기류를 먹었다. 진짜 지금까지 점심이나 저녁 중 하나를 푸짐하게 먹은 적은 이번 여름여행에서 몇 번 있었지만 지금처럼 점심과 저녁 둘 다 푸짐하게 먹은 것은 이번이 처음이었다.

지금까지 간 놀이공원 중 이렇게 역대급 롤러코스터들이 많은 곳은 없었다. 한국에서 어릴 때부터 지금까지 탄 롤러코스터 횟수보다 오늘 여기서 단 하루 동안 탄 롤러코스터 횟수가 많을 것이다. 그야말로 실컷 탔다.

72. 이색적인 워터슬라이드가 가득한 곳

워터 컨트리 USA

▲ 배니쉬 포인트 워터 슬라이드

오늘 아침은 오늘 워터파크에서 3끼를 먹기로 해서 가볍게 먹었다. 그 뒤 오전 10시 30분에 '워터컨트리 USA'라는 워터파크에 도착했다.

먼저 '콜로씰 컬'이라는 워터슬라이드를 탔다. 중간에 두 번 공간이 넓고 천장이 없는 곳의 벽에서 수직낙하가 되었다. 첫 번째는 수직과 비슷했고 두 번째는 벽이 진짜 수직이었다. 지금까지는 경험하지 못한 방식이었기 때문에 짜릿했다. 거기서 제공되는 튜브는 규정상 최소 두 명, 최대 4명이 둘러앉을 수 있는 튜브였다. 자주 보지 못한 특이한 유형의 튜브여서 신기했다.

'제트 스트림'이라는 워터 슬라이드를 탔다. 가끔씩 어둠 속을 지나고 코스가 배배 꼬여 있었다. 마지막에는 빠른 속도로 수영장에 내려왔다. 그 뒤 '니트로 레이서'라는 슬라이드 레이싱 형식의 워터슬라이드를 탔다. 이 때 튀어 오르는 게 강해서 날아갈까 봐 걱정됐다. 그리고 튜브가 아닌 고무판을 타고 내려왔다. 마치 눈썰매를 타는 것 같았다.

배니쉬 포인트라는 워터슬라이드를 탔다. 특이하게도 워터슬라이드

중 유일하게 두 가지 유형으로 나뉘어져 있었다. 두 가지 유형 중 첫 번째는 바닥이 뚫리면서 수직으로 낙하하고 천장이 있는 루트를 따라 빠르게 가는 유형이었다. 두 번째는 거의 수직형의 천장이 없는 슬라이드였다. 둘 다 처음에는 낙하하나 싶은데 나올 때는 엄청나게 물이 튀어서 익사하는 것 같았다. 둘 다 물안경 착용이 불가능해서 물안경을 꽉 쥐고 출발할 때 손과 발을 교차시킨 자세를 취해야 했다. 아마 둘 다 직접 맨몸으로 타기 때문에 몸에 가해지는 속도감이 더 커져서 물안경 착용을 금지하는 것 같았다.

후바후바 하이웨이라는 급류를 타고 떠다니는 형태의 물놀이 기구를 체험했다. 급류가 일정 경로를 따라 흐르는 게 그야말로 물길 고속도로였다. 급류를 타던 도중 진이가 급류가 있는 물의 바닥에 있는 머리띠를 주우려다가 발등에 찰과상을 입어서 응급치료실에서 치료를 받았다. 저번 루지 때는 내가 응급치료실에 갔는데 이번에는 진이였다. 크게 다치지 않아 다행이다.

점심식사를 하러 갔는데 쌀밥에 고기와 각종 고명을 뿌려먹는 메뉴가 있어서 우리 입맛에 딱 맞았다. 게다가 양도 딱 밥 한 끼 정도여서 충분히 3회 정도 먹을 수 있었다. 점심을 먹은 뒤 부터는 오전에 우리들의 사진을 찍느라 못 탄 아버지도 휴대폰을 보관함에 넣고 3명이서 동시에 재민 주크박스라는 워터

▲ 동생과 2인용 튜브로 탄 워터슬라이드

슬라이드를 탔다. 튜브 없이 타서 손과 발을 교차한 자세로 출발하고 물안경은 손에 꽉 쥐어야 했다. 슬라이드가 3개여서 우리는 거의 동시

에 출발했다.

다음에는 램페이지라는 워터슬라이드를 탔다. 보드를 타고 수직형 슬라이드에 떨어지는 구조였다. 그래서 바닥을 볼 수밖에 없어서 엄청난 공포가 느껴졌다. 떨어지고 나서도 물 위를 수상스키를 타듯 튀어나가서 신기했다. 너무 짜릿해서 다시 타볼 정도였다.

와일드 팽이라는 워터슬라이드를 탔다. 처음에는 부드럽다가 후반부에 가속도가 붙었고 신발을 신고 탈 수 있었다. 2인승 튜브가 제공됐는데 진이는 아버지와 같이 탔다. 와일드 팽에 또 타려고 다시 올라갔는데 기상이 악화돼서 모든 놀이기구가 중단돼서 포기해야 했다. 그 뒤 점저(점심과 저녁 사이에 먹는 식사)를 점심과 같은 식당에서 먹었다. 요리도 같은 베이스에서 고기만 바꿨다. 그런데 먹는 도중에 심한 폭우와 천둥이 쳐서 고생을 꽤 했다.

그 뒤 저녁식사를 했는데, 점심을 먹었던 식당이 문을 닫아서 패스트푸드점에 가서 피자, 햄버거 등을 먹었다. 날씨가 좋아져서 놀이기구 몇 개가 재가동했다. 그래서 파도가 치는 수영장인 서퍼즈 베이에서 파도타기를 했다. 워터슬라이드에 비하면 떨어지지만 나름 만족스러웠다. 미국 최초의 워터파크 체험인데다가 무료 식사권을 이용해서 엄청 푸짐한 식사를 할 수 있어 좋았다. 내일은 콜로니얼 윌리엄스버그, 요크타운을 방문하는 마지막 일정이 기다리고 있다.

73. 북미대륙횡단 대장정의 종착지, 콜로니얼 윌리엄스버그

요크타운 국립역사공원, 콜로니얼 윌리엄스버그

2018년 8월 22일 수요일 날씨 맑음.

오늘은 긴 여행의 마지막 날이다. 8시 30분에 출발해서 요크타운 국립역사공원에 갔다. 거기서 진짜 마지막으로 4학년 동반가족 무료통과권을 썼다. 곧 방학이 끝나고 개학하면 8월 말부터는 진이가 5학년이 되기 때문에 앞으로는 쓰고 싶어도 못 쓴다. 요크타운은 미국 독립전쟁 때 워싱턴 장군이 영국군으로부터 항복을 받아낸 전쟁지이고 이 요크타운에서의 승리는 미국이 1783년 독립하는데 결정적인 역할을 했다.

먼저 방문자 센터에서 요크타운 전쟁에 대한 동영상을 본 뒤 "독립을 선언하는 것과 그것을 이루는 것은 매우 다른 문제다. 여기에서 독립은 현실이 됐다"라는 말이 적힌 간판을 봤다. 이 글은 그야말로 요크타운 전투의 중요성을 요약해서 설명한 글이었다. 방문자 센터 안의 박물관에서 배 모형 관람실이 있었다. 그것이 있는 이유는 그 당시 전투에서 미국과 동맹을 맺은 프랑스 해군이 영국 해군을 저지했기 때문이다. 프랑스가 미

▲ 승전탑

국을 도운 이유는 백년전쟁 이후 프랑스와 영국은 사이가 안 좋기 때문이다. 아이러니하게도 미국 독립전쟁 지원으로 인해 프랑스의 국고는 대량으로 탕진돼서 프랑스 혁명의 불씨가 됐다.

그 뒤 방문자 센터를 나가서 기둥 위에 조각상을 얹은 것 같은 승전탑을 봤다. 그 당시의 전쟁터에 갔는데 미국 쪽이 쓴 것 같은 방책이 보이고 들판에 미국과 영국군의 깃발 2개가 보였다. 그 당시 전투에 사용된 것으로 추정되는 여러 대포가 들판에 전시된 곳도 있었다. 문득 요크타운 전투 당시 이것들로 얼마나 많은 사람이 죽었을지 하는 생각이 든다.

아직도 18세기 미국의 모습을 간직한 콜로니얼 윌리엄스버그에 갔다. 콜로니얼 윌리엄스버그는 영국 식민지 시절 정치적, 문화적 중심지, 즉 수도나 다를 게 없던 곳이었다. 방문자 센터에서 셔틀버스를 타고 역사지구로 갔는데 맨 처음은 가버너즈 팰리스에 갔다. 이곳은 식민지 시절에는 총독 관저였고 독립 이후에는 버지니아 주지사가 된 패트릭 헨리와 토마스 제퍼슨이 집무실로 사용한 곳이다.

▲ 마차가 다니는 식민지 당시 거리 재현모습

건물 입구에 들어서니 양쪽 벽면들이 머스킷, 권총, 서양식 검(세이버라고 한다), 브로드소드 등의 무기로 멋지게 전면에 전시돼 있었다. 이것은 영국의 힘과 위엄을 보여주기 위해서 전시된 것이라고 한다. 방문 좌우에는 문 크기와 똑같은 크기의 조지 3세와 그의 부인 초상화가 전시돼있었다.

이곳의 정원은 다른 정원과 달리 체스판처럼 질서정연했다.

거리를 둘러보니 옛날 도시의 건물과 목장을 잘 재현했다. 길가에는 마차와 우차가 지나가는데 말과 소의 꽁무니에 똥 받는 통이 없어서 길에 똥이 진짜 많았다. 그리고 그 시대의 가정에서 어떤 생활을 하고 어떤 게임을 했는지 구경했다. 우리나라의 칼과 비슷한 역할을 하는 그 당시의 죄인 구속용 형틀이 교회건물 옆에 있었다. 우리도 목과 손을 넣고 체험해 봤다. 목은 답답했지만 손은 쉽게 빠졌다. 그러나 어른이라면 손도 안 빠질 것 같다. 이 형틀은 단두대처럼 생겼지만 단두대는 아니고 단 두 대만 있었다.

주 의사당에 갔는데 이곳은 미국이 영국으로부터 독립하기 전부터 세워진 미국 최초의 주 의사당이었다. 여기서 그 유명한 '대표 없이 과세 없다'라는 말이 나왔다. 미국 1대 대통령 조지 워싱턴, '자유가 아니면 죽음을 달라'라는 명언을 한 패트릭 헨리, 미국 3대 대통령인 토마스 제퍼슨이 이 의회에서 의원으로 일했다. 그리고 그 당시에는 삼권분립이 안 됐는지 법원이 같이 있었다.

투어를 끝마친 뒤 이 지역의 미니어처 모형을 방문자 센터에서 봤다. 이제 보니 엄청 넓고 입구에 있는 금속 모형보다 자세했다. 그리고 이번 여행 마지막 점심을 먹었다. 한동안 피크닉 지역에서 자연을 바라보며 컵라면을 먹는 일은 없을 것 같다. 드디어 오후 3시 30분에 버지니아에서 출발해 집이 있는 노스캐롤라이나로 향했다. 집 근처에 있는 H마트에 도착한 뒤 이번 여행을 무사히 마친 것을 자축하면서 외식을 했다.

73일간의 대장정을 무사히 끝냈다. 우연의 일치로 아버지와 동생 진이 그리고 나의 나이를 모두 더하면 73이었다. 우리 3부자의 나이만큼 여행을 한 셈이다. 가슴이 뭉클하다. 뿌듯해져 온다. 앞으로 이런 대장정을 할 수 있는 기회가 또다시 우리에게 찾아올까?